KB264936

문화예술 리더를 꿈꿔라

초판 1쇄 발행 2015년 2월 25일

지 은 이 이인권
발 행 인 권선복
편   집 김정웅
디 자 인 이세영
교   정 김소영
마 케 팅 정희철
전 자 책 신미경
발 행 처 도서출판 행복에너지
출판등록 제315-2011-000035호
주   소 (157-010) 서울특별시 강서구 화곡로 232
전   화 0505-613-6133
팩   스 0303-0799-1560
홈페이지 www.happybook.or.kr
이 메 일 ksbdata@daum.net

값 15,000원
ISBN 979-11-5602-087-5   13300

도서출판 행복에너지는 독자 여러분의 아이디어와 원고 투고를 기다립니다. 책으로
만들기를 원하는 콘텐츠가 있으신 분은 이메일이나 홈페이지를 통해 간단한 기획서와
기획의도, 연락처 등을 보내주십시오. 행복에너지의 문은 언제나 활짝 열려 있습니다.

문화예술 리더를 꿈꿔라

이 인 권 지음

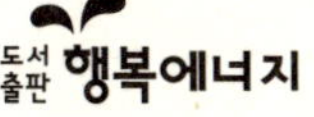

도서출판 행복에너지

이 책에 대한
기본인식

문화예술 활동의 중심에는 언제나 예술가인 아티스트와 소비자인 관객이 있다. 그리고 그들이 만나는 접점으로서 무대가 있다. 무대는 일정한 규격을 갖춘 실내공간일 수도 있으며 개방된 야외공간일 수도 있다. 무대가 실내이든 야외이든 예술 기획의 과정과 그 과업을 수행하는 사람들을 '창의전문가' 또는 '창조전문인력'이라고 할 수 있다.

이 책은 모든 예술 분야의 선분적 기량과 창의적 감성을 갖춘 '예술 리더십', 또는 '예술거버넌스'에 대한 경험과 실천을 통해 도출된 성과를 바탕으로 한다

일반적으로 예술 활동, 특히 공연예술이 실연實演되는 공간을 예술의 전당, 아트센터, 공연장, 극장, 문예회관, 문화예술회관 등으로

지칭한다. 이 책에서는 이 모든 것을 담아내어 포괄적으로 ‘문화예술
공간’과 ‘문화예술조직’으로 표기하였다. 또한 그 표기는 넓은 의미로
축제나 일반 문화예술의 활동이 펼쳐지는 모든 물리적 환경도 포함하
는 개념이다.

실무자이든, 관리자이든, 경영자이든 문화예술 분야에서 활동하
는 모든 창의적 감성근로자는 독립된 개체의 ‘리더’로서 적성과 인성
을 갖추어야 하며, 또 그에 합당한 그들의 전문적 가치성이 존중되어
야 한다.

이 책은 서양의 학문적·실천적·제도적 체계에 기반을 두고 있어
가능한 범위의 필요한 용어나 개념에 대해서는 영어를 병기倂記하였다.
또한 이 책엔 저자가 다양한 국내외 문헌을 섭렵한 것을 기본으로 오
랜 기간 문화예술 분야와 특히 문화예술 공간의 최고경영자CEO로서
체득한 실용적 지혜와 효과적 체험이 녹아있다.

따라서 이 책이 학술적 결과물이 아니라 이 분야에서 활동하고 있거
나 이 분야로 진출을 꿈꾸는 창의적인 예비 전문인력들에게 지침서,
실용서, 자기계발서로서의 역할을 해주었으면 한다.

전반적으로 뒷부분에 ‘추천문헌’을 명기한 대신 따로 각주는 표시하
지 않은 부분이 있다는 것을 밝혀둔다.

The Creative You

The Abundant You

The Successful You

Jump Into the Arts World of Infinite Possibilities

창조적인 '당신', 풍요로운 '당신', 성공하는 '당신'

무한한 가능성의 예술세계에 도전하라.

문화예술 전문가들은 이런 생각에 공감한다.

"행복은 성취하는 기쁨에 있고 창조적 노력의 쾌감에 있다."

- 프랭클린 루스벨트 -

'Happiness lies in the joy of achievement

and the thrill of creative effort.'

- Franklin D. Roosevelt -

21세기에 들어 '문화'가 화두가 되면서 사회문화체계도 많이 바뀌었다. 국정지표가 '문화융성'으로 설정되어 생활 속에 문화를 향유하는 정책이 속속 수립되고 있다. 또한 문화예술 공간의 활성화를 통한 문화향유 기회를 넓혀 문화중산층의 기반 확대를 추진하기도 한다.

창의력이 중심이 되는 시대The Creative Age가 도래하고 나서 국가의 문화예술 지형이 변화하고 있는 것이다. 당연히 예술에 대한 인식이 달라졌다. 문화산업의 근원이 되는 예술의 중요성이 부각된 것이다.

공연과 전시 예술에선 뉴미디어와 첨단기술이 가미된 새로운 융·복합 예술장르가 생성되기도 한다. 특히 성격상 공연예술은 더욱 활성화 되어 당당히 그 가치를 발휘하고 있다.

그것은 공연예술을 둘러싼 우리 사회의 여건이 급속히 변하면서 공연예술 활동에 유리한 환경이 조성되고 있기 때문이다.

무엇보다도 21세기 들어 전국에 많은 문화예술 공간이 건립되었다.

여기에 21세기 들어 구체화되고 있는 국가 행정의 분권 정책에 따라 자연스럽게 문화예술의 지역 분산이라는 큰 물줄기가 형성되었다.

각 지역의 특성에 따라 문화와 예술 그리고 경우에 따라 레저를 통합한 복합 문화예술 공간들이 속속 들어서면서 전문인력의 교류도 확대되었다.

그동안 수도권에 집중되었던 전문인력들이 지역에 건립된 규모 있는 문화예술 공간에서 활동하는 기회가 늘어나면서 중앙과 지역 간의 문화적 균형을 잡아가는 데 일익을 담당하고 있다.

여기에 다양하게 조성된 재원으로 지역 문화예술 공간의 창작 활성화가 이루어지고 있다. 품격 높은 예술단의 지역 순회공연이나 다양한 문화예술 교육프로그램을 지원함으로써 전반적으로 공연예술 분야에 새로운 활력소가 되고 있는 것이다.

특히 선진국에서 일찍부터 실시되어 많은 성과가 있었던 복권기금을 통한 문화예술 지원제도의 실시는 우리나라도 문화선진국으로 진입하는 단계에 있음을 말해 준다.

문화예술의 원형을 통한 '원 소스 멀티 유스one-source multi-use'는 경제적 부가가치가 높은 문화산업이 발전하는 패러다임을 보이고 있다. 그러나 문화예술의 기초적인 활동에는 공공 부문의 지원을 필요로 한다.

그래서 이런 공공 분야의 지원을 두고 '정부가 지원은 하되 간섭은 하지 않는다'는 이른바 선진 행정의 기본이라고 할 수 있는 '팔길이 원칙arm's length principle'이 강조되고 있다.

이런 상황에서 전문인력들의 행동양식이나 사고방식도 변화되지 않으면 안 된다.

무엇보다도 문화예술 경영의 패러다임이 선진화되어야 한다. 문화예술의 하드웨어 인프라가 확장되는데 따라 그에 걸맞는 소프트웨어 자원의 수준은 더욱 격상되어야 할 필요가 대두되고 있다.

그러기 위해서는 문화예술 전문인력을 리더로 육성해야 한다. 여기에는 슈퍼 리더로서 예술경영자의 역할이 매우 중요하다고 할 수 있다. 예술경영자의 철학이나 비전과 리더십에 따라 참다운 인력이 배출될 수 있을 것이기 때문이다.

지금 많은 역량 있는 젊은 세대들이 문화예술 분야에 열정을 갖고 뛰어들고 있다. 매우 고무적인 일이다.

분명 문화예술 분야는 21세기 유망직종 중의 하나가 될 것이다. 문화예술은 부가가치가 높은 창조산업의 근간이 되기 때문이다. 무엇보다 성장 잠재력이 커서 그 어떤 분야보다도 가장 품격 있고 경제가치가 큰 영역이 될 것이 분명하다.

그래서 문화예술 분야의 리더가 많이 배출되어야 한다는 취지 아래 이 책을 쓰게 되었다. 말하자면 문화예술 경영 리더십을 어떻게 키워갈 것인가에 대해 초점을 맞춘 것이다.

특히 문화예술 공간의 예술경영자CEO로서 나름대로 축적한 지식과 경험을 바탕으로 예술 경영의 리더십을 조명해 보았다. 리더십이란 통상적인 예술 경영서에 나오는 누구에게나 적용되는 보편타당한 이론만으로는 이루어지지 않는다. 여기에 개인적인 철학과 인성과 전문가적 포용력과 인화력이 갖춰져야 실현될 수 있다.

이제는 과거처럼 경영자 한 사람의 판단과 결정에 따른 인위적인 운영으로는 한계가 있다. 모두가 조직적으로 참여하고 예술적인 면에서

전문가가 두루 공감하는 참다운 리더십이 절실하다. 그래서 모두가 주인
의식을 갖는 그런 창의력 넘치는 경영패턴이 문화예술계 전반에 구축되
기를 기원한다.

이번에 긍정의 힘을 함께 하셔서 출판을 흔쾌히 결정하여 주신 도서
출판 행복에너지의 권선복 사장님께 감사의 말씀을 드린다.

예술경영 리더십이 정착되기를 기원하며

이 인 권

세상의 패러다임이 급속하게 변화하고 있다. 개인 스마트 통신기기의 신 모델이 수시로 출시되듯이 사회문화체계The Sociocultural System의 변환속도가 빠르다. 학자들은 매년 그해의 새로운 트렌드를 뽑아낸다. 그것이 사회 경제 활동의 기초가 되고 생활의 스타일을 만든다.

이제는 조직도 전통적인 경영의 기법만으로는 안 된다. 창의성이 중시되는 글로벌 경쟁시대에는 모든 조직이 '예술적 경영'으로 접근해야 한다. 그게 바로 '창조경영'이다.

창조경영의 대가인 루트 번스타인Root Bernstein은 "국가든 기업이든 한 분야의 전문가보다 모든 분야를 자유자재로 넘나들 수 있는 신 르네상스인을 키워야 한다."고 말했다. 한마디로 창조력과 상상력이 중요하다는 것이다. 그는 나아가 "창조경영의 출발점은 바로 예술."이라고 강조한다. 그래서 현대의 경영은 예술의 창의성에서 아이디어를 얻어야 한다. 오케스트라의 연주엔 현대적 경영의 모든 요소가 담겨져 있다.

이런 창의력의 시대에 '예술경영'이라는 말은 누구에게나 아름답고 멋지게 들린다. 한번 도전해보고 싶은, 또 공부해보고 싶은 분야다. 그래서 그런지 요즘 창의적인 잠재력creative potential이 넘치는 젊은 세대들이 문화예술 분야로 몰리고 있다.

'예술'과 '경영'이 접목되었을 때 이는 우리가 이전까지 알아왔던 일반 경영과는 다른 새로운 차원의 의미를 갖게 된다. 무엇보다 창의성이 중시되는 예술을 일반 경영이론에 대입시킨다는 것은 매력적이지 않을 수 없다.

21세기 지식신업시회가 되면서 창의적인 일을 하는 전문가creative professionals는 비단 예술 분야에만 국한되어 있지 않다. 넓은 시각으로 보면 창의적인 전문가들은 과학, 공학, 건축, 디자인, 교육, 예술, 오락, 재정, 법률, 보건복지 등의 분야에서 모두가 독자적인 판단과 수준 높은 교육과 인적 자본을 통해 참신한 아이디어를 찾아낸다. 여기에 새로운 기술이나 창의적인 콘텐츠를 창출하여 경제적인 효과를 내야 하는 모든 비즈니스 분야에서 활동을 하고 있다.

그러나 유럽이나 미국과 같은 선진국에서의 예술경영은 오랜 역사를 거치면서 이미 체계화되어 있지만 우리나라는 아직 그렇지 못한 실정이다. 예술경영은 고도의 전문성에 탄탄한 이론적 바탕과 실전에 적용될 수 있는 실용성을 두루 갖추어야 한다. 우리나라는 아직 선신 이론을 답습하는 수준에 머물러 있는 정도라고 말할 수 있다. 그것은 민간 부문에서 예술기획사의 매니지먼트 기반이 취약하고 주로 공공 부문의 지원으로 운영되고 있는 문화예술 공간, 즉 아트센터performing arts center가 지금까지 관료사회를 중심으로 운영되어 왔기 때문이다.

　　다행스러운 것은 최근에 지방자치단체별로 문화예술 공간이 집중적으로 건립되어 민간전문가들이 운영책임을 맡게 된 것이다. 그래서 문화예술 공간의 전문인력 수요가 확장되었으며 문화예술기획이 활기를 띠고 있다. 당연히 민간 부문의 기획사와 공공 부문의 문화예술 공간이 서로 유기적으로 협력하고 경쟁하며 상호 발전해 나가는 틀을 만들어가고 있다.

　　아쉬운 점도 있다. 외형상의 발전에도 불구하고 문화예술 공간과 같이 창의적인 예술 분야를 선도해야 할 조직의 운영기반은 아직 선진화되지 못했다. 가장 수준 높은 정신적 영역의 예술을 다루는 문화예술 공간 조직이 스스로 창의적이고, 개성적이고, 통합적이지 못하고 관료적이고, 집단적이고, 분리적인 모습을 보이는 경우가 많다. 이는 우리나라의 문화예술 공간이 명실상부하게 선진 예술경영의 형식과 내용을 도입하여 현실에 적용시켜나가야 할 것이라는 당위성을 갖게 해 준다.

　　참다운 예술경영은 리더십이 전제되어야 한다. 단순히 예술 환경 변화에 대한 대응으로만 만족할 것이 아니라 오히려 변화를 선도하는 역할을 다해야 한다.

　　뿐만 아니라 문화예술 공간은 조직의 학습 기능을 중시하며 가장 새롭고, 참신하고, 유익한 아이디어를 찾아 실천에 옮길 수 있는 풍토가 되어야 한다.

　　무엇보다 창의적인 아이디어와 조직 내 지식이 교류되고 자율성이 보장되는 문화적 커뮤니케이션 환경을 조성해야 한다. 조직에서 지식이란 서로 공유하고 실용화시킬 때에만 자산이 되는 것이라 할 수 있다.

　　따라서 문화예술 공간이 역동적인 조직이 되기 위해서 필수적인 것은 리더십 커뮤니케이션이다. 리더십 커뮤니케이션은 하나의 기술이나 기량이 아니다. 흔히 조직에서 통제와 권위는 일상적으로 접하게 되지만 상호관계의 유지를 의미하는 리더십 커뮤니케이션을 찾아보는 것은 쉽지 않다.

리더십 커뮤니케이션은 문화예술 공간 조직의 인적 요소를 하나로 엮어 결합시키는 사회적 신뢰이며 정신문화이다. 그리고 이것을 통해 문화예술 공간의 예술전문가들이 리더가 되어 가치를 공유하면서 공동체정신을 가질 수 있는 것이다.

이 책은 구체적으로 예술경영에서 리더십의 역할이 중요하다는 것을 강조하였다. 더불어 문화예술 공간을 중심으로 한 문화예술기획의 요소별 개념정립을 시도하였다. 또한 문화예술 공간의 효과적이고 효율적인 매니지먼트 프로세스를 이론적으로 체계화시키려 노력하였다.

목차

일러두기 ··· 05

이 책을 쓰면서 ··· 08

프롤로그 ··· 12

01 문화예술 환경의 특성과 실제

문화예술 환경을 주목하라 ··· 22

문화예술의 가치 달라져 ● 문화 분권이 시대조류다 ● 문화 기반시설 날로 늘어 ● 마켓에서 예술 상품을 산다 ● 예술을 창조하려면 돈이 중요

문화예술 공간 운영은 어떻게? ··· 36

문화예술은 단연 공공성이다 ● 문화예술 공간 운영은 다양해 ● 문화예술을 결정짓는 핵심가치

문화예술 기획력을 장악하라 ··· 49

예술작품은 무대 기획이 생명 ● 문화예술 기획의 정통 레시피 ● 공연예술 기획의 주역들은? ● 예술은 관객이 있어 존재한다 ● 예술프로그램의 대상은 뭘까?

02 문화예술의 자율적인 존재양식

예술은 역시 독보적인 존재다 ··· 64

정부가 지원하되 간섭을 말아야 ● 문화선진국의 문화예술 자율성

문화예술 공간의 자율성을 찾아야 … 74

관과 지역사회로부터 자유를! ● 민간 전문가에게 경영을 맡겨라 ● 객관적 전문평가가 중요하다 ● 관료사회를 바르게 이해하자 ● 갈등 조정으로 공감대 만들어야

문화예술 공간 운영환경은 독특하다 … 88

운영권 독점에서 분산의 시대로 ● 운영권 분산은 이점이 많아 ● 운영권 분산의 다양한 유형들 ● 마이크로매니지먼트 vs 멘토링 ● 문화예술시장의 경쟁과 협력 ● 이제는 '경영'을 넘어 '거버넌스'다 ● 문화예술 전문가는 영어가 필수적이다

03

문화예술 공간 전문경영의 비결

문화예술 기획 시 고려할 요소들 … 114

문화예술 상품은 성격이 다르다 ● 문화예술 무대 기획도 진화한다 ● 미국 매니지먼트 이렇게 발전했다 ● 한국 예술 기획사들도 변하고 있다 ● 문화예술 공간 전문인력은 지식근로자 ● 공연예술 기획은 유기체적 비즈니스다 ● 공연예술 기획 목적사업의 복합성 ● 공연예술 기획의 프로모션과 마케딩 ● 네트워킹과 구전 마케팅이 최고다 ● 온라인 마케팅의 능률성과 효과성 ● 신진세대 마니아 관객층을 구축하라 ● 지식정보시대 언론 감각을 키워라

운영관리 원칙을 철저하게 파악하라 … 150

'블루오션'보다 '퍼플오션' 전략을 ● 이미지 포지셔닝이 곧 경쟁력이다 ● 의사결정 시 '통합'의 미덕을 발휘해야 ● 기계적 한계 조직 vs 유기적 발전 조직 ● 문화예술 인력의 효율적 관리가 중요 ● 문화예술 인력의 전문역량을 구분하라 ● 전문인력들은 4Q를 갖추어야 한다 ● 지식정보 마인드를 갈고 닦아라 ● 문화예술 공간 경영은 상식으로 통한다 ● 전문가 네트워킹에 공들여라 ● 조직의 '정치적 갈등'을 해소하라

04
문화예술의 선진형 경영 리더십

리더십 커뮤니케이션의 '라포르' … 202

과연 예술경영의 스페셜리스트는? ● 리더십 매니지먼트로 승부해야 ● 전문인력은 리더십파워가 핵심 ● 문화예술 전문가의 바람직한 자질 ● 리더십과 학습하는 조직문화의 상관성 ● 문화예술 리더십과 팔로워십의 관계

이젠 선진형 예술경영자여야 한다 … 228

가치관리와 성과경영에 집중하라 ● 리더십의 다양성과 상황관리 지휘력 ● 문화예술의 리더십과 헤드십은 달라 ● 문화예술 전문가가 나아가야 할 방향 ● 문화예술 경영자는 가치철학이 뚜렷해야

05

**문화예술 경영의
석세스 패러다임**

문화예술 경영자가 되는 실천원칙 … 262

성공하는 사람들은 무언가 다르다 … 265

'출세'보다 '성공'하는 전문가가 되라 … 272

에필로그 … 275

추천문헌 … 279

출간후기 … 290

—

인류의 역사를 통해 위인들은 한결같이
예술을 최고의 가치로 정의했다. 예술은 '창조'의 영역에 속한다.
이 예술을 지금 우리는 일상에서 누리고 있다.
2000년대 초반 우리사회에 웰빙이 사회적 관심이 되면서
예술은 여유 있는 삶을 추구하는 현대인들의 향유 대상으로 떠올랐다.

—

01

문화예술 환경의 특성과 실제

문화예술 환경을
주목하라

"예술의 목적 내지 효과는 카타르시스에 있다."
철학자 아리스토텔레스Aristoteles의 말이다.

"학문과 예술만이 인간을 신성神性까지 끌어올린다."
작곡가 베토벤Beethoven의 말이다.

그런가 하면 문호 괴테Goethe는 예술을 이렇게 찬미했다.

"세상에서 해방되는 데에 예술보다 더 좋은 것은 없다. 또한 세상과 확실
한 관계를 갖는 데에도 예술을 통하는 것이 좋다."

"아름다움을 사랑하는 것은 취미요,

아름다움을 창조하는 것은 예술이다."

"미美는 예술의 궁극의 원리이며 최고의 목적이다."

　　인류의 역사를 통해 위인들은 한결같이 예술을 최고의 가치로 정의했다. 예술은 '창조'의 영역에 속한다. 이 예술을 지금 우리는 일상에서 누리고 있다.

　　2000년대 초반 우리 사회에 웰빙이 사회적 관심이 되면서 예술은 여유 있는 삶을 추구하는 현대인들의 향유 대상으로 떠올랐다. 그러다 2010년 대에 접어들며 힐링이 사회적 이슈가 되면서 예술은 현대인들에게 치유의 매개체로 다가왔다. 사회문화체계의 격변 속에 예술의 역할도 달라져가고 있는 것이다.

　　중국에서는 일찍부터 전통의학 부문에서 다섯 가지의 소리를 통해 인간의 오장五臟을 다스리는 의술을 발전시켜 왔다. 현대적인 개념으로 음악치유music therapy인 셈이다.

　　이렇듯 수천 년 전부터 인류의 거성들은 예술을 운위했고 음악을 통해 건강을 증진시키려 했다. 그렇게 보면 최첨단 문명을 누리고 있는 이 시대에 예술의 중요성을 새삼 절감하면서 수천 년 전의 지혜에 공감하지 않을 수 없다.

　　인류의 사회문화적 진화과정을 살펴보면, 지혜가 있는 인간인 호모 사피엔스에서 유희가 있는 인간인 호모 루덴스, 유머가 있는 인간인 호모 휴모아, 지식을 얻는 인간인 호모 아카데미쿠스에서 이제 디지털시대 공감하는 인간형의 호모 심파티쿠스로 진화해왔다.

이 모든 과정을 통해 예술도 시대 따라 환경 따라 발전해 왔지만 그 본질만은 예나 지금이나 변함이 없다. 분명 문화예술은 인간의 삶과 분리될 수 없는 필수불가결한 요소다. 그래서 예술적 표현의 자유를 고취하는 풍토와 이러한 창의적 재능을 시현示顯할 수 있는 구체적인 여건을 조성하여 지속적으로 유지해야 한다.

이 예술작업의 주인공인 예술가는 사회에 생명력을 불어넣어 주며, 사회를 미래지향적으로 변화시켜나가는 데 중요한 역할을 한다. 그런 만큼 예술가는 한 개인을 떠나 사회적 가치의 기여자로서 창의적 영감creative inspiration과 표현의 자유를 가져야 한다. 물론 그에 따른 책임감도 있어야 한다.

무엇보다도 예술가의 창작활동에서 중요한 특성이 되는 창의성, 표현성, 교감성communication의 세 가지 자유가 훼손되어서는 안 된다. 오히려 그들의 존엄성과 고결함이 인정되어야 한다. 예술가의 재능을 개발하고 꽃피우게 하는 환경을 마련해주고 그에 부응하는 문화예술정책을 수립하여 시행해 나갈 때 국가나 지역사회 구성원들의 삶의 질이 향상되어 문화복지를 이룰 수가 있다.

이러한 예술이 갖고 있는 내재적 기능을 실현시키며 예술가들의 창의 역량을 관리해주는 작업을 문화예술 경영이라고 한다.

문화예술 경영을 이해하기 위해서는 먼저 문화예술의 환경부터 이해해야 할 필요가 있다. 특히 선진국의 보편적인 예술 환경의 흐름이나 동향보다도 우리나라에서 문화예술에 대한 변화된 의식을 주의 깊게 살펴볼 필요가 있다. 그래야 우리의 여건 속에서 어떤 방식의 문화예술 경영이 바람직할 것인가를 정립해볼 수 있을 것이다.

최근 지역사회의 문화적 통합과 예술 활동의 중심이 되는 문화예술 공간의 역할과 기능이 새롭게 조명을 받고 있다. 우리가 흔히 예술을 아우르는 '문화'라는 개념을 21세기 문화산업시대에서는 경제적인 관점에서 보는 경향이 짙어졌다. 그래서 문화예술 공간이 되었건, 예술축제가 되었건, 문화단체가 되었건 간에 모두 '경제성'이라는 용어가 핵심을 이룬다.

문화예술이 경제 영역에서 상당한 위치를 점하고 있으며 다양하게 경제적이나 사회적 목적에 기여하는 것은 사실이다. 더욱이 이른바 신경제 사회에서 창의력이 중추적인 자원의 의미로 인식되고 있지 않은가! 그러나 예술의 문화적 가치와 예술 그 자체로서의 가치는 한마디로 정의할 수 없을 정도로 포괄적이다. 예술은 숫자나 경제논리로 환원될 수 없는 가치가 있는 것이다. 그러므로 수익자인 우리 국가와 사회와 개인이 이런 가치를 창출하는 예술가들을 존중하고 그들이 적극적으로 활동할 수 있도록 바탕을 마련해주어야 한다.

문화예술 공간은 바로 이러한 산술적 수치를 통해서만은 표현될 수 없는 문화예술의 고유 가치를 구현하는 중심으로서 존재한다. 그렇기 때문에 공공재원을 지원받는 문화예술 공간의 예술적 상징성은 존중되어야 한다. 또 그 재원을 지원하는 주체인 지방자치단체나 의회의 심의에 따른 정치적인 결정에도 이러한 요소가 고려되어야 할 것이다.

2004년 영국의 문화성장관인 테사 조웰Tessa Jowell은 "종종 예술의 본질적 가치가 간과되고 있다."라고 말한 바 있다. 그가 문화예술에 대해 언급한 것은 시사하는 바가 크다.

정치인들은 문화를 교육이나 복지증진, 그리고 사회 안정과 같은 다른 의제들을 달성하기 위한 도구로서 이익의 관점에서만 보아왔다.

영국에서는 정치나 공공 분야의 담론에서 진정 문화가 그 자체로 무엇

을 안겨주는가에 대해 깊이 생각하려 하지 않았으며, 또 올바로 인식해야
하는 접근자세를 회피해 왔다.

문화예술의 가치 달라져

예술의 역사는 인류의 역사와 같이한다. 예술은 인간이 먹고, 자고, 말하
는 기본적인 생명활동에 필수적이다. 예술은 고등동물인 인간에게 영혼의
활력을 주는 요소이기 때문이다. 영혼의 활력 없이 인간의 의식주는 불가능
하다.

서양에서는 원래 예술의 영역을 네 가지로 분류하였다. 곧 '공연예술',
'전시예술', '요리예술', '언어예술'이다. 여기에서 공연예술은 더 세부적으
로 연극, 무용, 음악, 마술, 오페라, 희극, 곡예, 무술, 행진악대로 구분하
였다.

올리버 바클리Oliver Barclay는 예술의 기능을 세 가지로 보았다.

첫째, 기분전환을 하게 하거나 활력소를 준다.

둘째, 의사소통을 돕는다.

셋째, 교화의 목적으로 사용될 수 있다.

그중에서도 예술은 원초적으로 인간들이 자신들의 내면에 담고 있는
생각들을 표현하고픈 욕구에서 선택한 상호소통interaction의 방법이었다.

지금 지난 역사에 없었던 문화의 시대를 맞으면서 문화예술의 사회적
영향과 가치에 대한 인식이 강화되고 있다. 여기에 국민의 생활환경이 여유
로워지면서 인간의 욕구 영역 중에서 가장 높은 단계라 할 수 있는 정신적

성취감 내지 만족감에 대한 기대가 증폭되었다.

그래서 문화예술의 향수는 어떤 특수계층의 전유물이 아닌 국민의 삶의 질을 높이는 복지단계로까지 인식되고 있다. 이것을 '매슬로우의 동기유발 이론Maslow's Hierarchy of Needs'에 대입해 보면, 예술적 창작은 인간의 욕구 중 상위관계인 자기실현의 차원에서 이루어지는 고도의 정신활동의 결정체라고 할 수 있다.

어떤 장르의 예술가들이든 그들은 작품을 통해 관객들과 심미적 경험을 공유한다. 예술가는 창작을 통해 심미적 성취감을 느끼고, 그 작품을 감상하는 관객들은 정신적 또는 정서적 만족감을 얻는 각각의 경험으로 소통하는 것이다.

이제 문화복지는 인간의 기초적인 의식주 수준을 넘어 사회의 정신기반을 윤택하게 하고 사회 발전의 원동력을 제공하는 중요한 촉매로 작용하고 있다. 문화예술에 대한 이러한 긍정적인 개인적 이해와 사회적 관심은 21세기에 들어 우리 사회에도 문화예술이 모든 부문의 활동에서 심리적 기조가 되는 풍토가 되었다. 문화예술의 다양한 정책이 확대되었으며, 문화예술의 물리적인 외연이 확장되면서 시민들의 문화마인드가 확산된 것이다.

문화예술은 원천적으로 인간의 군집본능the herd instinct을 하나의 유기적인 사회조직으로 체계화시키는 매개역할을 한다. 문화예술은 태생적으로 생긴 것이 아니라 주어진 환경과 여건에 대응하면서 자연스럽게 형성되는 라이프스타일, 즉 생활양식 ㄱ 자체이다

인류문명의 발달은 곧 문화예술 발전의 역사라 할 수 있다. 현대에 와서는 문화예술이 한 국가나 사회의 수준을 가리키는 바로미터가 되고 있다. 나아가 문화예술이 국가와 지역사회 경쟁력의 척도가 되고 있다. 특히 요즘

과 같이 신속성·편의성·오락성으로 상징되는 고도기술이 지배하는 하이테크 환경에서는 인간이 오히려 감성으로 회귀하려는 경향을 보이고 있다.

미래학자 존 나이스비트John Naisbitt는 현대인들은 "편의점처럼 하루 24시간 내내 인간을 접속시킬 수 있는 다양한 기기들이 난무하는 '기술오염지대'에 살고 있다."고 말한다.

아이러니하게도 인간에게 자유를 줄 것으로 여겨졌던 기계문명에 오히려 속박되어버린 형국이 되고 있다. 그러면서 인간은 고도기술 사회가 도래하면서 잃어버렸던 인간 본래의 감성을 찾게 되는 현상이 자연스럽게 나타나고 있다.

이러한 현상은 '디지로그디지털과 아날로그의 합성어'라는 새로운 개념을 등장시켰다. 디지털혁명이 사회를 영원히 주도해버릴 것만 같았지만 인간은 과거 아날로그 시대의 향수를 그리워하고 있다. 기계가 해결할 수 없는 인간만이 가진 '정情'이나 '맛'과 같은 아날로그식 가치가 새롭게 인식되고 있는 것이다. 즉 본연의 인간 감정과 정서를 표출하고자 하고, 또 이를 충족시켜줄 수 있는 고감도high touch의 순수한 즐길 거리를 추구하고 있다.

공연예술은 한마디로 말하면 다양한 형식으로 된 '오락거리entertainment'들의 집합체다. 예술은 곧 '흥amusement'이라는 요소를 담고 있다. 바로 이 고감도의 즐길 거리를 제공하는 것이 문화예술이다. 따라서 고도기술 사회가 되면 될수록 그에 비례해 문화예술에 대한 향수는 더욱 강렬해지게 될 것이다. 문화예술에 대한 사회적 가치는 한층 커질 것이다.

문화 분권이 시대조류다

우리나라의 문화예술은 다른 분야와 마찬가지로 모든 활동이 중앙 중심으로 이루어지는 수직구도로 고착되어 왔다. 근대 산업화 과정에서 인구가 수도권으로 집중되면서 그에 비례하여 지역과 중앙의 문화적 편차도 심화되었다.

이는 구조적으로 지역 문화예술 기반의 취약성을 가져왔으며 문예진흥을 위한 재원 혜택도 중앙에 편중되었다. 뿐만 아니라, 이는 지역에 풍부한 문화예술 자원이 산재해 있으면서도 이를 문화적 가치로 승화시킬 수 있는 환경과 여건이 미흡한 결과를 낳았다.

중앙과 지역이라는 이분법적 구도에 따른 문화현상에 대한 자각이 일기 시작한 것은 지방자치제가 정착되어 가고, 행정 권력의 지방 분산이 국가 정책의 기조로 부각되면서부터다.

2001년에 이르러 문화관광부가 '지역문화의 해'를 선포하고 다양한 사업과 정책을 펼침으로써 지역문화의 현주소에 대한 냉철한 접근이 시도되었다. 이는 지역 간의 현격한 문화격차를 해소하고, 각 지역마다의 특색 있는 문화를 계승, 발전시키자는 취지로 마련된 것이다.

이를 계기로 중앙과 지역의 문화예술 구도가 수직에서 대등한 수평관계로 정립될 수 있도록 문화예술의 새로운 패러다임 정립에 대한 요구가 커졌다. 그래서 정부는 2004년부터 지방분권과 국가 균형발전 차원에서 지역의 문화예술 발전과 지역주민의 문화향유를 강화하기 위한 정책을 본격적으로 펼쳐나가기 시작했다.

드디어 2013~2014년 정부종합청사가 세종시에 새 둥지를 틀고, 중앙에 집중되어 있던 176개 공공기관 및 공기업이 전국의 혁신도시로 이전하면서 국가 균형 발전의 새로운 시대가 시작되었다. 이는 미국이 제2차 대전 후 1950~1970년대 효율적인 공공 부문 문예진흥정책과 기업의 후원 아래 전국적으로 균형 있는 문화예술의 발전 토대를 구축했던 것과 같다.

더불어 1960년대 프랑스가 최대한 많은 사람에게 문화적 향유 기회를 줄 것을 캐치프레이즈로 내걸고 '문화의 대중화, 문화의 평준화'를 통해 전국적인 문화예술의 저변확대를 추구했던 것과 비견된다. 다시 말해 파리를 중심으로 이루어져 오던 공공재원의 배분을 지역 단위 기준으로 바꾸는 프랑스 문화정책의 대전환을 이룬 것이다.

20세기에 문화 민주주의를 실현해 오늘날 확고한 문화예술의 토대를 쌓을 수 있었던 미국과 달리 우리나라는 21세기에 들어서야 정부 차원에서 문화적 자원과 역량을 지역으로 분산시키기 시작한 것이다.

이제는 우리나라의 '문화예술 그리기mapping'가 '중앙'과 '지방', 또는 '지역'이라는 수직적 개념의 용어가 아닌 수평 개념의 '권역'으로 새롭게 정립되어야 한다.

문화 기반시설 날로 늘어

21세기에 들어 문화예술 부문에 대한 인식이 새로워지면서 각 지방자치단체마다 다양한 문화예술 공간 건립 붐이 일었다. 이는 문화복지를 구현하고자 하는 지방자치단체의 정책목표를 달성하는 방편이면서 동시에 단체장들의 문화에 대한 이해도를 시민들에게 알려주는 전략의 일환이기도 했다.

현재 전국에는 약 200여 개의 공공 문화예술회관이 운영되고 있다. 여기에 정부가 문화융성을 국정지표로 삼으면서 상징적으로 서울 강북에 제2의 예술의전당 건립계획을 수립하였다. 더불어 2015년 민간 분야에서 음악 전용 롯데홀이 개관하는가 하면 서울에 교향악과 오페라 전용공연장 건립이 있고, 각 구청 단위의 문화예술 기반시설이 계속 구축될 전망이다. 우리나라도 문화예술 공간의 전성기를 맞고 있는 것이다.

이러한 문화예술 공간의 건립은 단순한 하드웨어의 건축이 아니라 각 지역이 갖고 있는 문화역사의 특성을 대변하고 예술적 정체성을 시현하는 문화적 상징물landmark이 될 수 있다.

이미 선진국에서는 문화예술의 중흥기를 구가했던 1960년대부터 현대적 아트센터가 본격적으로 건축되어 도시 어메니티amenity를 이루는 한 요소로 자리 잡았다. 여기서 도시 어메니티란 도시 공간계획 분야에서 사람들에게 정서적으로 영향을 미치는 자연물, 또는 인위적 시설물들의 배치와 외형을 보다 효과적으로 정비한다는 의미다. 일반적으로 어메니티는 사람이 어떤 사물이나 환경에 대해 느끼는 쾌적성을 뜻한다.

이는 자연경관이나 물질적·정신적 생활환경 등이 가져다주는 만족감과 안정감일 수도 있다. 하지만 문화예술 공간의 인위적인 건축물이 지역사회에 주는 편안한 이미지나 쾌적한 느낌이 그 지역사회의 어메니티 가치가 되는 것이 더 용이하다. 대표적인 사례는 1966년에 완성된 미국 뉴욕의 링컨센터를 비롯하여 미국 워싱턴 DC의 케네디센터, 영국의 바비칸센터, 프랑스의 퐁피두센터 등이 있다.

문화예술 공간은 지역 시민들을 위한 문화의 공급원이면서 예술가들의 활동의 장으로서의 중심 기능을 갖고 있다. 따라서 문화예술 공간은 지역 문화예술 기반시설의 요체로 지역의 브랜드 이미지를 높이는 중요한 역할을 하며 지역 시민의 문화감성을 정련시키는 촉매가 된다.

마켓에서 예술 상품을 산다

문화적 다양성의 수용과 창의력이 사회발전의 핵심가치로 부각되면서 공연예술 상품의 유통체계가 혁신되었다. 이전까지 비체계적이고 개별적으로 이루어지던 공연예술 상품의 공급시스템이 도입된 것이다.

수요와 공급을 장터라는 형식을 통해 투명하고 합리적인 유통채널로 정착시키는 예술프로그램마켓이 2004년에 창설되었다. 이것은 다양한 분야 문화예술 기획 프로그램의 시장으로 성장시키기 위한 미래발전적인 시범 프로젝트pilot project로 시작되었다. 그래서 2005년에는 국내 최초로 매년 열리는 '서울국제아트마켓PAMS'이 개최되는 초석이 되었다.

여기에 지금은 한국문화예술회관연합회가 주관하는 '제주 해비치 아트페스티벌'에서 예술기획사와 문화예술 공간을 연결해주는 아트마켓을 연례적으로 개최하고 있다. 다양한 장르의 공연예술 상품을 기획 제작하는 공급자Program Provider와 수요자인 전국의 문화예술 공간들이 아트마켓을 통해 공유와 나눔, 소통의 자리를 갖고 있다.

즉, 창의성과 부가가치가 높은 공연예술 상품을 비즈니스의 장으로 끌어내어 예술성과 공익성이라는 경쟁력을 통해 기획사와 공연개최자나 축제 주관자를 연결해주는 통로가 되고 있다. 이는 중앙과 지역의 문화 양극화 현상으로 빚어진 프로그램 기획자들과 체계적인 네트워크의 한계, 자체 공연 기획 콘텐츠의 제약, 공연예술 상품에 대한 정보의 미흡 그리고 무엇보다도 가용 사업예산의 부족 등으로 취약한 여건에 있었던 지역 문화예술회관들에게는 매우 유용한 자리가 되었다.

특히 문화체육관광부가 지역 문화예술회관들이 선정하는 사업들의 장르, 성격, 관객의 예상 호응도에 따라 40~60 퍼센트의 제작비를 지원하는 대응투자fund-matching개념을 도입하여 공공재원의 효용성을 극대화하였다.

예술프로그램마켓의 구체적인 사업 분야로는 전국적으로 공개모집하여 심사를 거쳐 선정된 예술단들의 순회공연사업과 문화예술 교육 프로그램이 있다. 이들 중에서 문화예술회관들은 각 지역의 문화환경과 예술정서에 부합하는 상품을 선정한 후 경쟁을 통해 최종 결정하게 되는 분야이다.

한편 예술프로그램마켓은 지역 문화예술회관의 활성화를 위한 방안으로 시작되었지만 더욱 체계적으로 발전시켜야 할 부문도 드러냈다.

우선 자체 프로그래밍 전략과 목표를 설정하고 지역의 문화환경을 고려하여 다음과 같이 분야별로 문화예술 공간의 수요평가needs assessment를 실시해야 할 필요가 있다.

- 인구의 규모나 연령 분포도
- 문화예술 공간의 규모나 구조
- 문화예술 공간의 기획인력의 전문성
- 지역 경제 산업구조의 성격
- 사업예산의 규모와 한계성
- 예술 운영정책의 기본방향

예술을 창조하려면 돈이 중요

경제이론 측면에서 인간은 본질적으로 두 가지 성향을 띠고 있다. 배타적으로 자기 실리를 추구하는 '호모 이코노미쿠스Homo Economicus'와 서로 협력하여 환경을 향상시키려는 이타적 '호모 레시프로칸스Homo Reciprocans'

로 구분할 수 있다.

경제적인 속성을 갖는 인간은 기본적으로 소비자로서는 효용성을 극대화 하려 하며 생산자는 이익을 극대화하려 한다. 말하자면 두 가지 유형은 추구하는 관점이 다르다. 굳이 이를 적용하자면 문화예술의 민간 영역은 호모 이코노미쿠스적인 성격이 강한 반면에 공공 분야는 호모 레시프로칸스의 성격이 강하다고 할 수 있다.

그러나 문화예술은 이 두 가지 특성을 모두 지니고 있다. 공공성과 경제성을 동시에 수행해야 하는 문화예술 활동은 이 두 가지 상반된 가치를 균형 있게 담아내야 한다. 그래서 예술가와 관객, 또 이들을 위해 예술행정이나 예술경영을 수행하는 전문인력들에게는 각별한 역량이 필요한 것이다. 예술의 창작과 향유를 통해 지역사회의 품격을 높이며 시민들의 삶의 질을 향상시켜야 하는 사명이 있으면서도 그에 필요한 재원, 곧 '돈'이라는 수단의 확보와 효율적이며 효과적인 운용이 관건이 된다.

전국의 문화예술 공간들이 지역 시민의 문화향수권 충족과 문화예술인 창작활동의 장으로서의 역할을 목적으로 건립되었지만 본래의 기능을 수행하는 데는 한계를 갖고 있다.

정부도 문화예술 공간의 하드웨어를 건축하는 데에는 지원을 해왔지만 운용의 전문인력을 확보하고, 콘텐츠를 구축하는 면에서는 적극적인 지원이나 관심을 두지 않았다. 그 결과 문화예술 공간의 기반시설은 있으나 그 규모 있는 시설을 채울 수 있는 운용 프로그램이나 콘텐츠는 갖추지 못하는 경우가 많다.

이런 실정에서 정부는 문예진흥기금 모금제가 폐지된 후 2004년 4월에 공공복권 판매에서 얻어지는 수익금의 일부를 문화예술진흥에 사용토록 하는 '복권 및 복권기금법'을 시행하였다.

문예진흥기금을 대체할 재원의 조성이 절실해지면서 마련된 복권수익금을 통한 문화예술계 지원은 복권사업이 일부 사행성을 조장하는 측면이 있음을 감안하여 수익금을 문화예술이나 복지 등 사회의 공익을 위해 환원해야 한다는 필요성을 반영한 것이다.

이는 이미 미국, 영국, 호주, 뉴질랜드, 캐나다, 독일, 노르웨이, 스위스 등 문화선진국에서 시행하고 있는 제도로서 지속적인 공공 부문의 재정지원이 소요되는 문화나 복지 분야의 재원을 마련하는 방안으로 널리 활용되고 있다. 그중에서도 문화예술 부문에 지원되고 있는 규모는 국가별로 15~25퍼센트를 차지하고 있다.

우리나라는 복권판매로 조성된 기금 중 일정 부분을 한국문화예술회관연합회를 통해 지역 문화예술회관의 특별프로그램 개발지원사업에 충당하게 하였다. 여기에는 지역의 문화예술회관이 직접 제작하는 무대창작품과 전문 순수예술단의 지역 순회공연 그리고 교육프로그램이 포함되어 있다. 이는 그동안 사업비 부족으로 규모 있는 작품을 무대에 올릴 수 없었던 지역의 문화예술회관들이 공연 기획사업을 의욕적으로 펼칠 수 있는 중요한 계기를 마련하게 해 주는 중요 정책 전환점되었다.

문화예술 공간 운영은 어떻게?

문화예술은 단연 공공성이다

예술은 한마디로 인간을 '즐겁게 해줄 뿐merely to entertain'이다. 예술이 고통을 주는 것이었다면 아예 예술은 이 세상에 존재하지 않았을 것이다. 그래서 로이 아자크Roy Azak는 "훌륭한 예술이란 그럴 듯하게 보이는 것이 아니라 우리의 마음을 움직이는 것."이라고 하였다.

이런 예술이 실제 행위로 이루어지기 위해서는 복합 목적 공간이 필요하다. 그 공간을 확보하는 것은 한 개인의 차원으로는 한계가 있다. 그래서 이전에 기업에서는 이익의 사회 환원이라는 사회적 책임CSR의 일환으로 문화예술 공간을 건립하는 경우가 있었다. 지금은 문화예술이 복지개념으로 인식되면서 기업과 예술의 파트너십을 통해 사회적 공유가치CSV로 자리를 잡아가고 있다.

그럼에도 기본적으로 규모를 갖춘 복합기능의 문화예술 공간은 민간 분야에서 건립하기가 쉽지 않기 때문에 대부분 자치단체 공공 부문의 재원으로 건립하고 있다. 그래서 문화예술 공간은 중앙정부나 지방자치단체가 예산을 투입하여 건축하고 관리하는 공공재산public property의 성격을 띠고 있다.

기본적으로 문화예술 공간을 공공 분야에서 건립할 수밖에 없는 이유는 공연, 전시, 예술교육의 경영이 경제학적 측면에서 수익사업에 해당되지 않기 때문이다. 문화예술 자체의 사업만으로 수익을 창출하는 영리조직profit oriented organization이 되는 일은 매우 어려운 일이다.

문화예술 공간에서 수입을 확충하려면 대관료와 임대료나 부대사업을 통해서 가능하지만 이것은 공적재원의 원천이 되는 지역 시민이나 예술가들에게 또 다른 부담을 주는 것이어서 공공성의 가치와 상충될 수 있다.

예술경영이 쉽게 수익사업이 된다면 문화예술에 대한 품격가치 때문에 민간 분야에서 누구나 이 분야에 뛰어들었을 것이다. 오죽했으면 미국의 경제학자인 보몰과 보웬Baumol and Bowen은 "예술은 경제적으로 어려운 것."이라고 단언했다. 문화예술은 생산성이 별로 상승하지 않으면서 다른 부문보다 재화의 가격이 더욱 빠르게 상승하는 비용질환Cost Disease이라는 것이다.

원래 재산이라는 개념에는 배타적 소유성exclusiveness이 있다. 이 말은 재산의 소유자는 기본적으로 그 재산을 사용하거나 처분할 수 있는 권한을 가지며 그 권한을 행사하는 데 있어 타인의 허가를 득할 필요가 없다는 의미다. 그래서 재산권은 모든 권한 중에서 가장 기초가 되며 이를 20세기 최고의 경제사회 이론가였던 프리드리히 하이에크Fried-rich Hayek는 개인의 '보장된 자유 영역assured free sphere'이라고 정의했다.

재산이라는 말에는 원칙적으로 사적私的 소유라는 요소를 내포하고 있기 때문에 공공재산도 따지고 보면 사실상 사유재산이라고 할 수 있다. 단지 공공재산은 국가나 지방자치단체, 좀 더 정확하게 말해 재산의 법적인 통제권을 행사할 수 있는 정부 관료에 의해 관리되는 물적 자산이다.

그렇기 때문에 사회의 구성원인 시민들은 실제 공공재산에 대한 권한을 갖지 못한다. 시민을 대표하여 정부 관료들이 공인의 자격으로 공공재산에 대한 책임과 권한을 보유한다. 그래서 공공재산을 시민들에게 개방할 때는 이용에 있어 여러 가지 준수사항이나 제약조건이 수반되게 마련이다. 즉 공공재산은 법적 통제권을 갖고 있는 정부 관료들이 허락하는 범위 내에서 사용이 가능하게 된다.

따라서 대중이 이용하는 문화예술 공간은 어느 분야보다도 일반 시민들이 주어진 범위 한도에서 이용하는 가장 독창적이고 창의적인 자원의 공공재산이다.

그럼 공공성이란 것은 무엇일까? 사전적인 의미로 살펴보면 공공성은 '한 개인이나 단체가 아닌, 일반 사회 구성원 전체에 두루 관련된 성질'이라고 할 수 있다. 다시 말해 특정한 개인이나 단체가 아니라 사회 구성원 전체의 이익을 위해 가치관이나 제도, 정책 등이 존재해야 한다는 뜻이다.

사회학자들에 따르면 공공성은 네 가지 요소, 곧 공익성, 공정성, 공개성, 공민성을 포함한다. 이 중 공민성은 말하자면 거버넌스라 할 수 있는 민주적 시민성이라 할 수 있다. 정책과 제도 그리고 가치관이 공익을 위해 존재하는가, 의사수렴과 정책결정은 공정한가, 정보와 자료는 필요한대로 공개되어 있는가 그리고 시민들이 참여하여 충분하게 의견을 표현하는가이다.

문화예술 분야가 공공성을 띤다는 것은 바로 이러한 요소들이 반드시 중시되어야 한다는 것을 의미한다. 문화예술 정책이나 문화예술 공간의 운영은 요셉 베세트Joseph M. Bessette가 제시한 숙의민주주의deliberate democracy 원칙을 따라야 한다.

다시 말해 어떤 예술 정책수립과 사업계획이나 목적시설 운영에서 경영관리자의 주관적이고 즉흥적인 결정을 지양한다. 그 대신 해당 사안과 관련된 다양한 이해당사자들을 모아 심도 있는 토론과 협의, 즉 숙의熟議를 거쳐 의사결정을 해야 한다.

한마디로 문화예술조직 관련 구성원들의 의사수렴을 거쳐 다수결 원리에 근거하여 합리적인 판단으로 합의적인consensus 결정을 도출해야 한다는 것이다. 하지만 이런 바람직한 공공성의 가치가 한국 사회에는 매우 부족하다. 그래서 공공성의 중요성을 더욱 강조하는지도 모른다.

2014년 11월 SBS와 서울대 사회발전연구소가 우리 사회의 모든 문제들을 관통하는 지배적인 가치관에 대해 공동 연구한 결과를 발표했다. 결론은 우리 사회에 공공성이 부족하다는 것이었다. 한국의 공공성 수준은 OECD 33개 국가들 중 최하위였다. 공공성이 낮은 이유로는 한국 사회를 구성하는 우리의 가치관이 하나의 원인으로 분석됐다.

한국은 다른 나라들에 비해 '관용' 수준이 매우 낮고, 대신 '경쟁'이나 '성공저자는 한국사회에서 '성공'과 '출세'를 구분해야 된다고 주장하며 진정한 의미로 여기에서 언급하는 성공은 출세로 표기하는 것이 바람직할 것임'에 대한 중요성이 매우 높았다. 성장지상주의나 이기주의 같은 욕구들이 한국 사회 구성원들을 지배하고 있다. 한국인들에게 사회공동체 구성원으로서 '평등'이나 '관용'에 대한 의식은 거의 없는 것으로 나타났다.

반면에 공공성 수준이 가장 높은 노르웨이, 스웨덴, 핀란드, 덴마크는 '관용'을 가장 중요하게 생각했다. 이외 공공성이 한국보다 나은 선진국들은 관용과 함께 '평등', '연대' 등도 중요하게 생각하고 있었다. 결론적으로 한국 사회는 경쟁보다는 연대를, 성공보다는 관용을 더 중시해야 하는 사회가 되어야 한다는 것이다.

한국 사회의 공공성 결여는 문화예술 분야에서도 예외일 수는 없을 것이다. 그래서 문화예술 활동이나 문화예술 공간의 운영에서도 진정한 공공성의 가치가 구현되지 않아 갈등과 긴장이 상존하는 것이 엄연한 현실이다.

이제는 창의성이 바탕이 되는 고도의 정신적 활동영역인 문화예술 분야에서부터 공공성의 의미를 깊이 인식하여 이런 가치가 존중되는 사회문화 체계가 정립되어야 할 것이다.

문화예술 공간 운영은 다양해

공연예술이 행해진 공식기록은 BC 6세기 고대 그리스이다. 그러다 AD 6세기에 이르러 서양에서 암흑기Dark Ages가 오면서 공연예술의 형태가 사라졌다. 그 후 9~14세기부터 공연예술은 종교적인 목적이나 특별한 행사에 한해 부활하게 된다.

19~20세기에 들어 예술은 혁명기를 맞았다. 그 시기에 아인슈타인, 뉴튼과 같은 위인들에 의해 이뤄진 세기의 발명들은 예술의 형태를 혁신하게 되었다. 예를 들어 빛의 발견은 환상적인 현실감을 주는 공연무대 분위기를 만들어 관객을 극장으로 끌어들이는 결정적 계기가 되었다. 공연예술의 중심에 반드시 관객이 존재해야 한다는 특성을 생각해 볼 때 이것은 하나의 혁명이었다. 뿐만 아니라 교통수단과 통신을 포함한 다양한 기술의 발

달로 새로운 장르의 예술이 탄생되기도 하고, 동서양의 문화가 접목되기도 하며 세계화의 길로 접어들게 된다.

21세기 첨단시대에 들어와서는 IT와 예술이 만나 융복합의 세상이 되면서 인류 역사상 최고의 전성기를 맞이하고 있다.

공연예술, 곧 'performing arts'라는 단어가 영어에 처음 등장한 것은 1711년이었다. 공연의 시작은 극예술에서 시작되었다. 그래서 공연예술을 '극장예술theater arts'이라 할 정도였다. 공연장을 통칭하는 극장이라는 말인 'theater'의 어원은 고대 그리스어인 'theatron'이다. 이 뜻은 '보는 장소Place of Seeing'이다. 이렇게 시작된 공연예술이나 극장은 인류의 역사와 함께 진화하며 발전해 와 오늘에 이른 것이다.

이제 공연예술의 역사를 생각하며 구체적으로 예술 활동이 펼쳐지고 있는 우리나라의 문화예술 공간들이 운영되는 행태를 알아보도록 하자.

우리나라에서 문화예술 공간 운영은 관리주체, 설립목적, 공연제작 형태, 전속예술단 보유 여부 등에 따라 다양한 형식을 취하고 있다. 세부적인 운영방식은 지역의 예산규모와 문화예술 철학에 따라 각기 다르다. 하지만 민간기업이 공익성과 문화사업의 일환으로 다양한 규모의 문화예술 공간을 운영하는 경우를 제외하고는 대부분 중앙정부나 지방자치단체가 운영하고 있다.

공공 문화예술 공간은 모두 중앙정부나 자치단체가 책정한 예산으로 운영하고 있는데 시설규모와 달리 예산의 규모는 지역 산의 심한 편차를 보이고 있다. 2000년 문예진흥법의 개정으로 특별법인이 된 서울 예술의 전당은 평균 70퍼센트대 선에서 재정자립도를 유지하고 있다. 대부분의 문화예술 공간은 지출과 수입이 별개로 계상되는 공공 분야의 세입·세출 제도를 쓰고 있어 일단 지방의회의 예산승인을 받게 되면 비용재원이 전액 확보된다.

문화예술 공간이 운영되고 있는 방식으로는 예술전문법인, 책임자 개방형, 특별법인체, 지방자치단체 직영, 민간위탁 등으로 구분될 수 있다.

문화예술을 결정짓는 핵심가치

문화예술 공간은 운영방식에 따라 차이는 있겠지만 추구하는 목표나 달성하고자 하는 목적은 같다. 국가적 차원이든 지역의 수준이든 문화예술 공간은 나름대로 운영철학vision statement을 갖고 있다.

그 목표는 세 가지로 압축해볼 수 있다.

○ 시민 문화 복지의 구현 : 고품격 예술프로그램 개발과 기획을 통해 시민의 수준 높은 문화향수를 충족시킨다.

○ 지역 예술 창의 역량의 강화 : 각 지역의 생활권역에서 활동하는 예술가들의 창의적 활동 공간의 역할을 감당한다.

○ 역동적인 지역사회 풍토 조성 : 시민들의 문화마인드 함양을 위한 문화예술 체험교육의 기능을 수행한다.

이 세 가지 목표는 문화예술 공간이 구체적인 사업을 통해 구현해내야 하는 사명이다. 사실 문화예술 공간은 일반 대중시설보다 시민들이 쉽게 접근할 수 있는 공간이 아니다. 일반 시민들은 문화예술을 이해하고 즐기는 특별한 부류의 관객들이 찾아가는 전문시설이라는 인식을 갖고 있다. 그렇기 때문에 이렇게 접근이 용이하지 않다고 생각하는 선입견 내지 심리적 거리감을 극복하는 것이 과제다.

2004년 6월, 문화관광부는 『창의한국-21세기 새로운 문화의 비전』, 『예술의 힘-미래를 창조합니다』라는 두 가지 문화예술정책 보고서를 냈다. 여기에서 '창의 한국'의 3대 추진목표를 '창의적인 문화시민creativity', '다원적인 문화사회diversity', '역동적인 국가vitality'의 형성에 두었다. 이에 따라 정부의 문화예술정책은 자율과 분권을 기본 이념으로 해 문화예술행정의 국민 참여 확대, 문화예술정책의 자율체계 정립, 권한이전 및 배분으로 분권과 균형을 추구하는 방향으로 나아가게 되었다.

이러한 정책의 변화는 지금까지 중앙에 치우쳐 있던 중심추를 지역으로 옮겨가는 큰 물줄기를 이루었다고 할 수 있다. 그럼으로써 세부적으로 지역의 문화예술 공간을 활성화시키는 다양한 지원 프로그램들이 수립되어 추진되어왔다. 2013년 2월 25일 출범한 박근혜 정부는 '문화융성'을 국정 지표로 설정했다. 처음으로 국가가 문화에 대한 인식을 새롭게 한 것이다. 그 전 정부에서부터 문화를 산업의 측면에서는 접근해 왔지만 복지의 개념으로 설정했다는 점에서 의미가 매우 크다.

국가시책 차원에서 문화예술에 대한 인식의 제고로 매달 수요일을 '문화가 있는 날'로 지정하고 지원을 확대하는 등 공공 지원의 정책도 적극성을 띠기 시작했다.

이런 추세에서 지역문화 발전의 한가운데에 위치한 문화예술 공간의 역할과 기능이 새롭게 부각되고 있다. 이런 새로운 여건에서 문화예술 공간은 앞서 언급한 목표를 실현하기 위해 자율성·효율성·창의성을 가장 중심적인 가치로 설정해 나가는 것이 바람직하다.

▶ '배려하는' 계도적 자율성

공공의 재산인 문화예술 공간을 운영하는 데 있어서는 문화예술 경영의 자율성을 최대한 부여하는 것이 바람직하다. 문화예술 공간은 크게 하드웨어에 속하는 극장시설 및 장비 부문과 소프트웨어에 속하는 예술 기획 및 운영관리 부문으로 구분된다.

극장시설은 분명히 공공재산이기 때문에 재원을 투입하여 건축의 관할권을 가졌던 중앙정부나 지방자치단체가 지속적인 유지관리에 참여하게 된다. 극장시설은 외형상의 미감과 함께 첨단의 장비와 설비가 구비된 고가의 건축물이며 최적정의 세밀한 시설관리Care & Feeding를 필요로 하기 때문이다. 극장시설이 어떻게 유지 및 관리되느냐에 따라 감가상각의 정도나 내구성이 크게 달라질 수 있다. 그러나 예술사업의 기획이나 전반적인 운영에 있어서는 경영자에게 가능한 많은 재량을 보장해 주는 것이 효율적이다. 예술적 창의력을 필요로 하는 문화예술 공간의 운영 책임은 최고 예술경영자CEO에게 부여해야 한다.

그런 만큼 문화예술 공간의 경영자는 수동적이기 보다 자기 스스로 생각하고, 판단하고, 결정하는 재량을 가져야 한다. 그러기 위해서 경영자는 전문 분야에 대한 충분한 지식과 폭넓은 경험을 갖추는 것이 무엇보다 필요하다. 그러나 이 재량의 한계가 경영자에게 무한정의 권한과 자율권을 부여하는 것은 아니다. 문화예술 공간을 건립한 지역의 문화적 환경과 예술적 풍토와 생활적 욕구에 따라 운영방향이 설정되어야 한다.

또 운영예산을 지원하는 중앙정부나 지방자치단체가 추구하는 방향이나 요구하는 지침과 방침을 수용해야 한다. 뿐만 아니라 지역 문화예술계나 시민들의 소요를 반영해야 한다. 특히 공공재산으로서 문화예술 공간이 소속되어 있는 중앙정부나 지방자치단체로부터의 요구조건이 경영자의 전문적 판단과 배치되는 경우가 있을 수도 있다. 이를 슬기롭게 협의하고 대처하여 합리적인 방안을 도출해내는 커뮤니케이션의 기술과 전문적 운용의 지혜가 필요하다. 이것을 '계도된 자율성guided autonomy'이라 할 수 있다. 경영자의 독선과 전행은 바로 이 계도된 자율성을 발휘하지 못하는 데에서 비롯된다.

우리나라에서 많은 문화예술 공간이 내부적인 화합과 단합이 이루어지지 않고 외부 주체와 갈등구조를 갖게 되는 것은 계도된 자율성을 실천하지 못하는 데에서 연유된다고 할 수 있다.

▶'비교하는' 상대적 효율성

문화예술 공간을 운영하는 데 있어서는 예술성·공공성·경영성이라는 3대 요소가 균형을 이루는 것이 중요하다. 흔히 효율성이라고 하면 계량화할 수 있는 부문에 국한시키는 경향이 있다.

그러나 공공성과 예술성과의 상대적 역학관계를 무시할 수 없다. 공공재원을 쓰고 있는 문화예술 공간이 예술성만을 중시해 막대한 예산이 투입되지만 재원 회수가 극히 미흡한 사업을 벌여서는 안 된다. 아니면 경영 측면에서 수입 극대화를 통한 재정자립도를 높이기 위해 아주 상업적이고 흥행위주의 이벤트민 기획해서도 안 된다. 또한 공공성이라는 명분으로 대중에게 시혜를 베푸는 식의 예술사업에 집중한다든가 하는 것 등은 어느 것도 효율적이지 못하다.

공공 부문의 세입·세출이 엄격하게 분리된 예산제도를 적용하고 있는 환경에서는 예술성을 중시하는 경향이 나타날 수 있다. 문화예술 공간이 순수예술 창작의 산실이 되어야 한다는 인식의 틀에 몰입되어 이른바 규모의 효율성efficiencies of scale이라는 오류에 빠질 수가 있다.

다시 말해 지역의 문화예술 기반이나 시민들의 예술적 취향을 감안하지 않은 채 "최고의 예술성과 최대의 제작비를 투입"한 작품이라는 절대적 명분만 내세워서는 안 된다. 이는 문화예술 공간이 추구하는 목적과 달리 공공재원인 시민의 세금을 낭비하는 결과를 가져올 수 있다. 물론 우리나라의 경우처럼 문화예술 공간 경영자가 보임 기간 내에 평가를 받아야 하고 또 안정적인 신분보장의 한계가 있는 경우도 있다. 따라서 다소 전시효과적인 프로그래밍 전략을 구사해야 한다는 유혹에서 벗어날 수 없는 현실 여건을 간과할 수도 없다.

한편 지방자치단체로부터 일부 지원을 받아 예산을 편성하는 민간위탁 운영의 경우는 사업수입과 지출예산이 연동되어 있기 때문에 사업추진에 신중을 기할 수밖에 없다.

이런 상황에서는 경영자가 재원 확보를 위해 경영성에 치중할 우려가 있다. 그러나 지방자치단체는 이를 방지하기 위해 공공성과 예술성을 담보할 수 있도록 지침을 명시해 놓고 있다. 또 지방의회나 정례적인 경영평가에서 공공성의 이행 여부를 엄격하게 점검하고 있다. 이런 경우는 기획사업을 추진할 때 투자비용 대비 회수율을 엄정하게 판단해야 하기 때문에 예산 낭비요소를 효과적으로 줄일 수 있다.

다시 말해 예산편성 시 사업의 각종 제약요소를 보다 철저히 점검해 볼 필요가 있다는 것이다. 어쨌든 문화예술 공간은 운영방식에 따라 성격의 차이가 있겠지만 기본적으로 예술성과 공공성, 그리고 경영성에 대해 균형감각을 갖는 것이 필요하다. 이것을 '상대적 효율성relative efficiency'이라고 할 수 있다.

▶ '함께하는' 공생의 창의성

문화예술 공간의 경영자와 전문인력들이 창의력을 갖추어야 하는 것은 당연하다. 여기에서 창의력이란 문화예술 프로그램을 기획하는 데 있어 독창적이고, 참신하고, 예술성이 깃든 아이디어나 착상을 의미한다.

문화예술 공간은 창의력의 결정체인 작품을 표현해내는 예술가와 이 작품을 감상하기 위해 찾아오는 창의성이 넘치는 관객들이 만나는 독특한 공간이다. 즉 창의력의 공급자와 창의성의 수용자가 만나는 접점인 셈이다. 이 두 개체를 연결시키는 매개자 역할을 하는 것이 문화예술 공간의 무대이자 이를 운영하는 전문인력들이다. 그런 만큼 문화예술 공간의 분위기는 항상 창의적이어야 하며, 그곳의 인력들은 원천적으로 창의성이 넘쳐야 한다.

창의성이라고 하면 흔히 작품 제작 및 디자인적 요소를 감안해 '크리에이티브creative'라는 말을 쓴다. 하지만 이는 협의의 개념이라 할 수 있다. 보다 넓은 개념의 '창의성'이란 문화예술 공간이 펼치는 사업의 기획단계에서 최종적인 평가 시점에 이르기까지의 전 실행과정을 포함해 일반 행정이나 관리의 모든 부문에 적용되는 것이다.

그렇기에 직접 예술사업을 기획하는 전문인력에게만 창의력이 요구되는 것이 아니다. 문화예술 공간에서 일하는 안내원에서 행정요원 그리고 무대기술 인력에 이르기까지 모든 인적자원이 창의적이어야 한다. 다시 말해 극장시설이나 무대장비, 행정비품 등 물적인 요소를 제외하고 문화예술 공간을 구성하는 모든 인적인 요소는 그 누구를 막론하고 창의력을 갖추어야 한다는 것이다. 이 창의성이 바로 공공재산을 이용하는 문화예술인과 일반시민 등 모든 당사자들에게는 서비스 정신으로 나타나는 것이다.

　그래서 창의성은 어느 한 부문만이나 어느 특정 계층의 권익에만 부합되는 것이 아니고 조직의 내부뿐만 아니라 문화예술 공간과 연계된 모든 이용자들에게 공통으로 유익하고 긍정적인 가치관을 심어주어야 한다. 이것을 '공생의 창의성symbiotic creativity'이라고 할 수 있다.

　이러한 창의성을 리더십의 전문가 톰 피터스Tom Peters와 낸시 오스틴Nancy Austin은 주인의식을 갖는 자세라고 정의했다. 예를 들어 사무실로 걸려온 전화를 조금 더 신경을 써서 필요한 사람에게 연결해 주거나, 고객의 까다로운 질문이나 짜증난 항의에도 친절하게 응대하는 것도 바로 주인의식을 갖는 창의적 행동이다. 그렇기에 문화예술을 사명으로 하고 있으면서 시민들에게 문화서비스를 제공해야 하는 문화예술 공간이 창의적이어야 한다는 것은 두말할 필요가 없다.

문화예술
기획력을 장악하라

예술작품은 무대 기획이 생명

문화예술 공간은 구조적으로 일반인들이 거리감을 느낄 수 있는 목적 시설이지만 이러한 고정관념을 떨쳐버리게 하는 것이 이 분야 전문인력들이 해야 할 일이다.

문화예술 공간이 창조시설로서 일반 시민들이 누구나 편하게 즐길 수 있는 가장 친화적인 예술향유센터이자 커뮤니티 공간이 되어야 하는 이유가 있다. 그것은 지역 시민들에게 문화예술 향유의 기회를 제공하며, 지역사회 문화예술 활동의 중심이 되며, 더 나아가 지역경제를 간접적으로 활성화시키는 촉매가 될 수 있기 때문이다.

문화예술을 소비하려면 입장권을 구입해야 하는 것 외에도 그에 따른 교통비나 외식비 등 부수적인 '그림자 비용shadow price'을 지출해야 한다. 그래서 관객을 문화예술 공간으로 끌어들이기 위해서는 시민들의 향유욕구를 충족시킬 수 있는 다양한 콘텐츠를 계발하여야 한다.

때로는 지역 시민들을 찾아가 예술의 향기를 전하는 아웃리치 프로그램outreach program도 만들어야 한다. 중요한 것은 참신하면서 관심을 당기는 프로그램을 기획하여 지역의 가치를 높이며 시민들의 자긍심과 지역사회에 대한 정주의식定住意識을 높여야 한다는 것이다.

그럼 문화예술 공간을 빛내는 프로그램은 어떻게 제작되는 것일까? 문화예술 공간을 채우는 콘텐츠를 크게 보면 자체적으로 기획 제작을 하는 프로그램과 대관을 통해 무대에 올려지는 작품으로 나눌 수 있다.

자체 기획하는 프로그램도 성격과 방식에 따라 세부적으로 구분할 수 있다. 예술작품의 무대 기획, 즉 공연 기획은 통상적으로 영리를 추구하는 일반기업 또는 비영리 단체 어디서나 수행되는 업무, 즉 인사, 총무, 회계, 영업, 생산 등과 같이 반복적이고 지속적인 일이 아닌 단발성 특수과업multitask이다.

공연 기획은 예술의 기획, 유통, 평가 등 총괄적인 계획수립과 모든 집행과정을 말한다. 생산자인 예술가의 공연작품을 보다 광범위하고 적극적인 수단으로 수용자인 관객에게 전달하기 위한 모든 행위를 의미한다. 예술작품의 무대 기획은 외부초청 기획, 자체창작 기획, 공익제작 기획으로 나누어 볼 수 있다.

우리나라 여건에서는 문화예술 공간이 홍보마케팅이나 또는 비용 부담을 줄이기 위해 지역의 방송매체와 재원을 공동투입cost pool하여 사업을 추진하기도 한다. 물론 외부초청 기획과 자체창작 기획에서 두 개 이상의

주체가 일정 비율로 제작비를 분담하여 수입이나 수익을 할당하는 제휴체
제를 갖추는 경우도 해당된다.

어느 경우가 되더라도 모두 문화예술 공간 전문 기획자들에 의해 다양
한 장르의 작품이 무대에 올라간다. 그런데 우리나라에서는 보편적으로
작품과 출연자의 인지도나 잠재관객의 선호도를 고려한 외부초청 기획이
주류를 이루고 있다. 왜냐하면 문화예술 공간의 객관적 평가기준이 되는
재정자립도의 달성이나 민간위탁 운영의 경우 경상비의 조달을 위해 제작
비의 일정 부문을 회수해야 하기 때문이다.

서울에 위치해 있거나 21세기 들어 수도권에 들어선 규모가 큰 문화예
술 공간들과 지역의 산업기반 도시에 위치한 문화예술 공간들은 관객시장
이 조성되어 자체창작 기획을 하기도 한다. 하지만 자체창작 기획이나 공익
제작 기획이 지역 문화예술의 발전이라는 대의명분에도 불구하고 외부초
청 기획이 주류를 이루는 양상을 보이고 있다.

외부초청 기획이 많을 수밖에 없는 이유는 완성도 높은 예술작품을 자체
생활권에서 향유하고자 하는 시민들의 욕구가 강하기 때문이다. 동시에
투입된 사업비에 대해 적정 회수가 수월하기도 하다.

문화예술 기획의 정통 레시피

문화예술 공간의 공연예술이 성립되기 위해서는 우선 그 행위의 주체
가 되는 예술가, 즉 아티스트와 객체가 되는 관객과 또 이 주체와 객체의
접점인 무대가 필요하다.

이 세 가지는 모두 개별적인 요소들로 존재하지만 전문 기획자들의 손을

거쳐 하나의 공간에서 만나게 된다. 그래서 공연예술이 궁극적으로 무대에서 청중과 어떻게 만나게 되고, 어떻게 느껴질 것인가는 기획자들의 역량과 지혜에 달려있다.

물론 예술가의 수준과 무대의 기준, 관객의 감상능력이 우수해야 기획자가 아름다운 결과물을 창출해 낼 수가 있다. 그러나 이 세 가지 요소 중 어느 한 부문이 다소 미흡하다 할지라도 기획에 따라 그 결과는 판이하게 다를 수 있다. 말하자면 홍보마케팅의 질과 정도에 따라 예술가·관객·무대가 하나로 통합된 감흥으로 전달되느냐 아니면 무의미한 감정으로 느껴지느냐가 결정된다.

특히 공연 기획은 인적 요소인 예술가와 관객이 똑같이 만족과 보람을 느끼게 될 때 성공하는 것이다. 그렇게 되면 물적 요소인 무대가 빛나고 아름다워 보인다. 여기에서 문화예술 공간의 공연 기획자는 인적 요소의 특성별 전문 관리자이자 흥행사로서의 역할과 기능을 담당해야 한다. 어쨌든 예술은 수용자에 의해 좋은 느낌으로 받아들여질 때 그 진가가 나타난다.

공연예술의 세 가지 요소는 서로가 완벽한 교감과 소통이 되는 것이 필수적이다. 이러한 공연예술 무대 기획의 구성요소는 물리적 환경에 따라 적정 규격과 체계를 갖춘 실내공연장이나 야외공간에서 합쳐질 수가 있다.

공연 기획이 이루어지는 정격의 문화예술 공간은 규모에 따라 1,000석 이상의 객석을 갖추고 있으면 대형공연장, 300~1,000석 수준의 객석은 중형공연장 그리고 300석 미만 객석의 경우 소형공연장으로 구분된다.

모든 문화예술 공간은 이렇게 객석 규모를 기준으로 공연장 시설을 다양화하여 운영되고 있다. 한편 공연장의 용도에 따라서는 크게 두 가지로 나누어진다.

○ 전용공연장 : 공연예술의 특정 장르만을 수용하는 공연장이다. 대표적으로 서울 예술의전당같이 음악 전용 공연장인 원형무대 스타일의 콘서트홀이나 오페라, 발레, 연극, 무용 등 복합예술 성격의 작품만을 무대에 올리는 오페라 극장 등으로 구분된다.

○ 다목적공연장 : 세종문화회관을 비롯하여 우리나라의 대부분 문화예술 공간이 여기에 해당된다. 음악, 무용, 발레, 뮤지컬, 오페라, 연극, 대중음악 등 모든 장르와 때로는 공익성 행사는 물론 이벤트까지 수용하는 공연장이다. 다목적공연장의 경우 대부분 객석과 무대를 구분하는 액자형의 틀 모양을 한 프로시니엄무대 구조를 갖고 있다.

이와는 달리 공연 개최 방식에 따라 문화예술 공간을 두 가지로 구분해 볼 수도 있다. 그 하나는 전속예술단을 갖추고 있어 자체 제작이 가능한 극장 Producing Theater 이다.

우리나라의 일부 지역 문화예술 공간들은 지방자치단체가 운영하는 전속예술단이 있어 이 단체들이 자체 제작 시스템을 갖추고 있으며 다양한 공연 레퍼토리를 확보할 수 있다. 이런 부류의 문화예술 공간들은 자체 작품 제작이라는 측면에서 보면 지역 문화예술 진흥의 의미는 있지만 수입을 창출해야 하는 사업성에서는 미흡한 면이 있다. 또한 예술단 운영에 따른 경상예산 소요가 커 재정자립도가 낮아질 수밖에 없다.

다른 또 하나의 유형은 자체 예술단을 갖고 있지 않기 때문에 외부초청기획이나 공익제작기획을 주로 하는 극장 Non-Producing Theater 이다. 이러한 극장의 문화예술 공간은 예술창작의 기능보다는 기존 예술단을 초청하여 무대에 올리거나 외부의 전문예술단과 공동개최 형식으로 무대를 올린다.

한편 아트센터의 무대형태를 기준으로 하여 구분해 보면 프로시니엄무대, 개방무대, 돌출무대, 원형무대, 가변무대로 나누어진다. 이러한 다양한 무대들은 극장의 규모나 디자인 그리고 수용되는 작품의 성격에 따라 각기 다른 기능성을 갖는다. 관객과 아티스트가 만나는 공간이 되는 무대의 물리적 환경과 정서적 느낌은 예술가의 창작정신이 최대로 발현되는 촉매가 되어 결국에는 관객과 예술가 사이에 감성의 교감을 가능하게 만든다.

공연예술 기획의 주역들은?

문화예술 공간에서 공연예술이 하나의 작품으로 무대에 오르기 위해서는 기획이라는 단계를 거쳐야 한다. 이 기획의 과정을 통칭하여 프로모션이라 하고 그 일을 수행하는 전문가를 프로모터라 한다.

문화예술을 하나의 작품으로 기획하고 홍보하여 관객과 만나게 하는 일체의 업무를 총괄하는 개념이 프로모션이다.

프로모션의 전문가는 예술에 대한 심미적 안목과 충분한 식견 그리고 경영관리 마인드와 상황 판단력을 두루 갖춘 복합적인 재능의 소유자여야 한다. 뿐만 아니라 인간의 이성적인 측면보다도 감성적인 면을 다루는 예술의 속성 때문에 정서의 교류능력이 무엇보다 필요하다.

한마디로 프로모션의 전문가는 예술 상품을 팔기에 앞서 자기의 인성을 기초로 상대방을 설득시키고 이해시켜 구매동기를 불러일으켜야 한다는 것이다. 어떻게 보면 인격을 파는 문화인이자 교양인이라 할 수 있다. 이들은 프랭클린 루스벨트의 말대로 '행복을 성취의 기쁨에서 찾고 창의적인 노력의 쾌감에서 얻는' 프로페셔널들이다.

문화예술 공간의 예술사업을 이해하기 위해서는 먼저 이 분야와 관련된 전문가들의 개념을 이해해야 할 필요가 있다.

○ 프리젠터Presenter : 공연을 기획, 유치하여 무대에 올리는 사람을 뜻한다. 우리가 흔히 얘기하는 공연 기획자를 말한다. 문화예술 공간 자체가 주최사나 주관사가 되는 경우도 이에 해당한다.

○ 아티스트Artist : 공연 기획자에 의해 무대에 올라가는 예술가의 총칭이다. 음악, 무용, 발레, 연극, 오페라, 뮤지컬 등 각 장르의 출연자를 의미하며 순수예술인과 대중예술인을 두루 포함하는 개념이다. 하지만 순수예술 분야에 무게를 더 두는 경향이다.

○ 프로모터Promotor : 공연작품을 일정한 경제조건을 붙여 소개하거나 주선시켜주는 전문가를 말한다. 그러나 실제 공연의 기획에서 실연實演까지 관장하는 경우도 있다. 이 말은 전시나 스포츠에서도 널리 사용되는 포괄적인 의미다.

○ 임프레사리오Impresario : 원래 이태리어로 중세기로부터 극장이나 음악당에서 공연을 주선해주는 흥행전문가를 주로 유럽에서 지칭하는 말이었다. 시대적으로 보면 현대의 매니지먼트사가 본격 등장하기 전에 사용되던 개념이다. 또한 임프레사리오는 오페라나 발레단, 극단, 악단의 감독이나 지휘자를 일컫기도 한다.

○ 매니저Manager : 아티스트가 예술활동에만 전념할 수 있도록 아티스트의 경력이나 공연일정을 총괄 관리해 주는 사람을 말한다. 공연예술이 발달한 선진국에서는 이러한 비즈니스를 전문으로 하는 기업인 매니지먼트사가 잘 정착이 되어 있다. 매니지먼트사를 통해 아티스트의 예술적 잠재력이 계발되어 경제적 가치가 설정된다.

○ 프로듀서Producer : 무대공연 작품이나 이벤트를 제작이라는 관점에서 보고 행사 기획에서 결산에 이르기까지 주도적인 권한과 책임을 맡는 총괄적인 전문가를 지칭한다. 특히 연극에서 무대에 올릴 작품기획, 연출가와 배우를 선정하는 등의 일을 하는 공연 전체의 운영책임자를 지칭하는 말이었으나 지금은 공연예술 분야에서 폭넓게 쓰이고 있다.

○ 프로그래머Programmer : 프로듀서와 비슷한 개념으로 특별한 문화이벤트의 취지나 목적에 부합하는 기획을 전담하여 실행하는 책임자를 뜻한다. 최근 들어 지역축제가 활성화되면서 축제 프로그램의 편성 및 기획programming을 전담하는 전문가를 일컫는 말로 널리 사용되고 있다.

예술은 관객이 있어 존재한다

공연예술의 가장 큰 특성은 작품의 표현이 관객 앞에서 이루어진다는 것이다. 관객이 바로 공연예술의 핵심이다. 관객이 없는 공연예술 상품은 존재할 수 없다. 즐기려는 관객이 있는 한 예술가와 그들이 창조해 내는 고귀한 상품은 존재하기 마련이다.

근래에 들어 전국에 문화예술 공간이 대폭 늘어나면서 국내외 아티스트들의 활동이 활발해지며 공연작품의 콘텐츠가 풍부해졌다. 그러나 기획사나 작품이 과도한 경쟁을 하고 있는데 반해 관객의 증가는 이를 따라주지 못하고 있다. 관객의 확보는 국민의 경제적 수준이 높아짐과 동시에 문화향유에 대한 욕구가 있어야 가능해진다.

국민의 문화예술에 대한 관심은 사회적 분위기나 정책적 프로그램에 의해 여건이 조성될 수 있다. 어쨌든 경제적 여유가 곧바로 문화예술의 활동으로 이어지는 것은 아니지만 문화예술의 향유층이 될 수 있는 잠재력을 키우게 된다. 그래서 이러한 잠재적 문화예술의 향유층을 관객으로 유치하기 위해서는 문화예술 공간의 체계적이고 전략적인 예술마케팅arts marketing이 필요하다.

창의적인 예술을 마케팅하는 것이니 만큼 더욱 더 창의적이어야 하는 것은 말할 것도 없다. 제프 리차드Jef Richards는 "전략이 없는 창의성을 '예술'이라 부른다면, 전략이 있는 창의성은 '광고'라 할 수 있다."라고 했다. 여기서 광고란 곧 마케팅을 의미한다.

한 마디로 예술마케팅은 관객 확보를 위한 노력이라고 할 수 있다. 이런 노력과 함께 지방자치단체나 지역사회 차원에서도 시민들의 문화 활동 참여의 중요성을 일깨워 문화복지 프로그램의 일환으로 공감대를 조성해야 한다. 그럼으로써 지역 시민들의 문화감수성과 예술의 향수 능력을 증진시키는 계기를 마련해야 한다. 나아가 문화적 욕구를 확대시키며 이 욕구의 확대 속에서 문화예술을 접할 기회를 창출해야 한다. 이런 기회는 단순히 문화생활의 한 부분으로서가 아니라 시민들에게 창조적인 활동의 중요한 자양분이 된다.

또한 공연예술 상품이 관객들로 하여금 삶을 윤택하게 하는 값진 경험 a life-enriching experience이 되는 것은 물론 중세시대에 예술을 귀족들만이 즐겼듯이 현대에 문화예술 공간을 찾는 것이 귀족 같은 고결한 체험an ennobling experience이 된다는 인식을 심어주어야 한다. 관객이 공연장을 찾는 것은 정서적 동기에서 비롯된다. 공연장을 방문함으로써 무언가 사회적인 품격이 더해지고 개인적인 위상이 올라갔다는 생각을 갖게 되는 이른바 '자존심 고양의 효과self-esteem enhancing effect'가 있다.

문화예술 공간의 관객 확보는 처음에는 공연예술의 무관심층으로 하여금 바로 위와 같은 심리효과를 낼 수 있도록 유도하는 노력을 필요로 한다. 이는 공연예술의 '비참여관객nonattenders'을 일단 '관심관객the interested'화하고 궁극적으로 '열성관객enthusiasts'으로 단계를 강화해 나가는 과정이다. 관객 확보에서 중요한 것은 마케팅이다.

이제 공연예술시장에서 공연내용이 좋다는 이유 하나로 버티는 시대는 지나갔다. 동시대인들의 욕구와 필요를 분석하고 그에 맞는 작품과 이미지를 창출하여 나아가서는 작품과 관객, 단체와 사회, 공연과 시민이 쌍방향 소통할 수 있게 하는 기능을 마케팅이 수행해야 한다.

예술을 마케팅과 접목시키고 관객 개발을 위한 예술마케팅이라는 실용적 방법을 정립시킨 사람은 케이스 디글Keith Diggle이다. 그는 예술마케팅은 곧 관객 확보라는 등식을 성립시켜 문화예술에 무관심하거나 부정적인 사람을 예술 애호가로 그리고 공연상품의 고객으로 만드는 것이 요체라고 했다.

또한 케이스 디글은 관객 확보를 위해 조직의 역량이나 시간 그리고 재원을 잘 배분하는 지혜를 발휘함으로써 당장의 수입도 필요하지만 미래

관객에 대한 투자와 균형을 이루는 것도 중요하다고 했다. 그는 예술마케팅을 다음과 같이 정의했다.

예술마케팅의 목적은 다양한 사회적 배경과 경제적 여건을 갖춘 모든 연령층의 대중으로부터 적절한 수의 사람들을 아티스트와 일정한 형식으로 만나도록 하는 것이다. 또 그렇게 함으로써 그 목적의 달성에 따른 최고의 경제적 결과를 얻는 것이다.

예술프로그램의 대상은 뭘까?

문화예술 공간은 창의적인 예술을 대상으로 하는 특별한 장소이다. 서양에서 예술의 개념 속에는 문학, 언론, 공연예술, 전시예술을 포함하고 있다. 그러나 더 큰 관점에서 보면 예술은 건축, 공예, 패션, 유산, 다문화주의, 언어를 포괄하는 보다 큰 문화 영역의 부분에 속한다.

이 포괄적인 문화 영역에 속해 있으면서 예술은 사회나, 직장이나, 가정을 막론하고 사람이 활동하는 생활의 모든 환경에 깊이 뿌리를 내리고 속속들이 녹아들어 있는 것이다. 그러나 문화예술 공간을 대상으로 하는 예술이란 앞에서 정의한 대로 광의의 개념이 아닌 무대를 중심으로 펼쳐지는 공연예술에 국한된다.

예술은 세 가지로 명확하게 구분이 된다. 순수예술, 상업예술 그리고 아마추어예술이다. 여기에서 어느 분야의 예술이든 그 행위의 주체는 개별적인 예술가라고 할 수 있는 아티스트이다.

순수예술은 객관적인 예술적 완성도를 최고의 가치로 여겨 반드시 관객의 대중적 기호나 취향과는 일치하지 않는다. 그래서 순수예술을 두고 '예술 자체의 존재를 위한 예술art for art's sake'이라고 칭하기도 한다. 여기에 비해 상업예술은 예술적 완성도보다 경제적 수익을 우선하는 영리성 활동을 근간으로 한다. 물론 예술성이냐 수익성이냐가 상호 배타적일 필요는 없다. 아마추어예술은 그 행위의 주체가 본래의 생업활동을 영위하면서 부수적으로 개인의 능력을 활용하거나 창의적인 잠재력을 발휘하고픈 자기실현의 욕구에서 나온다.

문화예술 공간은 기본적으로 예술적 완성도가 높은 순수예술을 추구하며 순수예술가들에게 문호를 활짝 개방하는 자세를 갖고 있다. 그래서 자체 기획물이 되었건, 대관공연물이 되었건 고품격의 공연예술 작품을 항상 무대에 올려야 한다는 고정관념을 갖고 있다.

이런 입장 때문에 문화예술 공간은 작품의 예술성이 있느냐 없느냐를 두고 논란을 벌일 때가 있다. 또한 지역 문화예술계나 개별 아티스트들과 갈등을 빚기도 한다. 그러나 문화예술 공간이 공공재원의 지원으로 운영되는 시설이라고 하면 예술 활동을 추구하는 개인들을 어느 정도까지 수용을 해야 하는가 하는 것은 전적으로 상대적일 수밖에 없다. 문화예술 공간이라면 무조건 수준 높은 순수예술만을 위한 공간이 되어야 한다는 명제는 타당하지 않다.

그래서 문화예술 공간 운영의 기본 방침은 모든 지역마다 다를 수 있다. 문화예술 공간의 위상이나 수준을 순수예술과 상업예술 그리고 아마추어예술을 기준으로 해서 일률적인 잣대로 평가할 수만은 없는 것이다. 즉 문화예술 공간이 순수예술 외에 어느 정도 상업적인 예술이나 아마추어예술을 받아들일까 하는 것은 전적으로 각 문화예술 공간의 경영철학과 운영방침에 있다.

문화예술 공간이 지역 시민의 문화복지 구현을 위한 중심체임을 내세우면서 아마추어예술을 전적으로 배제시킨다는 것은 이치에 맞지 않는다고 할 수 있다. 미국, 호주, 뉴질랜드와 같은 나라에서는 아마추어예술을 지역예술community arts의 개념으로 설정하여 아마추어의 예술 활동에 지원까지도 해주고 있다.

이제 문화예술 공간에 있어서는 그 공공의 시설이 대상으로 하는 예술의 분야를 어떤 관점과 신념으로 접근해야 하는가도 중요하다.

—

예술이란, 한 사회의 문화적 정체성과 정신유산을 보존하여
이를 보다 윤택하게 하는 것이다. 또한 표현과 의사소통의
보편적 형태이면서 인종적, 문화적, 종교적 차이의 공통분모로서
인간으로 하여금 사회 소속감을 심어준다.

—

02

문화예술의
자율적인 존재양식

예술은 역시
독보적인 존재다

인간이 사는 공동체를 페르디난트 퇴니에스Ferdinand Tönies는 본래적으로 감정, 혈연, 관습에 기반을 둔 공동사회Gemeinsshaft와 이성, 타산, 사유에 기반을 둔 이익사회Gesellschaft로 구분하였다. 여기에 이를 종합한 개념으로 사회 구성원들의 자발적인 참여로 결집된 형태의 협동사회Genossenschaft로 제시했다.

예술작품을 통해 모든 존재와의 소통을 주장한 요셉 보이스Joseph Beuys가 '모든 사람이 예술가'라고 했듯이 예술가나 관객이나 어찌 보면 이 협동사회의 구성원인지도 모른다. 시대가 발전하면서 사람들은 예술의 가치를 발견하고, 인정하고, 향유하고, 소통하고, 공유하기 위해 자발적인 공동체를 형성해 나가고 있다.

문화예술은 원래 독자적인 경제성을 갖는 게 어려워 언제나 외부의 지원에 의존하여 활동이 이루어져 왔다. 그래서 고대 유럽의 절대군주 시대에서는 소수 귀족들만이 즐길 수 있는 전유물이었다. 당시 귀족들의 후원 없이는 예술의 창작이 쉽지 않았다. 음악의 대가 베토벤도 당대 프란츠 요셉Franz Joseph 왕자의 재정지원뿐만 아니라 좋은 악기의 증정을 통해 예술 활동에 전념할 수 있었다.

이는 비단 베토벤뿐만이 아니다. 세기의 음악가나 미술가들도 당시 그들의 막강한 후원자patron들이 있었기 때문에 예술의 꽃을 피울 수 있었다. 그러다 보니 자연히 경제적 후원자들의 취향이나 요구를 수용할 수밖에 없게 되었으며 자연히 그들의 간섭이 뒤따르게 되었다. 그러다 18세기 말엽 산업혁명을 거쳐 근대사회에 접어들면서 전반적으로 경제 분배가 이루어지고 국민국가 체제가 자리를 잡으면서는 예술의 활동도 보편화되었다.

20세기가 되면서 선진국들은 문화예술에 대해 새로운 인식을 갖게 되었고, 정책차원에서 예술가들의 창작활동과 예술시장의 확대를 모색하게 되었다. 적극적인 예술의 지원arts funding에 대한 개념이 정착되기 시작한 것도 이때부터였다고 할 수 있다.

국가 차원의 지원으로 예술의 부흥기를 맞았지만 한편으로는 예술이 공공재원의 지원 없이 자생력을 갖는 데는 한계가 있었기 때문에 항상 지원의 주체가 되는 국가기관으로부터의 독립성과 자율성의 문제가 제기되어 왔다.

이런 점 때문에 개인 아티스트나 예술단체들이 창의적인 활동을 하는 데 필요한 재원을 지원해 주는 기구는 별도로 운영되는 게 바람직하다는 공감대가 조성되었다.

그래서 문화선진국에서는 일찍부터 국가의 문화예술재원을 독자적으로 관리하고 배분하는 전문기구를 설치했다. 이런 기구들의 설립정신은 '정부가 지원은 하되 간섭은 하지 않는다'는 이른바 '팔길이 원칙arm's length principle'이 기본이 되었다. 그리고 이러한 원칙에 따라 공공재원을 관리하고 배분하는 전문문화예술기구arm's length agencies들이 국가 단위나 지역 단위로 탄생했다.

선진국들이 문화예술기금의 독자적인 관리운영을 주창했던 것은 표현의 자유가 예술적·창의적 표현의 바탕이 된다는 인식을 갖고 있었기 때문이다. 특히 이런 체제가 필요했던 것은 선진국에서도 국가가 직접 문화예술기금을 관리운영하게 되면 정치적인 간섭이나 당리당략으로부터의 영향 그리고 내·외부로부터의 징실이나 연고주의nepotism & cronyism로부터 벗어날 수 없다는 판단에서였다.

그래서 이러한 기구들은 독자적으로 문화예술 지원정책을 수립하고 배분을 하는 데 국가의 간섭으로부터 보호를 받는 방패막이 역할을 했다. 또 한편으로 지원금을 신청하는 개인이나 단체는 물론, 외부의 어떤 이익집단의 압력으로부터도 영향을 받지 않는 독립기구로 자리를 잡게 되었다.

그렇다고 해서 이들 전문기구들이 정부의 간섭으로부터 완벽하게 자유스러운 것은 아니었다. 그들은 정부가 선임한 이사회나 세부적인 연례보고서 발행을 통해, 또한 연 소요예산 책정이나 다른 제도적 방법을 통해 책임성도 갖고 있었다.

여기에서 중요한 것은 문화예술계나 지역사회가 정부가 선임한 이사회를 어느 정도 신뢰하느냐 하는 것이었다.

정부가 지원하되 간섭을 말아야

문화예술 분야의 행정에서 기본적으로 준용되는 '팔길이 원칙'의 개념은 무엇인가? 우선 영어의 'arm's length'의 뜻을 메리암 웹스터 온라인 사전에서는 다음과 같이 두 가지로 해석하고 있다.

- 사람이 직접 접촉하거나 개인 친분을 가질 수 없을 정도의 거리
- 어떤 업무의 당사자들이 독립적이고 동등한 위치에 있는 조건

여기에서 유래된 팔길이 원칙은 원래 서양국가에서 정치, 경제, 사회, 법률, 교육, 문화, 복지, 언론 등 모든 부문 공공정책의 수립과 집행 시에 준거로 쓰이는 원칙이었다.

그리고 이 원칙이 당연히 문화예술 분야에도 적용되게 되었다. 팔길이 원칙에서 중시되는 가치는 자율성·공익성·책임성이다. 이 중에서도 '어떤 외부의 영향이나 압력으로부터의 자유스러움'을 의미하는 자율성은 팔길이 원칙에서 가장 중요한 개념이다.

적합할지는 모르겠지만 팔길이 원칙을 축산업에 비유해 보자. 가축을 우리 안에 가두어두지 말고 너른 들판에 풀어 놓으면 자연스럽게 고급 등급의 축산품이 될 수 있다. 가축을 방목한다고 해서 아무 제약이 없는 것이 아니다. 그냥 자연 속으로 방생해버리는 것이 아니다. 목장의 테두리 내에서 가축들이 자기들 뜻대로 휘젓고 다니며 자양분을 섭취하여 등급상품으로 길러지는 것이다.

자율이라는 것은 바로 이런 뜻이다. 문화예술에 대해 재원을 지원하는 주체가 우리라는 틀 속에 가두어두려고 하는 것을 방지하자는 것이 곧 팔길이 원칙이다.

다른 말로 하면 팔길이 원칙은 문화예술을 '관료적인 우리'에 가두지 말고 '창의적인 목장'에 풀어놓으라는 말이다. 정부가 창의성이 요구되는 문화

예술을 일일이 통제하며 간섭하지 말고 안내와 협력의 역할shepherding에 그쳐야 한다는 의미이다.

그럼 여기에서 '자율'이라는 말의 영어 'autonomy'를 살펴보도록 하자. 그 단어의 어원은 1623년 그리스어의 'autonomia'에서 유래되었다. '스스로'라는 뜻의 'auto'와 '관습' 또는 '법률'이라는 의미의 'nomos'가 합쳐져서 생긴 말이다. 그래서 현대에 와서 자율성이라는 말은 다음과 같이 해석된다.

- 스스로 관리하고 결정하고 다스리는 힘이나 권리로 맡은 일을 스스로 이행하는 것
- 외부 간섭으로부터의 자유와 독립적인 위치에 있는 환경

문화예술 분야에 있어 팔길이 원칙 적용의 필요성은 다음의 예에서 명확하게 설명하고 있다.

1950년대 캐나다의 독립예술기구 창립을 의회에 발의했던 당시 루이스 로랭Louis St. Laurent 총리는 이렇게 말했다.

정부는 국가의 문화예술 발전을 지원해야 한다. 그러나 그것을 통제하려고 해서는 안 된다. 어떤 형태로든 예술 활동을 제한하거나 그들의 자유를 훼손하려고 시도해서는 안 된다. 결과적으로 공공재원을 지원받는 예술기관은 정부의 통제로부터 자유스러운 만큼 재량을 가져야 한다.

이러한 기본 철학이 정립되면서 그 후부터 캐나다의 모든 문화예술기관들이 팔길이 원칙을 존중하게 되었으며 다른 정부 행정 영역에서도 이 원칙은 준거가 되었다.

우리나라의 경우 공공 서비스 부문에서 팔길이 원칙의 개념에 대한 의식을 갖게 된 것은 1980년대를 기점으로 한다. 그 이전의 공공 서비스는 주로 공공 부문에서 독점성을 갖고 있었다. 그 결과 공공 부문의 팽창과 재정 압박, 경쟁력 미흡, 관료주의 팽배, 신축적인 대민 행정서비스 부족 등의 문제점이 나타났다.

그 이후부터 이러한 문제점을 해결하고 적은 비용으로 양질의 효율적인 공공 서비스를 제공하기 위해서는 공공 부문에 독점되어 있던 기능과 역할을 분산시켜야 한다는 각성이 전반적으로 일기 시작했다.

이런 가운데 공공 분야에서 이른바 고비용 저효율의 혁신이 절실하게 느껴졌던 것은 1990년대 후반 IMF 관리 체제를 맞으면서부터다. 글로벌 무한 경쟁의 시대로 접어들면서 공공 부문의 개방화, 전문화, 감량화가 본격화된 것이다. 이 시기에 들어 우리나라의 사회문화 환경이 급격히 변하면서 자연스럽게 팔길이 원칙의 중요성이 부각되었다.

2000년대에 문화예술 분야에서 문화예술 공간의 민간위탁 운영제 도입이나 한국문화예술위원회와 같이 문예진흥기금의 자율기구가 설립된 것은 팔길이 원칙 시스템의 정착을 의미한다.

문화선진국의 문화예술 자율성

○ 영국예술위원회

팔길이 원칙을 문화예술 분야에 최초로 적용시킨 나라는 영국이다. 1946년 영국은 정치나 관료사회로부터 예술의 자율성과 독자성을 확보하기 위해 영국예술위원회The Arts Council of Great Britain를 설립하였다.

전통적으로 영국에서는 예술과 정치는 분리되어야 한다는 인식 아래 '예술가는 정치적·경제적 관점을 초월해 사회에 어떤 특별한 것을 제공해 주는 만큼 사람들에게 보편적 가치를 접하게 해주는 예술은 정부의 간섭 으로부터 보호를 받을 값어치가 있는 것'이라는 뿌리 깊은 사상이 있었다. 당시에 영국정부는 문화예술계가 독자적으로 예술발전을 이끌어가고자 하는 강렬한 욕구를 가지고 있는데다 개인 예술가들이 관료들의 간섭에 대해 깊은 불신을 갖고 있다는 사실을 알고 있었다. 여기에 당시 영어권 밖 에서는 나치 정부 하의 독일이나 스탈린 시대의 러시아에서 예술이 정치 목적이나 선전에 이용되는 것을 보고 이에 반기를 들고 문화예술의 자율 정책을 도입하게 되었다.

○ 캐나다예술원

영국의 독립예술기구를 모델로 하여 캐나다는 의회법으로 1957년에 순수예술의 체계적인 발전을 위한 공적지원의 필요성을 느끼게 되었다. 그렇게 탄생한 것이 캐나다예술원The Canada Council for the Arts이다.

이에 앞서 1951년 예술·문학·과학발전왕립위원회The Royal Commission on National Development in the Arts, Letters, Sciences는 예술에 대한 정부 보조 금제도에 내재된 위험들을 인식하게 된다. 그래서 이를 방지하기 위해 정부 부처 소속이 아닌 의회를 직접 상대하는 위상을 지닌 독립예술기구로 캐나 다예술원의 설립을 제의하였다.

캐나다예술원이 영국예술위원회와 달랐던 것은 처음부터 기금을 조성 하여 카네기나 포드나 록펠러재단과 같은 민간재단의 형식을 취했다는 것 이다. 초창기에는 기금에서 나오는 수입으로 예술 부문 지원과 사업비, 관리비를 조달하여 운영되었던 만큼 캐나다예술원은 정치적으로나 재정적으로 정부로부터 완전히 독립적인 위치에 설 수 있었다.

여기에 캐나다 연방정부의 문화정책심의기구는 창의적인 예술 활동이 야말로 가장 정치적인 바람을 탈 수 있기 때문에 무엇보다 자율성이 필요하다는 결정을 내렸다.

그 결과 1965년부터는 캐나다 예술 육성 진흥에 대한 성과를 인정받아 의회로부터 매년 일정 수준수입의 약 85%의 예산을 배정받고 있다.

○ 미국국립예술기금

미국은 1965년 팔길이 원칙을 적용한 전문문화예술기구인 국립예술기금The National Endowment for the Arts을 설립하였다.

그때까지 미국의 문화예술지원 방법은 주로 개인이나 기업들이 정부의 세제혜택을 받는 기부금을 통해 이루어졌다. 기부자들은 특별한 예술의 장르나 작품의 완성도라는 기준보다도 예술의 다양성을 진작시키기 위해 비영리 아마추어 예술이거나 순수예술이거나를 가리지 않고 창의적인 활동 그 자체 과정에 더 의미를 두었다.

팔길이 원칙이 적용된 미국 연방정부의 독립기구로 창설된 국가예술기금은 전반적으로 미국의 예술 기반시설의 확충과 예술인구의 저변확대, 그리고 무엇보다 다양한 장르에 걸쳐 예술의 수준을 끌어올리는 데 기여를 하게 된다. 한 마디로 위대한 국가는 위대한 예술의 가치를 인식하는 것이라는 철학을 기조로 대중과 함께하고 나누는 예술의 생활화를 부르짖었다.

미국의 국가예술기금은 전체의 예산 중에서 2/3 정도의 기부금에다 정부의 지원금을 토대로 운영되고 있다.

영국, 캐나다, 미국의 팔길이 원칙에 입각한 자율적인 예술기구의 설립은 이를 표본으로 많은 국가들이 중앙과 지역단위의 예술지원시스템을 구축하는 계기가 되었다.

'정부가 지원은 하지만 간섭은 하지 않는 것'을 가장 이상적인 철학으로 인식하기에 이른 것이다. 이들 예술기구들은 개별 예술가들이나 예술단체를 상대로 작품 창작지원과 함께 시민들의 예술향유를 위한 지원을 기본 사명으로 하였다. 또한 이들 기구들은 공정하고 투명한 공공기금을 배분하는 동시에 다양한 장르에 걸쳐 문화예술을 즐기기 위해 시민들이 직접 참여하는 기회를 제공하는 두 가지 역할을 감당하였다.

1960~70년대에 이들 국가에서는 예술 산업이 급성장했다. 그러면서 팔 길이 원칙을 내세우던 예술기구들이 관료화되어가고 있다는 우려가 일게 된다.

탈 관료화의 취지로 설립된 예술기구들이 정부조직과 같이 경직화되고 또 다른 관료화의 길을 가고 있다는 경계의 목소리가 나오게 된 것이다. 게다가 공공 부문에서 문화예술에 대한 지원이 삭감되어야 한다는 주장이 나오게 된 것은 예술이 지나치게 부유한 계층과 엘리트층에 집중되어 있다는 비평론자들이 있었기 때문이다.

특히 미국의 경우는 레이건 행정부 당시 재정 감축을 이유로 국가예술기금의 폐지를 시도했으나 이루어지지 못했다. 오히려 이를 계기로 미국의 문화예술 지원에 대한 인식을 새롭게 함으로써 독립 민간지원기구들의 역할이 강화되는 효과를 가져왔다.

○ 한국문화예술위원회

한국문화예술위원회는 2005년 1월 개정된 문화예술진흥법에 따라 예술인들의 창작활동에 대한 재정지원을 목적으로 그해 9월 29일에 공식 출범하였다.

한국문화예술위원회는 1973년 3월에 민족문화의 계승발전과 문화예술의 연구, 창작, 보급 활동을 지원함으로써 우리 문화예술을 진흥시킨다는 목적으로 설립된 이전의 문화예술진흥원을 선진국의 팔길이 원칙에 부합하게 민간 전문기구로 발전시킨 것이다.

문화예술위원회 설립은 과거 문화예술진흥원이 정부의 통제와 간섭을 받았던 정부 산하기관으로서의 틀을 벗어나겠다는 취지였다. 따라서 각 분야의 민간 전문가들이 독립성을 갖고 문화예술 창작기금을 지원하는 방향과 내용을 정하는 순수 민간 자율기구로 새롭게 탄생한 것이다.

한국문화예술위원회는 설립목적을 '훌륭한 예술이 우리 모두의 삶을 변화시키는 힘을 가지고 있다는 믿음으로 문화예술진흥을 위한 사업과 활동을 지원함으로써 모든 이가 창조의 기쁨을 공유하고 가치 있는 삶을 누리게 하는 것'이라고 명시했다.

1973년 이래 문화예술기금의 지원규모는 2006년을 기준으로 1조 3천억 원을 넘어서는데 이러한 지원을 통해 우리 문화예술이 발전하는 토대를 마련하는 데 기여했다.

물론 정부 산하기구로 있으면서 운영의 효율성에서 미흡한 측면이 있었지만 이제 본격적으로 팔길이 원칙의 전문기구로 탄생됨으로써 문화예술 공공재원의 공정하고 투명한 배분의 장치가 마련되있다.

한편 그전까지 시행되어오던 문예진흥기금의 모금이 2003년도에 폐지되면서 새롭게 복권기금이 조성되어 다양한 문화예술 지원금으로 활용됨으로서 우리나라의 문예 진흥 기반은 새로운 국면을 맞이하게 되었다.

문화예술 공간의
자율성을 찾아야

　　문화예술 공간은 미적 요소가 중시되는 디자인으로 건축된 시설과 고가의 첨단 무대설비로 요약되는 하드웨어 부분과 예술적 창의력으로 기획되어 무대에 오르는 콘텐츠라고 할 수 있는 소프트웨어 부분으로 크게 나누어질 수 있다.

　　우리가 일상생활에서 접하는 공연예술을 하나의 상품으로 파악할 때, 공연장을 매개로 하여 생산과 소비가 이루어진다는 점에서 그 상품적 특성을 찾을 수 있다. 즉, 문화예술 공간에서 제작되는 예술 프로그램은 관객들이 소정의 경제적 대가를 지불하고 소유 감상하는 것이다. 그렇기 때문에 일반적인 수요와 공급의 법칙이 적용될 수는 있겠으나 공연예술에 대한 수요는 소비자가 일정한 예술적 안목과 식견을 가져야 가능하다는 속성 때문에 일반상품과는 다르다.

마찬가지로 문화예술 공간의 하드웨어 부분도 무대장비 기능의 첨단성을 항상 최적화 상태로 유지·관리하는 것이 필수적이다. 공연예술의 기획에서 아티스트와 관객이 만나는 접점이자 예술작품이 창작되어 상품가치를 갖는 공간이 문화예술 공간의 무대이기 때문에 현장성과 즉시성^{now and here}이 무엇보다 중요하다. 이런 점 때문에 문화예술 공간의 하드웨어는 일반 건물 시설과는 다르다.

문화예술 공간 시설물은 시민의 공공자산으로서 효율적으로 유지·관리하여 감가상각을 최소화하기 위해서는 지속적으로 많은 예산이 소요된다. 시설과 설비의 보완이나 기능의 격상 그리고 일정 기간이 지난 후 리모델링과 같은 구조변경은 중앙정부나 지방자치단체가 맡아야 하는 부분이다. 그래서 문화예술 공간의 소프트웨어인 공연 기획 분야는 외부 전문인력을 활용하지만 시설관리 운영은 직접 관여하는 게 일반적이다.

그렇기 때문에 문화예술 공간은 예산을 지원하는 주체인 중앙정부나 지방자치단체의 통제나 관리방식에 따라 그 영향에서 벗어날 수가 없다. 이런 점에서 문화예술 공간에서 팔길이 원칙은 이론상으로는 가장 이상적일 수 있을지라도 현실적으로 완벽하게 적용하는 데에는 한계가 있다. 시설이 국가기관에 예속되어 있는 환경 때문에 각 지역마다 정도는 다르겠지만 공연 기획이나 관리운영에 있어서도 이들 기관의 영향을 받게 된다.

그런데 민간 분야 문화예술 전문인력의 관점에서는 문화예술 공간의 소프트웨어가 무엇보다 중요하다는 입장을 갖고 있기 때문에 국가기관의 영향은 간섭으로 느끼게 된다. 비단 우리나라에서뿐만 아니라 선진국에서도 팔길이 원칙은 가장 바람직한 가치로 설정되어 있지만 현실적으로 운영하는 데 있어서는 국가마다 차이점이 있다.

그런 가운데 상대적으로 문화예술 공간에서 팔길이 원칙이 적용될 수 있는 체제는 민간위탁 운영이다. 일정 부분의 예산을 지원하는 자치단체가 공공자금을 투명하고 공정하게 집행할 수 있도록 지침만 수립해 주고 나서 민간기관이 자율적으로 운영을 하도록 하는 시스템이다.

분명 민간위탁제도는 공연 프로그램 기획이나 운영의 신축성과 자율성이 보장되는 이점이 있다. 그러나 민간기관에 소정의 운영비를 지원하여 권한과 책임을 위임했기 때문에 아트센터의 시설과 장비 분야의 추가 예산 소요 시 이를 확보하는 데 신축성이 미흡할 수 있다.

문화예술 공간을 비롯하여 공공재원을 지원받는 예술기관과 지방자치단체 간에 있어 팔길이 원칙의 중요성은 아무리 강조해도 지나치지 않다.

한국에서 대표적으로 성공한 부산국제영화제의 당시 김동호 조직위원장은 한 언론과의 인터뷰에서 다음과 같이 설명한 바 있다. 팔길이 원칙을 보여주는 좋은 사례다.

국제영화제 성공의 열쇠는 자율성이었다. 지방자치단체는 예산만 지원하고 세부적인 운영에는 간섭하지 않는 체제를 유지시켜 나간 것이다.

예술을 하는 전문가들은 관료사회는 커뮤니케이션이 되지 않는 곳이라고 생각하기 쉽다. 그러나 분명한 것은 축제의 파트너인 관료들과 "대화"가 되지 않으면 안 된다는 것이다. 그래야 간섭을 받지 않는 자율성도 가질 수가 있는 것이다.

외국에서도 그렇지만 공공 분야의 예술행사는 정부나 지방자치단체의 예산을 상당 부분 받아야 하므로 그 영향력에서 완벽하게 벗어날 수는 없다.

예산을 지원하는 주체로부터의 자율성과 함께 내부의 전문가들에게 재량과 권한을 주는 시스템이 성공의 비결이다.

이 내용은 문화예술 공간의 운영에도 바로 적용이 된다고 할 수 있다.

관과 지역사회로부터 자유를!

문화예술 분야에서 팔길이 원칙은 중앙정부나 지방자치단체로부터 공공재원을 지원받으면서 정부의 간섭과 통제로부터 자율성을 확보하는 것이다. 이러한 팔길이 원칙은 정부나 정치로부터의 자유로움뿐만 아니라 문화예술 공간과 연계를 맺는 문화예술계로부터도 일정한 거리를 유지하는 것도 포함된다.

문화예술 공간은 고객이 되는 지역사회와 지역의 문화예술계와 가까이 할 수도 멀리할 수도 없는 이른바 불가근불가원의 자세를 견지하여야 한다. 이것을 '쌍방향 팔길이 원칙double arm's length principle'이라고 할 수 있다.

문화예술 공간은 관객이나 시민, 오피니언 리더, 언론, 대관자 그리고 공연 기획과 관계가 되는 문화예술인들이나 예술단체들과 밀접한 관계가 있다. 이들에 대해서는 문화예술 공간이 추구하는 예술정책방향이나 운영 방침과 규정에 따라 객관적이고 공정하게 상대해야 한다.

문화예술 공간은 그들에게 예술서비스를 제공하지만 한편으로 그들의 여론의 대상이 되고, 또 그들로부터 냉정한 평가를 받는 위치에 있다. 그런 만큼 문화예술 공간 운영자는 대외적으로 개인적인 편견이나 정실, 연고성을 철저하게 배제해야 한다. 특히 학연, 지연, 혈연이 중시되는 우리나라에서는 더욱 이 점을 중시해야 한다. 어떻게 보면 문화예술 공간의 운영에서 표면적으로 나타나는 공연물에만 치중하고 궁극적으로 지역의 잠재여론이 형성될 수 있는 지역사회에 대한 이미지 포지셔닝을 경시하고 있는 것으로 볼 수 있다.

그렇기에 지역 문화예술 공간의 운영자들은 경영목표로 지역 공공성과 대고객 서비스를 중시하는 것을 적시했지만 이러한 목표가 소기의 성과를 얻지 못하고 있는 것으로 보인다.

그래서 쌍방향 팔길이 원칙을 준수한다는 것은 지역사회를 객관적이고 공정하게 인식하고 있다는 반증이다. 또 얼마나 잘 준수하는가는 바로 문화예술 공간의 위상을 결정하는 바로미터가 된다.

민간 전문가에게 경영을 맡겨라

민간 전문경영의 취지는 조직문화가 전혀 다른 관료 사회와 민간 전문가 사회와의 기본적인 간극을 해소하는 데 있다. 또한 문화예술 공간의 본래 사명을 수행하는 데 있어 문화예술 전문가들에게 권한과 책임을 부여하는 데 있다.

기본적으로 민간 전문경영의 가장 이상적인 목표와 가치는 다음과 같이 요약될 수가 있다.

- 문화 민주주의의 실현
- 자율성과 경영권의 보호
- 책임과 의무 이양을 통한 효율성 증대
- 대민 공공 서비스 품질의 향상
- 부가적인 사회경제적 발전 도모
- 시민 세금의 예산 절감 효과

- 지역사회와 연대성 강화

이러한 목표는 주어진 현실여건에 따라 달성의 한계를 가질 수도 있겠지만 어쨌든 문화예술 분야에서는 궁극적으로 나아가야 할 방향임에는 틀림없다. 이런 바탕에서 구체적으로 문화예술 공간의 민간 전문경영은 무엇보다도 앞서 말한 쌍방향 팔길이 원칙이 준수되어야 한다.

예산을 지원해 주는 지방자치단체로부터의 자율성을 가지는 것과 함께 지역사회의 예술가나 예술단체로부터도 자유스러워야 한다. 그렇지만 이러한 자율성이 민간 전문경영의 목적과 달리 경영자의 주관적이고 독선적인 운영으로 흘러서는 안 된다. 그럴 경우 이런 자율성은 또 다른 폐해를 가져올 수도 있기 때문이다.

충분한 자격과 전문성과 사회 윤리의식을 갖추지 않은 경영자가 예술경영을 맡을 경우 문화예술 공간 운영의 혼란과 함께 문화예술계나 지역사회와의 갈등을 야기할 수가 있다.

따라서 지방자치단체는 민간 전문경영의 효과를 극대화하기 위해 운영시 준수해야 할 이행조건과 지침을 명시해 주고 있다. 주어진 가이드라인 내에서 관리운영정책의 설정이나 공연 프로그래밍 방향은 전적으로 전문운영자들의 자율이자 책임이 되어야 한다.

문화예술 공간의 민간 전문경영에서 가장 중요한 것은 지역문화에 대한 연계성이다. 여기에 정서적 유대감으로 상징되는 지역성 그리고 문화예술 공간을 효율적이면서 경쟁력 있게 운영할 수 있는 역량을 나타내는 전문성이라고 할 수 있다. 이 두 가지 요소가 유기적으로 균형과 조화를 이루어야 아트센터는 지역 문화예술의 구심체hub로서의 역할을 제대로 수행할 수가 있다.

민간 전문경영 시 조직의 위상이나 조직원의 구성 그리고 예술사업의 프로그램 대상에서 지역성과 전문성의 '상호 보완적 배합'이 잘 이루어져야 한다. 이렇게 되면 운영조직의 구성원들이 자율성과 동시에 스스로 통제권을 행사하는 조직문화high-trust system를 창출할 수 있다. 그러면 그야말로 쌍방향 팔길이 원칙이 완벽히 적용되는 문화예술 공간 운영시스템이 될 수 있다.

객관적 전문평가가 중요하다

중앙정부나 지방자치단체로부터 공공재원을 지원받는 문화예술 공간을 포함한 모든 예술기관이나 단체, 또는 개인 예술가에 대해서는 지원받은 예산의 투명한 사용과 용도의 합목적성을 평가하는 것이 중요하다.

여기에는 팔길이 원칙과 함께 또 다른 축을 이루는 객관적 전문평가원칙peer assessment principle이라는 것이 있다.

다양한 장르의 예술행위는 한마디로 예술작품을 중심으로 그것을 어떻게 발전시켜 나갈 것이며, 어떻게 관객들이 즐기도록 할 것이며, 이를 위해 어떻게 창작될 것인가로 집약된다. 이러한 예술행위가 이루어지는 공간인 문화예술 공간의 운영은 당연히 그 결과를 평가받아야 한다.

지역 시민들에게 문화 서비스를 제공하는 기반시설인 문화예술 공간은 중앙정부나 지방자치단체 차원의 기본적인 내부 운영점검a posteriori check과 함께 지방의회로부터 행정감사를 받고 있다.

하지만 일정한 기간마다 외부 전문가들에 의한 객관적인 종합평가를 받는 시스템이 필요하다. 이러한 외부 시각에 의한 평가결과는 중앙정부나 지방자치단체가 문화예술 공간의 운영상태를 점검할 수 있는 계기가 된다. 또 재원의 출처가 되는 세금을 부담하는 지역사회 시민들과 문화예술계에게도 공개되어 운영현황의 투명성과 적합성을 검증받아야 한다.

이런 과정을 통해 문화예술 공간을 이용하는 고객에 대한 만족도를 제고하게 되며 서비스를 강화해 나감으로써 지역사회로부터 신뢰를 받을 수 있다.

팔길이 원칙이 무엇보다 예산을 지원하는 중앙정부나 지방자치단체와의 관계를 설정하는 것이라면 객관적 전문평가는 예술계나 지역사회와의 관계를 규정하는 것이다. 이 두 가지 원칙은 문화예술 공간의 운영과 의사결정의 과정을 관할하는 기조가 된다고 할 수 있다.

여기에서 우리는 객관적 전문평가라는 영어표현에서 'peer'라는 말에 주목할 필요가 있다. 'peer'의 사전적 의미는 '동료', '동등한 사람'이지만 여기에서의 정의는 '전문지식이나 경험과 개방적인 자세를 갖고 있어 문화예술 분야 지원이나 활동을 공정하고 전문적으로 평가할 수 있는 역량을 갖춘 사람assessors'을 뜻한다.

말하자면 문화예술계에서 활동하는 개별 예술가이거나 문화예술 분야에 종사하는 전문가들을 지칭하는 것이다. 그래서 객관적 전문평가는 그런 사람들로 구성된 그룹에게 운영성과나 목표의 달성 여부를 검증받는 것이다.

예술평가에서 이 말의 사용은 영국에서 시작되었다. 영국에서는 법적으로 평민계층에 대한 정의의 기준은 귀족들로부터 정해졌다. 그런데 귀족과 평민계층들이 처한 사회 환경이 전혀 달랐기 때문에 판단의 근거가 공정성을 가질 수가 없었다. 그렇기 때문에 다원성이 특징인 예술 분야를 잘 알고 있는 동료 예술가들이 평가를 하는 것이 더욱 공정할 수 있다는 인식이 생성되었다.

즉 문화예술 활동이나 문예진흥기금의 지원 결정에 대한 심사는 같은 부류에 속한 전문가에 의해 이루어져야 한다는 취지였다. 그래서 당연히 문화예술 공간의 운영에 대한 평가도 이러한 전문가에 의해 시행되었다.

문화예술 공간의 평가기준은 크게 세 가지 방향에서 설정된다.

첫째, 문화예술 공간의 콘텐츠를 구성하는 무대공연 프로그램의 예술적 특성artistic merit과 작품의 완성도이다. 이것이 문화예술 공간의 브랜드 이미지 구축에 매우 중요하기 때문에 가장 중점을 두는 기준이다.

둘째, 지역사회에 대한 기여도와 시민의 참여도이다. 여기에는 구체적으로 예술의 파급효과, 관객확보, 교육아카데미, 지역 커뮤니티 연계사업 등이 포함된다.

셋째, 문화예술 공간 경영방식과 관리행정의 적합성과 질적 위상에 대한 것이다. 여기에는 운영의 발전성과 재정의 안정성 요소가 포함된다.

전문가에 의한 문화예술 공간의 평가는 운영과 관련된 모든 서류와 자료에 대한 심의와 문화예술 공간 경영자, 관리자 및 실무자와의 개별 직접 인터뷰를 통해 종합적으로 이루어진다. 최종 평가보고서에는 문화예술 공간 운영현황에 대한 세부적인 검증과 함께 발전적 변화를 위한 건의사항도 반드시 포함되어야 한다.

관료사회를 바르게 이해하자

문화예술을 다루다 보면 지원금의 주체가 되는 중앙정부나 지방자치단체의 관료사회와 밀접한 관계를 맺지 않을 수 없다. 보통 민간 전문가사회와 관료사회와는 생각의 관점이나 방향이 다를 수밖에 없다.

그렇기 때문에 항상 정도의 차이는 있겠지만 관료사회와는 갈등구조가 상존한다. 이는 비단 우리나라에서뿐만 아니라 일찍부터 예술을 꽃피웠던 문화선진국에서도 당면한 문제이기도 하다.

특히 예술가나 그 창의적 예술을 다루는 전문가와 규격화된 조직체계의 관료들 사이에는 다른 어느 분야에서보다도 현격한 인식의 간극이 나타날 수 있다. 이것은 어찌 보면 당연한 현상이다. 중요한 것은 이러한 갈등을 어떻게 해소하고 해결하는가가 관건이다.

예술가들이나 예술 전문가들이 관료들의 기준에 합치한다면 그것은 더 이상 예술의 창의성이 발현되기 쉽지 않다는 방증일 수 있다. 오스카 와일드Oscar Wilde는 "위대한 예술가치고 사물을 그대로 보는 사람은 없다. 만일 사물을 그대로 본다면 그는 더 이상 예술가가 아니다."라고 했다. 그래서 문화선진국에서는 관료들의 간섭을 배제하고 예술 활동의 자율성을 보장하기 위해 팔길이 정책이라든지 객관적 평가 정책이 일찌감치 정착이 되어 있다. 어쩌면 그들은 그런 문제의식을 갖고 있었기 때문에 중앙정부나 지방자치단체로부터의 자율성이라는 문제에 대해 합리적인 제도적 해법을 찾게 되었는지도 모른다.

분명한 것은 관료사회의 민간 전문가사회에 대한 인식이나, 반대로 민간 전문가사회가 보는 관료사회에 대한 시각은 어느 쪽이 옳고 그름의 차원이 아니다. 이 두 당사자들이 속해 있는 조직체계가 다르고 그에 따른 조직문화가 판이하게 다른 데에 있으며, 이상적인 해결책은 서로가 서로를 인정하고 의견의 합치점consensus이나 절충점compromise을 찾아내어 문화예술을 다루면서 스스로 갈등이 아닌 화합의 분위기를 조성하는 것이다.

그럼에도 중앙정부나 지방자치단체로부터 지원을 받고 있는 문화예술 공간들은 관료사회와 민간 전문가사회가 유기적인 협력과 조율의 미덕을 발휘하지 못하고 갈등을 빚고 있는 것을 자주 볼 수 있다.

예술은 창조적인 작업을 통해 인간의 심미적인 욕구를 충족시키는 기본 기능을 갖고 있다. 나아가 이런 과정을 통해 인간만이 누리는 유기적인 사회 공동체를 달성하게 된다.

그렇다면 문화예술 공간은 광의적으로 보면 사회적 통합의 순기능을 감당해야 하는 막중한 임무를 갖는다고 할 수 있다. 그래서 관료사회와 민간 전문가사회는 무엇보다 먼저 '긴장적 화합관계'를 유지해야 한다.

예술의 역할이란, 한 사회의 문화적 정체성과 정신유산을 보존하여 이를 보다 윤택하게 하는 것이다. 또한 예술은 바로 표현과 의사소통의 보편적 형태이면서 인종적, 문화적, 종교적 차이의 공통분모로서 인간으로 하여 금 사회 소속감을 심어주기 때문에 모든 사람은 예술을 향유해야 한다.

이런 예술을 다루는 관료사회나 민간 전문가사회가 한 공동체에 속해 있으면서 스스로 협력과 커뮤니케이션의 한계를 노출시킨다는 것은 자기 모순이 아닐 수 없다. 관료사회와 민간 전문가사회 간의 이해부족과 커뮤 니케이션 미흡은 문화예술 공간 조직이 문화적이지 못함을 의미한다.

문화란 사람이 생각하고, 행동하고, 생활하고, 대화하는 그 자체이다. 더 함축적으로 표현하면, 문화는 바로 커뮤니케이션이다. 그래서 문화와 커 뮤니케이션은 함께 따라다니는 것이다. 우리가 일상 가운데 상대하는 사람 들 간에 서로 교감하며 의사를 소통하는 인적 커뮤니케이션interpersonal communication의 결과로 문화가 발전한다.

동시에 문화의 형태나, 성격이나, 모양은 사람 간에 서로 행동을 공유 함으로써 이루어진다. 바로 이 행동의 공유가 우리가 말하는 커뮤니케이션이라고 하는 것이다. 그것은 함께 살아가고, 함께 일하고, 서로 상관관계를 맺어가는 것을 뜻하는 것과 다름없다. 그렇다면 관료는 민간 전문가에 대해, 또 민간 전문가는 관료에 대해 서로의 환경과 문화를 이해하는 노력과 개방적인 자세가 필요하다.

흔히 관료사회는 국가의 질서체제와 행정을 바탕으로 하고 있어 신뢰성이나 안정의 요소가 강하지만 민간 전문가사회는 창의성과 자율성을 중시하고 있어 역동성과 전문성 요소가 강한 특성이 있다. 이 두 사회가 아름답게 화합을 이룰 경우 최고의 결실을 도출할 수 있지만 그렇지 않을 경우에는 신뢰도의 단절credibility gap만이 있을 뿐이다.

갈등 조정으로 공감대 만들어야

문화예술 공간을 운영하는 데 있어 팔길이 원칙이 이상적이다. 하지만 실제적으로는 지원주체가 되는 관료사회와 인식과 관점의 차이를 겪는 경우가 많다. 뿐만 아니라 문화예술 공간의 정책이나 공연사업, 또는 극장 대관의 공정성이나 요금 등에 대해 지역의 예술가나 예술단체들과의 이견이 심하게 대두되는 사례도 흔히 있다.

아무리 문화예술 공간이 좋은 취지나 원칙과 공정한 잣대로 업무를 처리했다 해도 보는 시각에 따라 오해를 가져올 수도 있다. 때로는 이해당사자들이 주관적인 관점으로 해석하여 심각한 대립 양상을 보일 때도 있다.

문화예술 공간을 포함하여 모든 조직은 기본적으로 정치성을 띤다. 조직은 권한과 영향력을 갖고 있기 때문에 대내외적으로 관련 당사자들과 정치적인 역학관계를 구성하게 되기 때문이다.

　　항상 조직에서의 정책결정은 상쇄효과^{trade-off}가 있어 한편으로 이득이 되는 측과 그렇지 않은 측의 갈등구도를 낳게 되어 있다. 그래서 정치적 갈등을 야기할 수 있는 복잡하고 경계가 모호한 정책들은 균형감각을 갖고 잘 처리해야 한다.

　　조직에는 가장 이상적인 정책 판단과 결정이다 하더라도 의견을 달리하는 계층이 있게 마련이다. 이것을 '합법적 불일치^{legitimate disagreements}'라고 한다. 이러한 조직의 정치적 갈등은 관계 당사자 간의 상호 의존도가 크면 클수록 그리고 다양성과 재원의 희소성이 있으면 있을수록 더욱 깊어지게 되어 있다.

　　문화예술 공간 조직은 일반 조직보다도 내부적으로나 외부적으로 이러한 정치적 갈등이 더욱 상존한다. 왜냐하면 문화예술 공간은 창의적인 예술 활동을 관리하는 전문인력 집단의 공동체이면서 예술의 독특한 가치성으로 인해 상대적인 비교를 쉽게 인정하려 하지 않기 때문이다.

　　특히 우리나라의 문화예술 공간은 대내외적으로 많은 갈등이나 이해관계가 상충되는 것이 현실이다. 그러나 이러한 갈등, 즉 조직이 과업을 수행하기 위해 필요로 하는 자율성과 지역사회의 요구들 사이의 갈등, 조직의 가치와 지역사회 가치 사이의 갈등, 조직이 내려야 할 의사결정과 지역사회의 이해관계들 사이의 갈등은 모든 조직 이 안고 있는 본래의 문제이다.

　　그래서 갈등을 체계적으로 조정하고 해소하는 제도가 필요하다. 원래 문화예술 분야에서 갈등의 개념은 '공적인 의무를 수행함에 있어 개인적인 이해관계가 연관되어 있을 시 공·사적으로 상충되는 입장'을 말한다.

　　문화예술 공간에서는 운영의 공정성과 객관성을 확보하기 위해 자문위원회나 운영위원회와 같이 지원단체^{support group}를 두어 전반적인 현황에 대한 자문을 얻거나 주요 정책사항에 대한 결정 협조를 얻는다. 이 지원단체는 대부분 문화예술 공간에 호의적인 생각을 갖고 있거나 우호적인 입장을 취하며 깊은 이해심과 공정한 판단력을 갖고 있는 문화예술 분야의 전문가들로 구성된다.

반면 문화예술 공간의 운영에 직접적으로 관여하여 정책을 승인하고, 운영의 관리감독을 맡고 있는 이사회와 같은 이해단체interest group가 있다. 여기에는 문화예술의 수용자인 시민을 대표한 공익단체나 예산심의를 관할하는 지방자치의회 대표 또는 사회 저명인사들이 참여하여 문화예술 공간의 활동을 감시하는 역할을 하게 된다.

크게 나눠 이 두 가지 기능을 갖는 단체가 문화예술 공간의 운영에 참여한다. 그래서 관료사회나 지역사회와의 사이에서 수시로 발생할 수 있는 문화예술 공간의 갈등요소들을 어떻게 해결하느냐 하는 것이 큰 문제로 대두된다.

이런 예상되는 문제들을 보다 객관적으로 지혜를 모아 해소하여 발전적 관계를 유지할 수 있도록 하는 역할을 할 수 있는 시스템이 필요하다. 왜냐하면 문화예술 공간과 관료사회 또는 지역 문화예술계와의 갈등을 근본적인 대화나 중재를 통해 해결하지 않으면 문화예술 공간이 지역 문화예술의 중심체로서의 주어진 기능을 충실히 수행할 수가 없기 때문이다.

문화예술 공간이 관료사회로부터 불신을 받거나 지역 문화예술계로부터 외면당한다면 그 존재 의의가 훼손당할 뿐만 아니라 조직의 생산성과 구성원들의 사기가 침체되고 동기부여가 저조해질 수밖에 없다. 오히려 이러한 갈등 요소를 적시에 해소시켜 생산적인 관계로 승화시킨다면 문화예술 공간 조직의 팀워크와 성과를 배가시킬 수 있는 결과를 가져오게 될 수 있다.

문화예술 공간
운영환경은 독특하다

운영권 독점에서 분산의 시대로

우리나라에도 이제 지방자치제도가 정착되어가고 있다. 이전까지 근대화 과정에서는 산업화, 도시화가 사회적 이슈였고, 그래서 이른바 모든 부문에서 중앙과 지방이라는 이분법적 구도가 형성되어 있었다.

당연히 문화예술 분야에서도 중앙과 지방의 격차는 심화되었다. 중앙을 중심으로 문화예술이 발전되며 시대적 흐름을 주도하는 양상을 보여 왔다. 공연예술 분야를 보면 해외 아티스트를 초청하는 경우, 중앙에서 이루어지는 공연이 우선이었다. 여기에 대표적인 광역도시 2~3군데에서 공연료나 항공분담금을 절감하기 위한 부수적인 공연으로 개최되고는 했었다.

그러나 이제는 지역 분권의 중요성이 부각되면서 지역에 대한 인식과 태도가 변화되었다. 이런 추세 속에서 지역의 특색은 물론 지역 시민들의 잠재되어 있는 문화의식과 예술의 향수욕구가 강해지면서 지역 문화예술의 지형이 새로운 모습을 갖추어가고 있다.

중앙의 전문인력이 지역에서 활동하는가 하면 중앙과 지역 간 다방면에 걸친 쌍방향 교류가 활성화되고 있다. 상징적으로 이제는 해외의 아티스트나 국내의 저명한 예술가들이 지방 순회공연을 활발하게 개최하고 있다. 더 나아가 오히려 서울보다도 여러 지방의 순회공연을 통해 사업의 채산성을 맞추어가는 패턴이 형성되고 있다.

그럼에도 대부분의 지방자치단체들이 문화예술 공간의 확충에는 많은 노력을 기울이고 있지만 설립 후 운영과 관련된 정책적 관심과 지원은 미흡한 실정이다. 운영 인력의 부재나 전문성 부족, 일정 규모 이상의 문화수요 관객 부재, 다양하지 못한 프로그램, 미흡한 시설별 연계 등의 문제점을 갖고 있다.

앞으로 이러한 문제점을 개선하고 사회 전반의 시대적 흐름에 부응하기 위해 문화예술 공간의 운영을 민영화, 전문화시켜나가는 것이 바람직하다. 이는 단순한 운영의 탈 관료화가 아니라 넓은 의미로 문화예술 분야에서 실제적인 운영권한의 분산화decentralization를 말한다.

물론 문화예술 공간의 지속적인 최적화 유지를 위한 전략적 기능과 같이 예술 전문 영역에서 다룰 수 없는 분야가 있다. 그것은 중앙정부나 지방자치단체에서 일정 부문 관장을 하는 이른바 '보충성의 원칙principle of subsidiarity'을 적용하는 것이 필요하다.

원래 행정, 정치, 대조직 관리와 같은 분야에서 사용되었던 이 원칙은 중앙권력은 하위 조직이 효율적으로 할 수 없는 기능만을 수행하는 개념이다. 곧 권한을 부여받은 조직의 독자성을 존중해야 한다는 의미를 지닌다.

문화예술 공간이 보충성의 원칙을 기초로 운영되려면 첫째, 문화예술 공간이 자체로 할당받은 재원과 전문인력 소요를 산정하고 통제할 수 있어야 한다. 둘째, 문화예술 공간이 스스로 설정한 목표와 목적을 달성할 수 있도록 중앙정부나 지방자치단체로부터 지원은 받되 자체 운영방향이나 절차를 수립할 수 있는 권한을 가져야 한다. 셋째, 그 지역의 문화정체성, 예술특성, 시민의 예술적 기대에 부응하는 프로그래밍을 해야 한다. 나아가 지역 문화예술 공간의 여건에 맞추어 공공성과 경영성이 균형을 이루도록 가용 자원을 효율적으로 활용하는 전략을 적극적으로 수립해야 한다.

이러한 원칙을 기초로 앞으로 일본의 민간위탁 형식의 '지정관리자제도'를 원용하는 것도 바람직할 것이다. 일본처럼 수탁기관을 법인에만 한정하지 않고 다른 부문의 운영 실적이나 사업 의지, 운영계획서의 충실성이나 현실가능성 등을 종합적으로 평가해 일반 단체나 개인에게도 수탁을 제공하는 방안을 의미한다.

운영권 분산은 이점이 많아

중앙정부나 지방자치단체가 관할해야 할 정책 분야는 다양하다. 그래서 문화예술 공간과 같은 전문 목적시설은 현장에서의 창의적인 전문성을 필요로 하기 때문에 정책 수립을 주 업무로 하는 국가기관에서 직접 관장하는 것은 효율적이지 못하다. 문화예술 공간의 운영권한을 위임하는 것이 바람직하다.

문화예술 공간의 운영권 분산에 따른 이점을 살펴보면 다음과 같다.

첫째, 국가기관의 직접적인 통제나 집행에 의해 야기되는 행정의 병목 현상을 해소할 수가 있다.

둘째, 국가기관의 복잡한 관료주의에 따른 행정절차를 효율적이며 생산적으로 줄일 수 있다.

셋째, 시민의 문화욕구나 문화예술계의 수요needs를 현실적으로 파악하여 운영에 신축적으로 반영할 수 있다.

문화예술 공간의 일선 운영권을 분산 위임시키면 국가 정책기관은 보다 핵심적인 정책이나 비전 수립에 역량을 집중할 수 있게 된다. 문화예술 공간 운영의 분산은 궁극적으로 창의적이고, 혁신적이고, 순발력 있는 경영체제를 갖추고, 지역사회와 밀착감을 가지면서 시민의 참여기회를 확대시키는 데 그 목적이 있다. 특히 우리나라처럼 관료들이 빈번한 보직 순환을 통해 일반 행정가로 육성되는 환경에서는 민간 분야 전문가가 지속적으로 관리 운영 및 사업계발을 전담함으로써 문화예술 공간 운영의 안정성과 일관성을 유지할 수가 있다.

한마디로 어떤 분야든 권한 집중화가 통제와 감시의 필요에 의해 이루어지는 것이라면 분산화는 다양성과 전문성의 필요를 충족시키는 것이라 할 수 있다.

운영권 분산의 다양한 유형들

문화예술 공간 운영권의 분산이란 개념은 중앙정부나 지방자치단체에 집중되어 있는 권한과 책임을 보충성의 원칙을 토대로 전문 분야로 이전하는 것을 뜻한다.

지금 우리나라에서도 지방자치단체가 산하기관이나 공기업, 또는 민간 분야에 운영권을 분산시키고 있지만 구조적인 형식뿐만 아니라 실질적인 내용으로 자율성과 독립성을 부여해야 한다.

이미 문화예술에 대한 공공지원의 당위성이 사회적으로 인정을 받고 있는 현실이다. 실제로 문화예술 분야에서 공공지원이 확대됨에 따라 공공성 비중의 역할도 증대되고 있는 것이다. 따라서 중앙정부나 지방자치단체에 예산지원이라는 명분으로 인해 운영권이 집중되어 있는 것은 시대적 흐름을 따라가지 못하는 것이라고 할 수 있다.

그래서 대부분 우리나라의 규모 있는 문화예술 공간은 공공의 영역에 속해 있으면서 어떠한 형태로든 전문가가 참여하는 방식을 취하고 있다. 그러나 아직 전반적으로 중앙정부나 지방자치단체의 직접적인 통제 영향권에서 벗어나지를 못하고 있다. 그것은 운영의 전문화가 실현되기에는 그만큼 전문가 조직에 대한 신뢰나 당위성이 구축되어 있지 않다는 반증이기도 하다.

여기에서 실질적으로 문화예술 공간 운영의 권한과 책임의 분산이라는 측면에서 다음 몇 가지 유형으로 구분해 보도록 한다.

○ 운영권 대행 : 운영권의 분산에서 가장 미약한 형태로 중앙정부나
  지방자치단체의 직할사업소 등에 운영을 맡기는 것이다.

그래서 중앙정부나 지방자치단체 본청의 종속적 하위개념에 따라 중앙정부나 지방자치단체의 의사결정이나 예산통제에 전적으로 따르는 것 deconcentration이다.

이 경우 중앙정부나 지방자치단체가 인가된 한도 내에서 정규인력의 배치나 운영방침에 따른 모든 권한을 가지며 그들의 관리감독 하에 행정 관리 기능만 갖는 일종의 행정권 대행 체제이다.

우리나라 중소 도시 기준의 기초지방자치단체가 관료들을 파견하여 문화예술 공간을 운영하고 있는 방식이 여기에 해당된다.

○ 운영권 위임 : 좀 더 적극적인 운영권 분산의 방식이다. 시설관리공단이나 문화재단과 같은 독립법인체나 준 자율조직semi-autonomous organizations을 설립해 운영권과 책임 그리고 무엇보다 재정관리권을 부여하는 것delegation이다.

이와 같은 공기업이나 비영리단체는 중앙정부나 지방자치단체로부터 완전한 통제를 받지는 않지만 궁극적으로 중앙정부나 지방자치단체에 대해 운영결과에 대한 책임을 지게 된다.

통상 이러한 조직들은 상당한 재량권을 갖게 되며 정규인력 운영에 대한 자율성과 함께 자체 재정 수입원에 대해 임의의 결정권을 행사할 수도 있다.

○ 운영권 위탁 : 운영권 분산 중에서 가장 자율성이 보장된 민주적인 형식이다. 중앙정부나 지방자치단체가 시설관리 부분에서는 보충성의 원칙을 적용하되 정책결정권, 예산운영권, 행정관리권 등 일체를 외부 전문기관에 전적으로 맡기는 방식devolution이다.

이 경우 외부기관은 모든 권한과 책임을 보유하며 일정 수준의 지원금에다 자체적으로 수입을 창출self-financing하여 예산을 확보해야 한다.

경우에 따라서는 운영권을 맡은 외부기관이 자체 자원을 통한 인적·물적 서비스를 제공하거나 현금투자co-financing를 하기도 한다. 운영권 위탁방식은 가장 문화예술의 창의성과 예술성이 발휘될 수 있는 바람직한 제도이다.

결론적으로 문화예술 공간 운영권의 분산 위임은 일반적으로 공공 분야가 절실히 필요로 하는 비용 효율성cost efficiency을 어떻게 하면 높일 수 있는가를 고려해야 한다.

흔히 문화예술 공간과 같은 공공 분야의 비효율은 주인의식의 부재, 경쟁 풍토 미흡, 관료사회의 과도한 개입에서 비롯된다고 할 수 있다. 이의 대응책으로 민간 전문화, 경쟁력 강화, 합당한 자율성 부여를 통해 비용의 비효율을 제거해야 한다. 그렇게 하여 내부 효율성, 즉 '관리적 능률성X-efficiency'을 재고해 나가야 한다.

문화예술 공간의 관리적 능률성 재고는 첫째, 예술성·경영성·공익성 부문에서의 상대적 능률성 점검, 둘째, 경영책임자의 리더십과 구성원들의 동기부여를 통한 안정된 조직문화 정착, 셋째, 사업과정의 혁신을 통해 비용을 절감하며 산출을 극대화하는 생산성 마인드 재고를 통해서 달성될 수 있다.

마이크로매니지먼트 vs 멘토링

마이크로매니지먼트micro-management, 즉 '미세 경영' 또는 '작은 경영'이라고 할 수 있는 이 운영방식은 조직 내에서 권한과 책임을 직계職階별로 위임하지 않고 최고경영자가 모든 업무내역을 관리하고 간섭하는 비효율적인 제도로 인식되고 있다.

이것은 조직 내의 위계뿐만 아니라 이사회가 주어진 범위를 넘어 경영층의 고유 업무에까지 지나치게 관여하고 간섭하는 것을 의미하기도 한다. 그래서 문화예술 분야에서도 마이크로매니지먼트 방지책이 마련되어 있다. 예를 들어 캐나다예술원The Canada Council for the Arts의 운영정책 규정에 따르면 예술원의 이사회와 경영진의 역할과 책임을 명확히 구분해 놓고 있다. 그리하여 이사회가 경영진의 권한을 견제하되 월권을 하여 경영 업무영역을 침범하지 못하도록 제도적인 장치를 마련해 놓고 있다.

다시 말해 이사회가 세세한 부분까지 간섭을 하는 마이크로매니지먼트의 경향으로 흐르지 않으면서 견제와 균형이 이루어질 수 있도록 명시한 것이다. 이것은 예술기관이 외적으로는 재원을 지원해 주는 중앙정부나 지방자치단체로부터 운영의 독립성을 확보해야하는 것과 같이 내적으로도 권한과 역할이 직능별로 엄연히 구분되어 자율성이 주어져야 한다는 것을 뜻한다.

일반 조직경영에서 마이크로매니지먼트는 분명 조직원의 사기를 떨어뜨리고 의욕을 저하시켜 결국에는 조직의 생산성과 경쟁력이 낮아지는 '매사 간섭위주의 경영방식hands- on management style'으로 경계 시 되고 있다.

이런 환경에서는 업무나 제품의 완성도가 달성되기 힘들다. 여기에서 완성도란 의미는 '조직에서 주어진 일을 완벽하게 해내는 것이라기보나 구성원들이 끊임없이 최선을 다해 일하는 것이나 항상 더 잘 일을 처리하고자 노력하는 것'을 의미한다. 그래서 조직 내 우수한 인력들일수록 마이크로매니지먼트 체제에 거부감을 느끼게 되며, 그들은 조직에 대해 신뢰감이나 주인의식, 그리고 충성심을 갖지 못한다.

그러나 고도의 예술성과 창의성을 필요로 하는 문화예술 공간 조직에서는 어느 면에서 마이크로매니지먼트가 필요하다. 일반기업과는 달리 충분한 경험과 지식을 갖춘 전문인력의 확보에 한계가 있다. 그런데다 경제성이 미흡한 조직 환경에서 높은 인건비가 수반되는 완성된 전문인력을 모두 갖추기도 쉽지 않기 때문이다.

그래서 첨단의 무대장비를 다루는 기술관리나 공연예술 기획 분야는 보편적으로 기간요원으로 정예인력을 영입한다. 그리고 재정 여건에 맞게 초보 경력이나 신입 수준의 인력을 채용하여 일선 전문기로 육성시켜 나가는 것이 바람직하다.

문화예술 공간에서 창작되는 작품의 속성은 소비자가 공연장을 직접 찾아와야만 상품을 소유^{감상}할 수 있는 현장성과 반복이나 복사가 불가능한 독자적인 가치성을 지니고 있다. 그렇기 때문에 관리자나 경영자가 매사에 한 치의 오차가 발생하지 않도록 세심한 관리감독의 마이크로매니지먼트 시스템을 유지하지 않을 수 없다.

그럼 여기에서 문화예술 공간에서 마이크로매니지먼트가 필요한 이유를 살펴보자.

첫째, 문화예술 공간이 지역의 대표적인 공공시설로서 다양하게 대외 여론의 대상이 되고 있다. 그래서 경영 측면의 통합된 이미지 관리, 즉 문화예술 공간의 브랜드 인식효과_{marketing communications effectiveness}의 철저한 관리가 필요하다.

둘째, 정예 소수의 관리자나 각 분야별 감독이 보유하고 있는 전문적인 직능별 기술과 지식을 체계적으로 하위 직급자에게 전수해야 한다.

셋째, 일선 실무인력의 사소한 언행이라도 문화예술 공간 운영의 책임성과 연계될 수 있는 가능성이 크기 때문에 조직원들을 교육하고 지도해

줄 필요가 있다.

결국 문화예술 공간의 마이크로매니지먼트는 멘토링 mentoring과 같은 관점에서 접근해야 한다. 멘토링은 중세기에 장인과 도제 사이에 오랜 훈련 기간을 거치면서 지식과 지혜 그리고 전문성을 전수하는 제도에서 시작되었다. 이것이 산업사회가 되면서 미국의 선진기업들을 중심으로 적극 활용되었다. 더욱 복잡해지는 기술 영역과 조직의 과제 및 임무를 효율적으로 처리하고, 조직원의 적응력과 단합을 도모하여 인간적인 기업풍토를 조성하기 위해서다.

바로 이 멘토링이야말로 문화예술 공간을 성공적으로 운영할 수 있는 제도가 될 수 있다.

원래 멘토 mentor는 '경험이 있고 신뢰할 수 있는 후원자, 조언자, 또는 스승'을 뜻하는 용어로 그리스 신화에서 비롯되었다. 오디세우스 Odysseus가 자신의 친구인 멘토에게 아들의 교육을 맡겼는데 나중에 그 아들이 훌륭하게 성장하게 된 것을 보고 난 후 '훌륭한 스승'이라는 의미로 멘토라는 말을 사용했다.

유능한 멘토는 멘티 mentee가 되는 상대방이 조직에서 잠재력을 충분히 발휘할 수 있도록 상대의 욕구나 희망, 관심과 고민, 그리고 개인적으로 필요한 것들을 제대로 파악할 수 있는 능력을 갖추어야 한다.

이러한 멘토는 어떻게 보면 일반기업보다도 예술적 특성이 강한 문화예술 공간과 같은 조직에서 더욱 필요하다.

문화예술 공간의 경영자와 관리자는 문화예술 분야에 많은 경험을 가진 선배인 멘토로서 구성원들에게 문화예술 공간에서 활동하는 데 필요한 다양한 노하우를 가르쳐줌으로써 그들이 숙련된 인적자원으로 육성될 수 있도록 해야 한다. 이러한 멘토링제도는 문화예술 공간의 첨단 환경에 있어서 발생해서는 안 되는 시행착오를 미연에 방지하는 효과가 있다. 또한 문화예술 공간의 직능 간, 개인 간의 원활한 통합과 화합을 이루어내어 궁극적으로 조직사회화전략corporate socialization을 달성하는 데 중요한 몫을 하게 된다.

멘토의 역할은 정말 중요하다. 아인슈타인Albert Einstein은 "창조적인 표현과 지식습득에 기쁨을 일깨우는 것이 지도하는 사람의 최고의 예술이다."라고까지 했다.

한편 우리나라의 문화예술 공간에서 내적인 갈등을 갖고 있는 경우가 있는데 이는 관리자나 경영자가 '지나치게 긴섭하고, 통제하고, 일방적이고 독선적인 행태'를 보이는, 일반기업에서 기피하는 마이크로매니저micro manager가 되어 있기 때문이다.

특별한 환경의 조직이라고 할 수 있는 문화예술 공간에서는 어떻게 보면 '멘토형 마이크로매니저'가 요구된다고 할 수 있다. 구성원들에게 비전을 심어주면서 자상하게 세부적인 업무 방향을 제시해 주고, 업무를 구체적으로 관리해주는 그런 유형의 관리자 말이다.

멘토형 마이크로매니저가 된다면 문화예술 공간이 명실상부하게 창의성과 독창성이 넘치는 크리에이티브 센터가 될 것이다.

문화예술 공간의 멘토링제도는 목적에 따라 두 가지로 구분할 수 있다.

○ 신입인력 멘토링

문화예술 공간에 새롭게 들어오는 인력에 대한 일종의 맞춤형 개별 오리엔테이션New-Hire Mentoring이다. 이 경우는 실무 선입 상급자와 짝을 맺어주어 문화예술 공간의 조직과 구조, 규칙과 규범, 직장의 예의범절에 이르기까지 지도해 준다.

또 조직생활을 시작하면서 필요한 전반적인 사항을 세밀하게 안내해주며 초기에 조직생활에 잘 적응할 수 있도록 도와주는 것이다.

○ 간부육성 멘토링

일반 실무자 그룹 가운데 해당 전문 분야의 기량이 뛰어나거나 리더십 역량이 돋보이는 인력을 선정하여 예비 초급 관리자로 육성High-Potential Mentoring하는 것이다.

그것은 조직의 고위급 관리자 리더십 함양의 기초가 되며 장기적으로 인력을 효율적으로 관리하는 데에 유익하다. 물론 예비 관리자를 선정할 때는 객관적이고 공정한 평가과정을 거쳐야 한다.

한편 신입인력 멘토링의 일환으로 경력 1~3년차 정도 되는 조직의 선배와 일 대 일로 짝을 지어주는 것이 효과적이다. 새로 문화예술 공간에 들어온 신입 인력이 조직에 잘 적응하면서 초기에 정신적으로 안정감과 자신감을 가질 수 있도록 밀착지도를 해주는 '버디시스템Buddy System'도 있다.

이 버디시스템은 '친한 친구, 동료, 짝꿍'의 의미를 갖는 '버디'라는 친근한 말에서 나타나듯 교육 용어였다. 원래는 학생들의 학교생활 적응과 동료 사이의 원만한 관계 유지를 이끌어 주거나 유치원, 초등학교 학부모들을 지도해 주는 제도로 널리 활용되었다. 이 개념이 기업의 신입인력 오리엔테이션의 한 방법으로 도입된 것이다.

기업에서 버니친한 싱급자는 구성원들의 재능과 인성과 특기를 잘 파악하고 있는 초급관리자supervisor를 대상으로 근무경력, 대인친화력, 조직에 대한 사명감과 충실성을 기준으로 지정하게 된다.

문화예술시장의 경쟁과 협력

공연예술시장은 창의적인 상품을 대상으로 하고 있어 여느 일반상품보다도 독특성과 유일한 가치성이 있다. 그래서 일반제품과 달리 재고라는 개념이 적용되지 않는다.

문화예술 공간에서 이루어지는 공연의 입장권은 공연이 실연實演·The Performance되는 시점까지는 일종의 유가증권과 같은 값어치를 갖는다. 그렇지만 공연이 끝나는 순간부터 그 공연은 다른 작품으로 대체될 수가 없게 되며 입장권은 휴지조각이나 다름없다. 특히 시민의 공공시설인 문화예술 공간에서 펼쳐지는 공연 기획물은 일종의 가치상품merit good의 성격을 띤다.

문화예술 공간은 사업의 채산성을 맞추기에 앞서 공익적 측면에서 일반상품 시장이 공급할 수 없는 예술 상품을 문화복지 차원에서 시민들에게 제공하는 중심체이다.

교육이나 보건 분야와 같이 예술도 중앙정부나 지방자치단체가 시민들의 삶의 질을 위해 제공하는 고급서비스인 셈이다. 그러나 문화예술 공간도 공연 기획사업을 통해 구조적으로 수익을 창출한다고 하진 않지만 지출 대비 수입 비율, 즉 회수율을 따지게 된다. 그러나 이것은 일반 경제논리와는 부합하지 않는다. 영리를 추구하는 일반기획사의 예술사업과 문화예술 공간의 사업이 다른 점도 바로 여기에 있다.

▶'승자독식'이 지배하는 예술세계

공연 기획물은 누구나 처음부터 소비할 수 있는 성격의 일반상품이 아니라 시간을 두고 체험을 통해서 예술적 취향이 계발되어야 구매욕구가 생기는 정신적 상품이다.

여기에서 공연예술 상품의 특성을 다시 한 번 정리해 보도록 하자.

- 문화예술 공간에서 생산과 소비가 동시에 이루어지는 서비스 상품이다.
- 반복적인 경험을 통해 기호가 형성되어야 소비가 이루어지는 경험재 성격을 띤다.
- 다른 대체 상품이 있을 수 없는 고유의 유일한 가치재의 특성이 있다.
- 개인의 자율적인 향유의 동기에 의하지만 사회적 공공성을 수반한다.
- 성공확률이 낮은 대신 성공할 시 높은 수익이 보장되는 리스크 비즈니스다.
- 전체 비용에서 예술인건비가 차지하는 비중이 아주 높은 노동집약적 분야다.
- 생산의 한도가 정해진 한정 상품으로 타 상품의 가격과 달리 비탄력적이다.
- 도시기반이나 상위 소비자 시장upscale market에 대한 집중성이 강하다.

공연예술 상품은 소비하는 동기가 그 기능보다도 사회에서의 자신의 지위나 품격을 과시하려고 하는 욕구도 매우 강하다. 그래서 이를 '지위 상품status good' 또는 '품격 상품prestige good'이라고 하기도 한다. 예를 들어 세계적인 오케스트라나 오페라단의 내한공연에서 입장권의 가격이 비싸면 비쌀수록 더 잘 나가는 현상이 나타난다. 이것은 바로 최고의 공연예술 작품에는 상당한 정도의 프리미엄도 기꺼이 지불하고 향유하려는 지위 상품의 속성이 내재해 있기 때문이다.

공연예술 상품은 일반제품과 같이 대량 생산이 불가능하기 때문에 상품에 대한 선택의 폭이 한정되어 있으며 가격의 비교가 어렵다.

공연예술 상품은 그 주체가 되는 아티스트의 기본 재능과 객관적 명성 및 대중적 인지도에 따라 경제가치가 형성된다. 예술가의 대중적 인지도는 바로 사업성의 보장과 연결된다는 매력이 있어 수요가 증가하게 되어 있다.

이러한 현상은 공연예술시장에서 소수의 저명 예술가를 중심으로 공급은 제한되어 있고 공연을 기획하려는 수요는 과잉상태가 되는 구조를 낳게 되었다. 그렇게 되다 보니 몇몇의 소수 탁월한 재능을 갖고 있는 예술가는 엄청나게 큰 소득을 얻는 반면에 대부분의 많은 예술가는 평균 이하의 소득을 얻고 있다.

문화예술 공간의 입장에서도 경제성은 미흡하지만 지역문화의 창달을 위해 다양한 장르에 걸쳐 지역 예술가들을 무대에 올린다. 하지만 정작 문화예술 공간의 수입창출에 기여를 하는 것은 바로 이렇게 막강한 티켓파워를 갖고 있는 소수 스타급 아티스트들의 초청공연들이라고 할 수 있다.

예술창작에서는 개인의 가치가 꼭 타고난 재능이나 능력과 반드시 비례하는 것은 아니다. 재능의 한정된 공급과 과잉 수요의 상관관계에서 스타가 나타나고 그에 따라 소득의 격차가 벌어지는 현상을 로젠Rosen Sherwin은 '슈퍼스타의 경제학Economics of Superstars'이라고 설명했다.

이렇듯 예술적 성취도와 대중적 지지를 얻어 스타덤에 오른 소수의 특별한 예술가가 전체 예술시장의 소득 중 80~95%를 차지하고 있다. 그리고 나머지 크게 뛰어나지 못한 대다수의 평범한 예술가들이 5~20%의 소득을 나누어 갖게 되어 이른바 승자독식勝者獨食·winner-take-all의 구도가 되고 있다.

일단 스타의 반열에 오른 예술가들만 선호하는 공연예술시장에서의 승자독식은 곧바로 선발주자 이점first mover advantage이 수반된다. 예술가가 자기 분야에서 제일인자가 되면 명성을 인정받게 되어 수요가 폭증하게 된다.

보통 대량생산의 규모가 커질수록 승자독식 현상은 더욱 심화되게 되어 있으며 시장에서는 절대적인 능력보다 상대적인 가치에 따라 수입이 결정된다. 따라서 팬덤fandom이 형성되며 자연히 공연을 주최하려고 하는 예술기획사가 많아져 치열한 경쟁을 벌인다.

그래서 공연예술시장에서 아티스트가 일정한 위상과 경쟁력을 갖추게 되면 이른바 임계규모critical mass·최소 경제성 관객군를 넘어서게 되어 안정적인 선순환의 구조를 확보하게 되어 있다. 심지어 아티스트가 최정상의 자리를 차지하게 되면 그 재능이나 잠재력이 최대로 발휘된 한계점에 도달해 있는데도 불구하고 경제가치는 계속 올라가는 일종의 네트워크 외부성network externality의 특성을 보여주게 된다.

기본적으로 공연예술 상품은 관람객의 숫자가 많아질수록 평균 비용이 줄어드는 구조가 되어 비용 체감산업decreasing cost industry이라고 할 수 있다. 다른 각도로 보면 입장권 판매량이 늘어날수록 생산의 규모가 커져서 수익이 증가하는 규모수익체증increasing returns to scale 현상이 나타난다.

무엇보다 공연예술 상품은 그 소비에 참여하는 시민의 정서적 만족감이나 심미적 욕구를 충족시킨다. 더불어 문화예술 공간의 활성화는 주변 지역경제의 촉진과 문화관광 자원을 창출하는 효과도 있어 전반적으로 외부경제를 강화하는 촉매가 된다.

▶80:20 황금원칙으로 승부하라

공연예술시장에서의 승자독식 현상을 달리 표현하면 '80:20의 원칙'이라고 할 수 있다. 공연예술시장에서 20퍼센트의 뛰어난 예술가가 공연시장에서 발생하는 소득의 80퍼센트를 차지한다는 뜻이다.

이 80:20 원칙은 원래 1900년대 초 이태리의 경제학자이며 사회학자였던 알프레도 파레토Alfredo Pareto가 발표했다. 이태리 국민의 20퍼센트가 전체 국가 재산의 80퍼센트를 소유하고 있는 것을 확인해 수많은 연구사례를 통해 여러 가지 상황에 통용되는 경영이론으로 정착시켰다.

'중요한 소수vital few'가 '중요하지 않은 다수trivial many'에게 절대적인 영향을 끼치며 모든 상황에서 결정력을 가진다는 것이다. 즉 주어진 상황에서 80퍼센트의 결과는 20퍼센트의 원인에서 나온다는 개념으로 이를 '파레토 원칙Pareto's Principle' 또는 '80/20 법칙80/20 Rule'이라고 한다.

예를 들어 〈난타〉를 제작한 (주)PMC는 전체 사업 영역 중에서 하나의 공연예술 상품인 〈난타〉를 통해 매출목표2005년 기준 200억 원을 달성했다. 그 해 수입 중에서 전체 수입의 80퍼센트를 〈난타〉가 벌어들인 것으로 나타났다. 이것은 공연예술계에서도 기획사가 기업 규모의 성과를 낼 수 있다는 파레토 비율의 좋은 사례가 되었다.

그렇다면 문화예술 공간 조직에서도 다음과 같이 이 원칙이 널리 적용될 수 있을 것이다.

- 공연사업 중 20퍼센트에서 전체 수입의 80퍼센트가 창출되기 때문에 기획역량과 마케팅 노력을 결정적인 사업 20퍼센트에 집중한다.
- 문화예술 공간 전문인력 중 20퍼센트만 잘 관리하면 나머지 80퍼센트 인력의 생산성과 효율성에 맞먹는 성과를 도출할 수 있다.
- 문화예술 공간의 이미지나 정체성의 포지셔닝 노력은 핵심적인 투자 20퍼센트가 전체 80퍼센트의 효과를 가져 올 수 있다.
- 문화예술 공간의 인적자원 중 20퍼센트가 전체 80퍼센트의 잠재적인

문제를 야기할 소지가 있다. 따라서 이 20퍼센트 인력관리를 위해 80 퍼센트의 노력이 소비된다고 할 수 있다.

- 문화예술 공간의 80퍼센트 수입은 공연예술에 대한 충성도 높은 고객층 20퍼센트를 확보하여 효율적으로 관리하면 쉽게 얻을 수 있다.
- 문화예술 공간의 첨단장비나 무대설비 20퍼센트를 집중적으로 잘 유지 보수하게 되면 전체 시설의 80퍼센트를 안정적으로 가동할 수 있다.
- 문화예술 공간 운영예산의 효용성이나 절감효과는 전체 공연사업 또는 경상운영비 지출내역 중에서 20퍼센트를 잘 관리하면 달성될 수 있다.

이 파레토 원칙은 문화예술 공간의 모든 영역과 과정에서 품질 향상, 서비스 제공, 조직관리 등 핵심 역량의 투입 시 선택과 집중을 하는 것이 효과적이라는 것을 설명해주고 있다. 한마디로 적게 투입하고 많이 거둘 수 있는 비법인 것이다.

▶초 경쟁을 돌파하는 전략적 제휴

초 경쟁이 전개되는 21세기 네트워크 경제시대를 맞아 전통적인 비즈니스 개념도 변화하고 있다. 경제학자이면서 미래학자인 제레미 리프킨 Jeremy Rifkin이 말한 대로 이제 세상은 새로운 경제시스템인 '협력적 공유 사회'로 바뀌고 있다. 그는 이제 사람들은 유튜브, 페이스북, 트위터, 인터넷 등으로 정보와 자산을 남과 나누기 시작했고, 2050년까지 하이브리드 경제hybrid economy로 갈 것이라고 강조했다.

이런 시대상황 속에서 문화예술 분야 승자독식의 세계는 소수의 한쪽이 이득을 독점하고 다른 다수의 한쪽이 손해를 보는 관계로 정립될 것이다.

이런 냉엄한 현실에서 양자가 모두 이득을 보는 관계win-win에 대한 전략
모색이 중요해졌다.

냉정한 시장논리 하에서는 자기만이 시장에서 창출된 가치를 획득하고
자기의 이익을 보호하기 위해서는 철저한 경쟁을 벌어야 하는 구조가 보여
진다. 그 경쟁 환경을 이겨내기 위해서는 더 많은 인적·물적 자원의 투입
이 불가피하게 되어있다. 그러면서 그 소수의 승자에 대적하는 라이벌이 등
장하게 되고 그렇게 되면 승자의 위치를 고수하기 위해 더 많은 노력을 해
야 한다. 따라서 시장은 점점 초 경쟁의 상황을 맞이하게 된다.

여기서 비즈니스에는 '경쟁'인 동시에 '협력'이라는 개념co-opetition, 즉
전략적 제휴strategic alliance를 통한 협업의 가치가 그 어느 때보다 중요해
진다. 기업은 시장에서 최대의 가치를 창출하기 위해 상호 보완성 관계를
적극 활용하는 비즈니스 전략을 수립한다.

대량생산이 가능하고, 또 그래야만 경제성이 보장되는 일반상품과는
달리 창의성을 바탕으로 하는 공연예술 상품의 성격은 엄연히 다르다. 공연
예술시장에서 예술가, 즉 아티스트의 시장적 가치는 쉽게 경쟁으로 획득
될 수 없는 승자독식의 원리가 적용된다.

동전의 양면처럼 최고의 가치를 갖고 있는 예술가의 이면에는 이들을
먼저 확보하기 위해 기획사나 문화예술 공간이 벌이는 초 경쟁이 존재한다.
이는 일부 세계적인 아티스트들에게 국제기준에 비추어 지나친 공연료를
지불함으로써 공연 주최사의 채산성 기반이 취약해지는 상황으로 나타
나고 있다. 이는 전반적으로 우리나라 공연예술의 시장구조를 교란시키는
결과를 낳았다.

그래서 공연예술 분야에서도 선의의 경쟁을 벌이면서도 상호 협력에
대한 필요성이 대두되고 있다. 날로 늘어나는 제작비 부담을 줄이고, 상품

성 있는 예술가의 희소성 자원에 대한 지나친 경쟁을 완화하고, 공연시장과 예술 트렌드에 대한 정보를 공유하려는 풍토가 조성되고 있다. 공연주체 간 상호 기획시스템의 보완제complementor로서 윈-윈의 시너지를 창출하려는 방안도 모색되고 있다.

몇 개의 문화예술 공간들이 단일 공연센터가 되어 '권역 계약방식block-booking format'을 취하게 되면 경쟁과 협력의 효과적인 방법이 될 수 있다. 실제로 경기도에서는 7~8개의 문화예술 공간들이 경기도문예회관연합회를 결성하여 대규모 공연작품을 공동으로 기획joint-venturing한 적도 있다. 이렇게 함으로써 서로 비용을 분담하면서 여기에 정부의 로또복권으로 조성된 예술창작기금을 확보하여 작품을 제작한 후 여러 문화예술 공간들을 순회공연하여 좋은 성과를 거두었다.

그 결과 지역의 취약한 관객 기반에 따른 제작비 회수의 한계를 극복하여 리스크가 줄어든 여건에서 저비용 안정 수익이라는 새로운 사업모델을 만들 수 있었다. 이렇듯 협력을 통해서 경쟁을 하는 구도가 정착되면 공연예술 상품 제작 시 많은 부문을 차지하는 로열티 등 제반 원가의 분석과 비교cost benchmarking가 훨씬 수월하다.

이제 문화예술 공간을 비롯하여 공연예술 기획 분야에서도 예술가 시장의 승자독식 현상에 대응하여 경쟁과 협력의 전략적 제휴에 적극 나서야 한다. 그러면 공연예술 분야도 새로운 가치창출의 퍼플오션이 될 수 있을 것이다.

이제는 '경영'을 넘어 '거버넌스'다

21세기에 들어서면서 사회문화체계의 새로운 특징들이 나타나기 시작했다. 그것은 바로 사회적 환경의 복잡화에 따른 미래 예측의 한계와 불확실성, 사회구조의 분화와 다양화, 문물의 감성화였다.

이러한 큰 흐름의 사회변화를 맞아 종래의 인식과 관념만으로는 대응하기가 쉽지 않게 되었다. 마침내 국가사회에 대해 새로운 접근태도를 갖지 않으면 안 되었다. 정치, 경제, 사회, 교육, 문화 분야에서 탈산업화와 포스트모던적인 변화는 모든 부문에 혁신의 필요성을 촉발시켰다. 곧 일방적인 통제와 간섭을 통한 지배보다는 국가사회 전반에 조율^{coordination}, 조정^{steering}, 조절^{regulation}을 통한 새로운 운영방식을 필요로 하게 된 것이다.

여기에는 무엇보다도 책임성, 투명성, 참여도, 인간의 권리가 주요한 가치가 되었다. 이런 바탕 위에서 국가나 사회를 구성하는 요소들 즉, 민간과 정부 부문이 보다 신축적이고 효율적인 상호 작용과 협력의 과정을 통해 사회의 변화에 주도적으로 대처해 나가야 했다. 이것은 각 행위의 주체들이 대등한 관계에서 자율적인 네트워크 형성을 통하여 스스로 시스템을 조정해나가는 방식을 의미한다. 바로 이러한 새로운 국가사회의 운영방식을 거버넌스^{governance}라고 일컫는다.

이 새로운 의미의 거버넌스가 문화예술 분야에서도 새로운 경영의 개념으로 자리잡고 있다. 그런 만큼 문화예술 공간의 운영도 이제 종래의 관리방식에서 벗어나 새로운 체계와 제도를 필요로 하고 있다.

우리나라의 관료적 풍토 속에서 문화예술 공간에는 여러 가지 제약요소가 상존해 있다. 고유 목적과 기능을 달성하기 위한 조직구조의 미흡은 물론 관료사회나 예술계, 또 지역사회와 갈등 구조를 안고 있기도 하다. 또한 빠르게 변화하는 사회 환경과 문화예술에 대한 국가 정책이 확대되어 가고 있는 가운데에서도 문화예술 공간의 운영 제도나 철학은 과거의 관행을 답습하거나 답보적인 관념의 틀에 머물러 왔다.

이제는 문화예술 공간에 대해 새로운 접근 자세를 갖고 복합적인 사회구도 속에서 역동적이고 선진적인 운영체계, 즉 아트 거버넌스_{arts governance}라는 새로운 예술경영관리 개념으로 전환하여야 한다. 선진국에서는 문화예술 공간의 거버넌스 정책을 수립하는 조직을 별도로 두고 바람직한 운영방향에 대한 지침을 세부적으로 명확하게 제시해 주고 있다.

그럼 여기에서 문화예술 공간의 거버넌스를 정의해 보기로 한다.

문화예술 공간의 운영 거버넌스_{corporate governance}는 조직의 주어진 사명을 달성할 목적으로 조직의 기능과 과업을 관리하고 통제하기 위해 사용되는 전체적인 과정이나 체계구조이다.

문화예술 공간의 거버넌스는 조직의 경영행위나 의사결정 방식뿐만 아니라 조직의 가치, 문화, 인력, 비전, 운영방향 등을 포함한 조직 전반에 걸쳐 대내외적으로 영향을 미치는 시스템 매니지먼트이다.

이제 문화예술 공간의 거버넌스는 단순한 조직 운영이라는 차원을 넘어 예술과 관객이 소통과 교감을 통해 하나가 되고 지역사회 통합의 초석이 되어야 한다. 더불어 문화예술 기반을 튼실하게 하며 지역사회 전반에 걸쳐 문화감성을 전파하여 지역사회의 수준을 선진화시키는 예술경영의 리더십이 되어야 한다.

문화예술 전문가는 영어가 필수적이다

글로벌. 이 말은 '전 세계의', '지구상의', '세계적인'이라는 말이다. 그러나 한국어로는 영어가 내포하고 있는 원뜻을 모두 담아낼 수가 없다. 그래서 우리는 글로벌이라는 말을 외래어처럼 그대로 쓰고 있다.

글로벌이라는 말은 '개방'과 '경쟁'이라는 두 가지 함축된 의미를 내포하고 있다. 그렇다면 여느 분야와 마찬가지로 문화예술 분야에서도 글로벌이라는 시대적 환경을 벗어나 생각을 할 수는 없다. 1960년대에 지구촌이라는 개념이 생겨난 이래 지금 시대는 국가 간의 국경은 지리적인 경계에 불과할 뿐이다.

문화와 정보는 국경을 초월하여 실시간으로 국경을 넘어 전파되고 서로 영향을 끼친다. 최첨단 정보통신망의 발달은 지구상의 거리의 소멸현상과 맞물려 우리의 사고방식과 세계관을 바꾸어 놓았다.

그것은 보다 복합적이고 광범위한 혁명이나 다름없다. 이 과정에서 지금까지 폐쇄적이고 국수주의적으로 흘렀던 우리의 정신자세와 행동양식이 도전을 받는다. 문화개방과 포용력, 격식 탈피, 평등주의와 같은 새로운 패러다임을 강요받게 된 것도 바로 글로벌시대가 본격화되면서부터다.

이러한 사회문화체계의 변화로 문화예술계, 특히 문화예술 공간 운영에 있어 새로운 패턴의 경영자나 경영기법이 요구되고 있다.

문화예술 교류 측면에서 한류韓流만 보아도 글로벌시대에 문화예술의 힘이 얼마나 막강한지를 보여주고 있다. 이러한 추세는 갈수록 더욱 심화되고 문화예술 상품은 미래의 부가가치 높은 신수종사업으로 자리를 잡게 될 것이다. 21세기는 문화의 시대, 감성의 시대, 상상력의 시대이기 때문이다.

미래학의 대부로 불리는 짐 데이토Jim Dator는 한류를 보며 "한국은 드림 소사이어티에 진입한 세계 1호 국가."라고 말했다. 꿈, 이미지, 감성, 곧 문화를 파는 경제가 주축이 되는 드림 소사이어티. 이를 주도하는 문화예술 전문가들에게 글로벌 사회는 피할 수 없는 경쟁의 경연장이다.

이런 환경에서 영어는 사회경쟁의 필수 도구가 될 수밖에 없다. 국가나 기업이나 개인이나 국경을 넘어 세계 무대를 상대하지 않으면 성장 발전할 수 없는 시대가 되었기에 그렇다.

문화예술도 당연히 글로벌화되지 않으면 안 된다. 문화를 교류하고 예술가들이 세계시장을 상대해야 하는 마당에 그 필수적인 소통 수단인 영어를 갖춘다는 것은 당연하다. 그래서 문화예술 전문가가 되려면 이 분야에 대해 전문적인 지식습득과 경험축적은 물론 영어 역량을 구비하여야 한다.

'갈이천정渴而穿井'이란 말이 있다.

'일을 미리 준비하여 두지 않고 있으면 이미 때가 늦어서 되지 않는다'는 뜻이다. 영어는 바로 이와 같다. 문화예술 분야에서 창의적인 일을 하고자 한다면 일찌감치 영어에 대한 필요성을 인식해야 한다.

영어가 미국이나 영국의 말이어서가 아니다. 그것은 세계인들이 공통으로 사용하는 공식 언어이며, 글로벌시대를 살고 있는 코스모폴리탄들의 생활언어이기 때문이다. 다시 말해 영어가 다른 세계 모든 사람들이 의사소통의 수단으로 사용하고 있는 만국공통어, 곧 링구아 프랑카lingua franca이다. 국제무대에서 세계 230개가 넘는 국가들의 모국어로 일일이 소통할 수 없기에 영어를 세계 공통어로 쓰는 것이다.

그렇기 때문에 당연히 영어 경쟁력을 연마하지 않으면 글로벌시내에 문화예술을 선도해 나갈 수 없다. 우리의 값진 문화예술 가치를 해외에 알리거나, 또 해외의 유수한 예술가들을 초청하려면 기본적으로 영어를 실용 능력으로 쌓아야 한다. 한마디로 문화예술 전문가는 '글로벌지능Global Intelligence'을 갖추어야 한다.

The Creative You

—

현대사회에서 예술의 창작은 인간의 활동 중에서
특별한 위치를 차지하고 있다. 그래서 예술창작을 인간이 영위하는
활동영역 가운데에서 가장 높게 평가해야 한다.
다시 말해, 예술활동이야말로 단순한 상행위 business가 아닌
그 이상의 의미를 갖는다.

—

03

문화예술 공간 전문경영의 비결

문화예술 기획 시
고려할 요소들

문화예술 공간은 예술가와 관객이 만나는 접점으로 이 '만남'을 만들어 내는 작업이 바로 공연예술 기획이라고 할 수 있다. 문화예술 공간에는 자체적으로 전문가를 두어 공연을 기획하기도 하지만 많은 부분은 외부 기획자들에 의한 대관공연이 주류를 이룬다.,

그렇기 때문에 문화예술 공간의 시설 가동률, 재정 견실도, 예술적 위상은 바로 이러한 문화예술 공간을 대관하여 기획을 하는 개인이나 단체들에 의해 결정된다.

문화예술 공간 운영에서 대관공연의 활성화는 매우 중요한 요소이기 때문에 대관기획자들에게 깊은 관심을 가져야 된다. 그리고 이들이 성장 발전할 수 있도록 공공 분야인 문화예술 공간이 상호 협력의 토대를 마련해주어야 한다. 대관기획자들의 공연예술 제작활동이 활성화되면 이는 곧

바로 문화예술 공간의 발전과도 직결된다고 할 수 있다.

문화예술 환경이 미흡한 여건에서도 공연예술 기획에 대한 매력을 느끼는 것은 바로 공연할 것이 있고, 소중하게 아껴야 할 아티스트와 관객이 있고, 21세기 문화의 시대에 부가가치가 높은 산업이 될 것이라는 기대가 있기 때문이다.

공연예술 기획자들은 경제적 수익성이 다소 취약해도 정신적, 정서적 만족감을 갖기에 이런 창의적인 일을 소명으로 여기고 있다. 그들은 공연예술을 무대에 올림으로써 얻어지는 단순한 물질적 보상보다도 창의적인 과업을 달성함으로써 체험하는 정신적 성취감에 더 끌리는 것이다.

말하자면 외적인 조건보다도 내적인 동기intrinsic motivation에 더 영향을 받는다. 그러다 그들이 올린 공연이 흥행에 성공을 하게 되면 그것은 부단한 창의적 노력의 과정에서 쟁취한 '세런디피티serendipity', 곧 최고의 행운이 된다.

여기에서 세런디피티는 사회과학적 용어로 1754년 영국의 문필가였던 호레이스 월폴Horace Walpole이 처음 쓰면서 통용되었는데 '뜻하지 않았던 우연한 행운'이라는 의미다. 공연예술의 기획은 위험요소가 다분하면서도 일단 성공하면 지속적인 수익이 보장되는 비즈니스high risk high return인 만큼 세런디피티 성격을 띤다고 할 수 있다.

문화예술 공간은 바로 이러한 공연예술 기획 활동의 중심축가 된다. 문화예술 공간의 공연예술 기획은 단순히 예술가늘을 무대에 세우고 관객들이 작품을 감상하게 하는 물리적 개념으로 장소의 차원을 넘어서는 것이다.

이는 장기적으로 지역의 발전과 시민의 삶의 질을 향상시키는 전략의 중요한 요소로서 지역사회 전반에 문화적 쾌적함cultural amenities을 제공한다.

그래서 각 지역마다 문화예술 공간의 존재는 중요시 되고 있으며, 이들이 얼마나 역동적으로 기능을 발휘하느냐에 따라 지역사회의 활력과 생동감의 정도가 결정된다.

문화예술 상품은 성격이 다르다

현대사회에서 예술의 창작은 인간의 활동 중에서 특별한 위치를 차지하고 있다. 그래서 예술창작을 인간이 영위하는 활동영역 가운데에서 가장 높게 평가해야 한다. 다시 말해, 예술활동이야말로 단순한 상행위business가 아닌 그 이상의 의미를 갖는다.

어떤 학자들이 예술행위를 지나치게 경제적인 관점에서 다루는 것은 바람직하지 않다. 예술활동은 경제적인 실익 이상의 정신적 가치를 창출하기 때문이다. 그래서 진정으로 예술이 발달한 나라가 문화수준이나 국민의 성숙도가 높다.

앞서 언급했듯이 예술창작은 매슬로우의 '동기유발이론'에서 말하는 인간의 욕구 중에서 부가적 가치가 강한 상위단계에 속하는 자기실현의 경지를 일컫는다. 그러나 예술에 대한 가치 평가가 아무리 높아도 문화예술은 일반적인 경제의 틀 안에서 개인이나 단체에 의해 행해지고 있다. 따라서 정신의 영역에서 감성을 다루는 문화예술이지만 물질세계, 즉 경제적인 제약에서 벗어날 수는 없다.

전통적인 경제학에서는 관심을 갖지 않았던 공연예술에 대해 경제의 개념과 원칙을 도입하였던 학자는 보몰William J. Baumol과 보웬William G. Bowen이다.

이전까지만 해도 예술을 경제적인 관점에서 접근한다는 것은 예술가치에 대한 도전으로 간주되어 왔다. 공연예술 경제학의 선구자라 할 수 있는 이 두 사람은 1966년『공연예술, 그 경제적 딜레마Performing Arts : The Economic Dilemma』라는 획기적인 저서를 냈다. 여기에서 미국의 오페라, 연극, 음악, 무용 등 공연예술을 중심으로 한 재정적 위기와 이를 타파하기 위한 공공재원의 지원 필요성을 체계적인 이론으로 제시하였다.

이후 이에 버금가는 역작으로 1993년 제임스 하일브룬James Heilbrun 과 찰스 그레이Charles M. Gray는 그들이 저술한『문화예술의 경제학The Economics of Art and Culture』에서 공연예술을 포함한 미국의 문화예술 각 분야에 걸쳐 체계적 분석과 이론개념을 확립했다.

공연예술은 관객인 소비자가 직접 공연장을 찾아가야 하는 시간 집약적time intensive인 서비스 분야다. 따라서 다른 대체품이 있을 수 없으며 일반제품과 달리 대량생산이 불가능하여 경제 환경에서는 투입되는 재원을 만회하기가 점점 어려워지게 된다.

그렇기 때문에 정부의 공공재원이나 기업의 사회적 기여가 반드시 필요하다는 논리가 되는 것이다. 이런 점에서 보몰과 보웬은 공연예술은 외부의 지원 없이는 성공을 거두기가 힘든 '시장실패 상품'이라고까지 규정하였다.

왜냐하면 공연예술 상품은 소비자가 되는 잠재관객의 소득이 안정적으로 상당한 수준이 되어야 하는 일차적인 조건이 충족되어야 한다.

여기에 공연예술에 대한 '맛'을 체험적으로 익혀야 하는acquired taste 노력의 과정이 따라야 하기 때문이다. 문화예술 상품은 소비자가 그때그때 필요에 의해 자주 구입하는 편의상품convenience goods이 아니다. 그럼에도 공연예술을 무대에 올리는 작업에 참여하는 전문가들은 공연예술의 잠재력과 부가가치 그리고 개인적 성취감을 실현하기 위해 '큰 꿈'을 갖고 공연 기획의 '판'을 벌이고 있다.

이러한 배경을 본다면 공연예술 상품은 구조적으로 다른 일반상품과 명확히 구분되는 차별성을 갖고 있다.

첫째, 공연예술 상품은 무형성intangibility을 띠고 있다. 공연예술 상품은 어떤 구체적인 형체를 띠고 있는 것이 아니다. 그래서 사전 쇼핑을 하거나 시험적으로 사용해 보거나 반품을 할 수가 없다. 입장권을 갖고 공연장의 객석에 가야만 내 것으로 만들 수 있다.

둘째, 공연예술 상품은 중복이나 표준화가 불가능하다. 공연예술 상품은 예술가의 연령이나 공연장의 설비나 시설 조건에 따라 동일 레퍼토리의 작품이라도 다 감흥이 다르다. 동일한 예술가가 동일한 무대에서 공연할 수는 있겠지만 동일한 시간이라는 개념이 적용될 수는 없다.

셋째, 공연예술 상품은 생산과 소비가 분리되지 않는다. 무대의 예술가가 예술 상품을 만들어내는공연 즉시 실시간으로 동시에 관객이 소비감상를 하게 된다. 더욱이 공연 상품의 판매 분량은 공연이 이루어지는 극장의 지정된 객석 수를 넘어설 수가 없다. 영화는 배우가 출연해 연기를 하는 것으로 보면 공연예술의 범주에 넣을 수도 있지만 무한 복사가 가능해 언제 어디에서든 제한 없이 관객이 소비할 수 있다는 데에 차이가 있다.

넷째, 공연예술 상품은 재고가 있을 수 없다. 다른 모든 상품은 성격에 따라 상품 시점을 넘어가도 일정 기간 또는 지속적으로 저장 보관이 가능하다. 그러나 공연예술 상품은 재고가 있을 수 없으며 일회성 서비스로 매번 처음부터 다시 무대에 올려야 하는 프로젝트성 상품인 것이다.

이러한 구조적인 차별성으로 인해 공연예술을 포함해 문화예술은 '경제성이 절실히 필요하되 어떻게 보면 경제성이 없는' 분야인 것이다. 그래서

『경제학과 문화Economics and Culture』의 저자인 경제학자 데이비드 스로스비David Throsby는 "문화예술은 경제적 이득 그 이상의 가치로 평가되어야 하며 정부의 문화예술정책은 이러한 점을 반영해야만 한다."고 주장했다.

문화예술 무대 기획도 진화한다

인류가 진화하면서 문화도 진화하고 사회가 발달하면서 예술도 발전하기 마련이다. 문화의 시대라는 21세기를 맞아 문화산업이 고부가가치 분야로 각광을 받아왔다. 이것은 문화예술이 디지털 기술과 접목되어 이제는 문화사업의 단계를 넘어 문화산업의 차원으로 접어들었음을 의미한다.

물론 여기에서 말하는 문화산업은 예술을 기반으로 하는 협의의 개념이다. 넓은 의미의 문화산업은 다른 말로 창조산업creative industries이며 곧 창조경제이기도 하다.

큰 틀에서의 창조산업이란 지식과 정보의 창조나 활용과 관련된 모든 경제적인 활동을 의미한다. 영국 정부의 문화매체체육성Department for Culture, Media and Sport · DCMS은 창조산업을 다음과 같이 정의하고 있다.

개인의 창의성과 기술, 그리고 재능에 원천을 두며 지적재산의 창조나 활용을 통해 부富와 직업을 창출하는 잠재력을 갖고 있는 산업이다.

이런 개념에 따라 DCMS는 창조산업을 광고, 건축, 미술과 골동품, 공예, 디자인, 패션, 영화와 비디오 및 사진, 소프트웨어와 컴퓨터 게임 및 전자출판, 음악과 시각예술 및 공연예술, 출판, 텔레비전 및 라디오 등 11개 영역으로 분류하고 있다.

어쨌든 정부에서도 창조경제를 중요시하고 있는 마당에 냉정히 살펴보
면 정부가 예술 기반 문화산업에 대해서 국가적 관심을 쏟아온 것에 비해
민간 분야 기획사들에 의해 이뤄지는 공연예술 중심 문화사업은 경시되고
있는 것이 현실이다. 그리고 문화산업의 기본이 될 수 있는 아날로그 시대
문화예술의 원형archive은 문화산업의 그늘에 묻혀 관심의 영역 밖으로 빗겨
나 있다.

미국이나 유럽과 같이 공연예술의 매니지먼트가 기업체제로 정착된 환
경에서는 이를 토대로 부가가치가 높은 문화산업으로의 이전이 용이하다.
하지만 우리나라 공연예술 기획의 현실은 선진국에서의 발달과정에 견주
어 볼 때 아직 초기 단계에 머물러 있을 뿐이다.

물론 근래에 들어 공연예술 기획사들이 개인 사업체 규모에서 벗어나
법인화되기도 하고, 또 수십억에서 100억 원대에 이르는 대형뮤지컬이나
오페라를 무대에 올리기도 하지만 이것이 공연예술계의 전반적인 토양은
아니다.

그렇지만 이러한 공연예술 기획의 규모화는 신선한 자극제가 될 수 있다.
그러나 대부분 뮤지컬이나 오페라와 같은 특정 분야에 편중된 현상이어서
장르 간 균형 있는 발전에 역효과를 줄 수 있는 소지도 있다.

그럼 공연예술 무대 기획의 역사가 오래되고 매니지먼트 시스템이 정
착되어 있는 미국에서의 공연예술 기획은 어떻게 변천되어 왔을까? 이것
을 살펴보는 것은 바로 우리의 현재와 미래를 가늠해 볼 수 있는 기회가 될
것이다.

미국 매니지먼트 이렇게 발전했다

20세기 초반 미국의 공연예술 기획은 본격적인 매니지먼트 체제를 갖추기 전에 이른바 지역의 임프레사리오라는 개인들에 의해 소규모로 영세하게 운영되는 초보적인 형태였다.

이 당시는 공연예술 기획자가 어떤 사회적인 공익성은 생각지도 않고 흥행이 될 만한 아티스트들을 골라 무대에 올려 얼마만의 수익이라도 내는 것이 목표였다.

이때는 한 지역에서만 단발성 공연을 갖는 것이 기획의 전부였으며 이것이 당시에는 관행으로 여겨지고 있었다. 당시의 공연예술 기획자들은 스스로의 창의적인 노력보다는 아티스트의 매니저가 제시하는 공연물을 수용하는 일방적인 양상이었다.

이러한 패턴은 20세기 후반에 접어들면서 사회적인 분위기와 문화예술에 대한 인식이 달라지면서 새로운 방향으로 가닥을 잡게 되었다. 사회경제적으로 안정이 되면서 공공 분야나 민간 계층에 의해 문화예술 활동을 후원하는 사회 분위기가 급속히 조성되기 시작한 것이다.

정부의 문예진흥기금제도가 정착된 것도 이 시기쯤이었다. 그러다 보니 공연예술 기획자들은 이러한 사회적 여건에 부응하여 종전의 영리 위주 개인사업체의 틀을 벗고 세제혜택과 정부지원이 유리한 비영리 성격의 규모 있는 법인체로 위상을 갖추어 나가기 시작했다.

그래서 그들은 이사회를 구성하고, 운영목표를 설정하고, 공익사업public service programming을 강화시켜 나갔다. 왜냐하면 문화예술 활동을 지원하고 나섰던 정부기관이나 민간 후원자patron들이 공공성의 도입을 요구하고 나섰기 때문이었다. 그래서 공연예술 기획자들은 다양한 계층의 보다 많은 관객들을 위한 프로그램outreach programming을 개발하였다.

또 시민들을 찾아 나서며 소외계층들을 위한 공연사업을 펼치게 되었다. 이렇게 해야 공공자금의 지원을 받을 수 있는 명분이 되었기 때문이다. 이러한 명분 축적은 또 새로운 지원금 확보의 가능성을 더욱 높이는 선순환이 되어 미국의 공연예술 기획업계는 성장을 거듭하게 되었다.

이 시기에 특기할 사항은 공연예술 기획자들이 예술가들을 공연장에만 묶어두지 않고 공연물을 다양한 형식으로 기획하여 직접 관객들을 찾아 나섰다는 것이다. 그들은 규격화된 문화예술 공간을 벗이나 관객을 찾아가는 비격식 공연informal performance을 '장외공연informance'이라고 불렀다.

우선 그 주요 대상은 학생들이었다. 기획자들과 예술가들은 학생들의 수준에 맞는 프로그램을 구성하여 그들을 관객층으로 확보하려는 노력을 기울였다. 공연예술 기획 사업의 성장에 중요한 역할을 한 것은 대학을 중심으로 활동하던 기획자들이었다.

이러다가 1980년대가 되면서 공연예술 기획 분야의 성장에 제동이 걸렸다. 이는 비단 공연예술 분야뿐만 아니었다. 주로 정부지원에 의존했던 복지나 교육 등 비영리 분야가 전체적으로 영향을 받게 되었다.

그중에서도 공연예술 기획 분야가 가장 큰 타격을 입은 것이다. 문화예술에 대한 정부 지원의 타당성이 설득력을 얻고 있던 분위기에 경계의 목소리가 일기 시작했다.

대폭적인 공공지원에 힘입은 공연예술 기획자들이 다양한 프로그램을 개발한다는 미명 아래 저속한 공연물을 무대에 올려 논란을 불러일으키면서 공공 분야의 문화예술을 위한 지원이 위축된 것이다. 여기에 도시의 개발과 확산으로 인구의 분산이 이루어져 도심에서 이루어지던 공연의 주 관객층이 흩어지는 현상이 나타났다.

뿐만 아니라 20세기 후반에 접어들면서 시작된 공연예술 기획 분야의 급성장은 수많은 공연예술 기획자들이 활동하는 계기를 마련해 공연물의 홍수를 이루었다. 이는 관객의 수요보다 공연물의 공급이 넘쳐 공연장의 관객이 줄어드는 결과를 낳게 되었고 당연히 공연 기획자들의 채산성이 문제가 되었다.

일찍이 미국의 미래학자들은 20세기를 지나는 시점이 되면 공연예술의 전성기가 될 것이라고 예측했었다. 그것은 공연예술 기획 분야가 한창 발전할 때 예술을 접해본 세대의 인구가 노령화되면 시간과 경제적 여유가 있어 자연히 공연장을 찾게 될 것이라는 예측이었다.

그러나 그런 예측은 현실과 거리가 먼 것으로 나타났다. 오히려 높아진 생활수준을 따라가기 위해 더 많은 시간을 일해야 하다 보니 여가에 쏟을 시간과 경제적 여유를 갖기가 쉽지 않았다.

특히 TV, 라디오, 영화, 비디오, 인터넷이나 날로 발전하는 컴퓨터 기술이 가정에서 다양한 즐길거리home entertainments를 제공하게 되면서 공연장으로의 발길을 붙잡게 되었다. 이것이 공연장 관객의 감소를 가져오는 중요한 요인이 되었다.

실제로 1996년에 미국의 국립예술기금NEA이 전후 베이비붐 세대의 인구 분포와 그들의 예술 참여도를 심층 조사한 바에 따르면, 베이비붐 세대는 교육 수준이 매우 높음에도 불구하고 공연장을 찾는 비율이 낮은 것으로 나타났다. 이들은 공연장에서 예술을 감상하는 것보다 가정에서 전자 오락물들을 즐기는 것을 선호하는 경향을 보였다.

그러나 미국은 이러한 과정을 겪으면서도 매니지먼트의 오랜 역사를 통해 다져진 예술적 기반arts constituency의 토대 위에 세계 최고의 공연예술 시장을 구축할 수가 있었다. 그래서 컬럼비아 아티스트 매니지먼트

Columbia Artists Management Inc. · CAMI, 아이씨엠 아티스트ICM Artists Ltd., 아이엠지 아티스트IMG Artists와 같은 세계 대표적인 예술가 매니지먼트 기업을 이룬 것이다.

이들은 전 세계에 걸쳐 성장 잠재력이 높은 아티스트들을 발굴해 체계적인 예술적 마케팅과 전문 프로모션을 통해 상품성을 높여 국제무대에서 수요와 공급의 냉철한 시장논리에 대응하고 있는 것이다.

한국 예술 기획사들도 변하고 있다

한국에서도 공연예술의 무대 기획 분야는 발전 잠재력이 충분하지만 20세기 후반에서 21세기 초반에 들어 심한 변혁의 과정을 겪었다.

특히 1998년 한국에 불어 닥쳤던 경제위기IMF는 그렇지 않아도 영세규모로 운영되었던 한국의 공연예술 기획사들에게 생존의 전략을 찾지 않으면 안 되는 환경을 조성하게 되었다.

그 시점부터 공연예술 기획사들은 진지하게 자기성찰의 계기를 갖게 되었다. 다시 말해 지금까지는 순수공연예술을 무대에 올린다는 긍지와 만족감으로 영위해 왔는데 그때부터 새삼 경제성을 깨닫게 된 것이다. 그리고 순수공연예술만으로는 경제적인 한계를 극복하기가 어렵다는 판단을 하기 시작했다. 더욱이 N-세대networked generation의 출현과 뉴미디어의 발달은 대중오락예술의 부흥기를 가져와 상대적으로 순수공연예술에 대한 관심을 위축시키는 요인으로 작용했다.

당연히 공연예술 분야의 이러한 변화는 그 활동의 중심이 되는 문화예술 공간의 프로그램편성에도 영향을 미치게 되었다. 문화예술 공간이라고 하면 으레 순수공연예술의 장소로만 여겨지던 오랜 관행에서 대중예술의 공연을 무대에 수용할 것인가에 대한 고민을 하기 시작했다.

그 과정을 거쳐 대중예술인들에게는 굳게 빗장을 걸어 잠갔던 우리나라의 대표적인 문화예술 공간인 세종문화회관이나 예술의전당도 이른바 국민가수라고 불리는 정상급 대중가수들에게 선별적으로 문호를 개방하기에 이르렀다.

이러한 사회적 변화는 일반 공연예술 기획자들에게 관객을 끌어들일 수 있는 프로그램이 무엇일까에 대한 예술적 정체성을 고민하게 만들었다. 나아가 무대에 올릴 공연물 장르artistic disciplines에 대해 개방적이고 포용적인 자세를 갖도록 하였다. 그것은 전래적인 순수공연예술 분야에서 탈피해 젊은 세대를 포함하여 다양한 관객을 고루 끌어들일 수 있는 대중적 공연물의 개발에 나서도록 한 것이다.

이전에는 순수예술의 진흥이라는 사회적 기대를 수용하여 관객의 기반이 한정되어 있는 여건 속에서도 예술적인 기준과 가치와 명분에 초점을 두었었다. 그래서 여기에 충실한 내용의 공연물을 선정하는 태도artistically mission-driven를 지향해 왔다.

그러나 이제는 다른 일반사업 분야에서와 마찬가지로 안정된 수익성이 상대적으로 보장되는 대중적 취향의 공연물을 선호하는 입장bottom line-driven으로 변화를 모색하게 되었다.

실제로 이런 공연예술 기획 철학의 혁신을 통해 그동안 미흡했던 수익성을 개선하여 공연예술 기획사 운영을 본궤도에 올리는 성과를 거두기도 하였다. 이뿐만 아니라 다른 주요 기획사들도 순수공연예술의 기획을 현 수준으로 유지하거나 축소하면서 별도 조직의 설립이나 분업을 통해 대중성이 깃든 무대를 기획해가고 있다.

즉 공연예술 기획사들은 순수성과 대중성이라는 두 가지 방향의 사업을 개별적이기보다 상호 유기적인 관계로 맺어 복합적으로 추진해 나가고 있다. 이렇게 함으로써 예술적 목표와 사업적 효율성을 동시에 충족시키는 이른바 '범위의 경제economy of scope' 원칙을 실천하고 있다.

한편, 우리나라 공연 기획 분야의 새로운 풍토를 조성시킨 분수령은 2002 FIFA 월드컵이었다. 월드컵 문화축제의 하이라이트로 경기장에서 개최된 〈투란도트〉를 시작으로 야외 경기장에서의 대형 오페라가 줄을 이어 개최되었었다. 한정된 좌석으로 인해 입장수입의 한계를 가질 수밖에 없는 실내 문화예술 공간에서 올라가는 오페라에 비해 제작비 규모가 수십억 원에 이르는 이들 작품들은 체육시설을 이용하였다.

이것은 오페라의 대중화라는 긍정적인 측면과 함께 엄청난 수익을 겨냥한 이벤트성 공연물로 운동장 오페라니 스타디움 오페라니 하는 신조어를 만들어 내기도 했었다.

공연예술 선진국에서도 입장권이 매진되더라도 제작비도 충당하지 못해 기업의 협찬이나 공공지원금에 의존한다. 이런 실정에서 야외 오페라는 순전히 입장권 판매만으로 수십억 원의 흑자를 목표로 하는 최고의 수익성 사업이 될 수 있는 기대치가 있다.

일부 기획사의 이런 대규모 야외 오페라 기획은 여러 가지 찬반 의견이 분분한 가운데 공연예술 기획자들로 하여금 더욱더 수익성의 중요성을 인식시키는 계기가 되었다.

분명한 것은 한국의 공연예술 기획 분야는 문화 선진국만큼 역사가 오래되지는 않았다. 그렇지만 우리나라의 압축 경제성장 만큼이나 발 빠른 변신과 혁신을 통해 예술성과 수익성이라는 두 가지 과제를 달성시켜 나가고 있다.

문화예술 공간 전문인력은 지식근로자

20세기 공연예술 기획은 다른 여타 분야와 다를 바 없이 우선은 개인들의 영리를 우선시하는 품격 있는 사업이지만 돈은 안 되는 분야라는 인식의 틀을 벗어나지 못했었다.

공공 분야의 문예진흥기금이나, 기업의 협찬이나, 아니면 출연한 아티스트가 입장권을 연고로 판매해 주는데 의존했던 그런 생존전략 차원의 환경이었다. 20세기에는 공연예술 선진국이었던 미국이나 유럽의 행태도 우리와 정도의 차이는 있었겠지만 이런 범주 내에 있었다. 그러나 스스로의 길을 찾으며 방향을 꾸준하게 모색하여 일찌감치 매니지먼트 시스템을 구축시켰다.

이를 발판으로 세계 공연예술시장을 좌우하는 막강한 위치에 오를 수 있었다. 앞서 언급한 대로 우리의 경우 일부 사회적 흐름을 타고 공연예술 기획의 규모화가 이루어졌지만 전반적으로 공연예술 기획 분야는 아직도 안정된 궤도에 접어들었다고 하기에는 이르다.

그러나 21세기 문화의 시대이자 창의력이 중시되는 사회를 맞아 문화예술 공간 전문인력의 사회적 역할이 새롭게 요구되고 있다.

이제 새로운 세기는 지식이 경영의 중요한 가치가 되면서 지식작업 knowledge work과 지식근로자가 기업의 가장 가치 있는 자산으로 인정받게 되었디. 이는 20세기 기업에서 기장 중요힌 자신이 원자재니 징비었고 이를 바탕으로 한 수공작업이나 수공근로자가 중시되었던 것과는 차원이 다르다.

지난 세기 수공작업의 생산성은 매년 3~4퍼센트씩 늘어나 결국에는 50배의 신장을 가져와 글로벌 산업체계와 교역량을 폭발적으로 발전시켰다. 그러나 21세기 산업의 중심이 될 지식작업의 생산성은 수공작업보다 두 배,

심지어 세 배까지 증대될 것이라는 전망이다.

지식근로자들은 그들의 지적 자산을 이용해 새롭고 창의적인 아이디어를 생산이나 서비스 그리고 일을 수행하는 과정에 투입해 부가가치나 경제 가치를 극대화시키는 생산성 높은 인력이다. 뿐만 아니라 지식근로자들은 지식은 한시적인 가치와 생명력이 있다는 것을 깨닫고 부단히 배우고 학습하는 전문가들이다.

문화예술 공간에서 활동하는 지식근로자들은 본연의 예술사업을 계획할 시 다음 '5E 요소'에 대해 밀도 있고 전술적이며 전략적인 방안을 수립해야 한다.

- 환경적 여건 Environment
- 감성적 접근 Emotion
- 경험적 바탕 Experience
- 참여적 동기 Engagement
- 창의적 열정 Energy

21세기의 문화예술 공간 전문인력은 바로 이 지식작업을 수행하는 것이며 지식근로자 그룹에 속한다. 무한한 창의력과 전문지식을 활용해 부가가치가 높은 예술작품을 창조하며, 또 결실을 얻기 위한 모든 과정을 매니지먼트해야 하는 것이다.

문화예술 공간 전문인력과 같은 지식근로자들의 생산성을 결정짓는 중요한 요소를 간추려 보면 다음과 같다.

첫째, 지식근로자들의 생산성을 높이기 위해서는 '어떻게'보다도 '무엇을' 할 것인가가 중요하다. 이것은 주어진 틀 속에서 수동적으로 행동을 하는 것보다도 주도적으로 창의적인 '무엇'을 찾아야 한다.

둘째, 지식근로자들에게는 책임감을 부여해야 한다. 지식근로자들은 스스로를 관리할 수 있도록 충분한 자율성을 주어야 한다.

셋째, 지식근로자는 변화와 혁신의 자세를 가져야 한다. 급속한 변화의 환경 속에서 항상 발전하려는 진취적인 태도를 갖추어야 한다.

넷째, 지식근로자는 갖고 있는 지식과 정보를 이용해 한 단계 더 높은 지식과 정보를 창출할 수 있도록 끊임없이 학습하고, 또 그것을 전수시켜야 한다.

다섯째, 지식근로자는 작업을 통해 산출된 결과의 양적인 면보다도 질적인 측면을 중시하여야 한다. 작업을 얼마나 빨리 처리했느냐보다는 어떤 판단과 결정을 했느냐에 더욱 의미를 두어야 한다.

여섯째, 지식근로자 사회에서는 근로자를 비용이 아니라 자산의 개념으로 인식하여 그 가치가 존중되어야 한다.

이처럼 21세기의 사회 환경은 문화예술 공간 전문인력들도 지식근로자가 될 것을 요구하고 있다. 이에 따라 문화예술 공간 전문인력들이 변하지 않으면 안 되는 상황이 되었다. 변하고 있는 새로운 시대의 요구뿐만 아니라 수준이 높아지는 관객의 기대에 부응해야 하는 부담을 안게 된 것이다.

이런 여건은 문화예술 공간 전문인력들로 하여금 내적인 의식의 변화와 외적인 도전의 정신을 필요로 하게 한다. 한편 문화예술 공간 전문인력은 사회의 공인으로서의 기능과 역할에 관심을 가져야 한다.

그들이 하는 일이 사회적 문화복지 기여라는 막중한 공익성 과업을 수행하는 사명을 갖고 있다는 확고한 인식을 가져야 한다. 이는 문화예술 공간 전문인력이 아티스트를 무대라는 아름다운 공간에 세움으로서 사회와 정신적인 교량 역할을 하고 있다는 생각을 가져야 한다는 의미다.

그래서 지식근로자인 문화예술 공간 전문인력은 예술의 무대 기획을 하나의 공연으로서 행사나 이벤트로 끝낼 것이 아니라 좀 더 사회에 부가가치를 심어줄 수 있는 아이디어 개발에 노력을 기울여야 한다. 또한 사회가 요구하는 바에 유의하여 다양한 사회 구성원들이 갖고 있는 문화예술적 욕구를 충족시키는 프로그램audience engagement programming 기획에 각별한 관심을 가져야 할 것이다.

바꿔 말하자면 지금까지 주로 아티스트를 섭외해서 무대에 올리는 흥행거리 중개자로서 임프레사리오의 역할이었다면, 이제는 아티스트와 관객, 공연예술과 지역사회 그리고 예술가의 매니저와 많은 기획자들이 하나의 공동체로 만나는 데에 필수적인 연결고리가 되어야 한다.

이러한 연결고리를 통해 문화예술 공간 전문인력들은 지식근로자로서 사회에 문화예술 서비스를 통해 공헌하고 있다는 사실을 깨달아야 한다. 그렇기 때문에 "나는 무엇을 공헌할 수 있을까?"라고 스스로 질문함으로써 그때까지 발휘하지 못했던 자신의 잠재력을 더욱 계발해야 한다. 그렇게 되면 지금까지 뛰어난 성과라고 간주되었던 것들이 자신이 가진 잠재력의 극히 일부분만 발휘된 것에 지나지 않았음을 확인할 수 있다.

21세기는 다양성과 개별성이 경쟁하며 서로 역동적인 화합을 통해 발전의 원동력이 되어야 하는 시대다.

공연예술 기획은 유기체적 비즈니스다

공연예술 사업은 그 사업의 주체가 되는 기획자의 신념과 자신감, 그리고 활력이 무엇보다 필요하다. 반드시 성공하고야 말겠다는 자기 능력에 대한 확신, 성공해야겠다는 간절한 희망, 혹 실패하더라도 또다시 도전해야겠다는 용기를 필요로 하는 사업이다.

물론 이런 자질과 함께 공연예술 기획자의 기량, 경험, 동기, 창의력이 고루 갖추어져 있어야 한다. 하지만 이 모든 것을 완벽하게 구비했다 하더라도 결정적인 요소는 재원이다.

재원이 큰 문제가 되지 않으려면 공연사업의 시장구조가 공급자 중심의 마켓seller's market이 되면 될 것이나 현실은 그렇지 않다. 공연예술 상품의 공급자인 기획자 중심의 마켓이 된다면 일단 마케팅이 수월해지고 수익성이 담보된다. 그러나 예술 상품의 시장에서는 공급자 위주의 마켓을 쉽게 기대할 수가 없다.

어떤 사업이든 재원이 확보되어야 사업을 추진하는데 자신감을 가질 수 있다. 그리고 어떤 사업이든 위험 요소, 즉 리스크의 굴레에서 벗어날 수는 없다.

사업에 있어 만약 리스크가 줄어든다면 그만큼 실패의 가능성도 줄어들게 마련이다. 그래서 이런 리스크를 줄이기 위해 사업에 착수하기 전에는 반드시 시장조사 과정을 거치게 된다. 한마디로 시장조사는 사업을 추진하면서 잠재해 있는 리스크의 가능성을 줄이기 위해 시장의 잠재력과 가변성을 다각도로 점검해 보는 과정이다.

그러나 시장조사를 아무리 완벽하게 했다 해서 리스크 자체가 없어지는 것은 아니다. 모든 사업에는 어느 정도이건 어떤 형태로든 리스크가 잠재되어 있다.

말할 것도 없이 공연예술 기획 사업은 다른 어떤 사업보다도 리스크가 많은 일종의 투기성 성격이 짙다. 그래서 아트마케팅의 선구자인 케이스 디글Keith Diggle은 '공연 기획 사업은 리스크 비즈니스'라고 한 바 있다.

공연예술 기획은 원천적으로 리스크를 안고 시행하는 사업이다. 특히 예술 분야에서는 시장조사조차도 리스크를 줄이는 데 큰 도움이 되지 않는 경우가 많다. 이런 여건에서 공연예술 기획자에게 리스크를 어떻게 줄일 것인가는 최대의 관심거리가 아닐 수 없다.

일반적으로 공연예술을 기획하는 사람들의 특징이 하나 있다. 그것은 자신들이야말로 공연예술을 기획할 때 항상 성공할 수 있는 아티스트만을 선별하여 무대에 올릴 수 있는 전문가라는 자만감이다.

심지어 때로는 무명의 아티스트들 가운데에서도 옥석을 가릴 수 있는 혜안을 가졌다고 하는 자기 확신이다. 그래서 오늘도 전국의 수백 개가 되는 문화예술 공간들에서는 모두 성공할 수 있다는 확신 속에 다양한 장르의 공연물이 무대에 오르고 있다. 하지만 실질적으로 그중에서 성공을 거두는 비율은 그리 크지 않다.

특히 우리나라의 공연예술 기획사들은 개인사업체 형태로 운영되고 있어 대표자의 개인적인 판단과 결정에 따라 공연 기획 사업이 추진되는 경우가 많다. 그렇기 때문에 전문가의 역량을 인정하면서도 공연예술 사업의 종류나 규모에 따라 리스크 부담은 상존하게 마련이다. 전문가의 오류라는 것도 있기 때문이다.

한편 조직 중심이나 이사회, 또는 투자자funding body가 있어 단독으로 의사결정이 이루어질 수 없는 선진국 공연 기획 시스템에서는 상대적으로 리스크율이 작다. 그것은 공연예술 기획에 공동으로 참여하는 많은 당사자들의 협의와 합의에 의해 의사가 결정되기 때문이다.

공연예술 기획에서는 투자 시 보다 신중하고 주도면밀한 검토 과정을 거치는 것이 리스크를 줄이고 성공의 확률을 높이는 길이다.

한편 공연예술 기획에서도 빈익빈부익부 현상이 나타난다. 하나의 공연예술 상품이 성공하면 공연예술 기획사의 이미지가 향상되고 재원이 확보되어 자신감을 갖게 된다. 그러면 공연예술 기획사는 새로운 사업에 과감히 도전할 수 있으며 이전의 성공 경험을 살려 새 사업의 성공률을 높이는 선순환이 된다.

그래서 '돈이 돈을 번다'는 말이 흥행사업인 공연예술 기획에서는 더욱 보편타당한 논리가 되고 있다. 물론 그 반대의 경우도 있다. 오히려 냉엄한 시장구도에서 그 반대의 경우가 더 많은지도 모른다.

공연예술 사업은 유기체적인 성격을 띠고 있다. 공연예술 사업은 여러 형태로 생겨나 자라서 크게 발전하기도 하고 쇠퇴하기도 한다. 그러나 공연예술 사업에는 끈질긴 생명력이 있다.

어느 한 공연예술 기획사가 무너져도 새로운 기획사가 생겨나 시류에 맞는 참신한 아이디어와 새로운 의욕과 신념으로 이 분야를 지켜가게 된다. 마치 파도처럼 하나의 물결에 이어 또 다른 수많은 물결들이 밀고 밀어주어 마침내 해변에 다다르는 것처럼 말이다.

공연예술 기획의 매력은 색다른 면이 있어 공연예술 사업은 사람과 조직이 바뀌더라도 계속 성장해 나갈 것이다.

공연예술 기획 목적사업의 복합성

문화예술 공간에서 이루어지는 공연예술 기획은 특이성이 있다. 통상적으로 일반기업 같은 조직에서 일상적으로 이루어지는 업무들, 즉 인사, 총무, 회계, 영업, 생산 등과 같이 지속성 업무가 아닌 단발성 특수 과업이라고 할 수 있다.

이를 한마디로 표현하자면 공연예술 기획이란 바로 '프로젝트project'
이다. 그래서 우리는 공연예술 기획 분야에 종사하는 사람들을 특수 분야
의 전문가로 인정하고 있다. 특히 21세기 문화의 시대엔 지금까지 세계 경제
를 이끌어 왔던 제조형 굴뚝산업이 퇴조하고 고부가 고품격 문화산업이
각광을 받고 있다. 이런 사회 분위기 속에서 공연예술 기획이 유망 전문 직
종으로 부각 받고 있다.

그럼 여기에서 프로젝트를 정의해 보도록 하자.

프로젝트란 시작과 종료의 명확한 시점이 있고, 규모, 내용, 영역, 예산
이 명확하게 정해진 일회성이면서 통상 그 업무를 위해 임시 조직된 팀에
의해 수행되는 복합적 과업multitask의 성격을 띤다.

그래서 문화예술 공간에서 추진되는 모든 공연예술 기획은 하나의 프
로젝트이며 그것을 담당하는 기획자는 프로젝트 매니저가 된다.

기본적으로 이런 프로젝트는 단발성 사업의 기획single-project planning을
의미하며 이런 성격의 기획은 사전에 충분한 타당성 조사를 거쳐야 한다.

공연예술 기획 프로젝트의 타당성 조사는 예술적으로나 사업적으로 결실
을 도출할 수 있는 방안들을 개발하여 현실적 상황 및 여건과 접목시킴으
로써 실천 가능한 구체적 계획을 수립하는 전 단계에 해당한다.

그리고 프로젝트 실행과정에서는 단기간의 자금 및 운영 관리에 적용될
수 있는 여러 가지 시점별 분석과 추적, 그리고 평가 기법들을 필요로 한다.

이렇게 시점별로 다양한 기법의 적용이 요구되는 것은 공연예술 기획
이라는 프로젝트는 공연의 일시와 장소, 출연자에 대한 내용은 변수가 없
지만 시장상황이나 공연을 둘러싼 주변의 환경은 항상 변수를 수반하고

있기 때문이다. 다시 말해 도상 계획대로 추진되지 않는 속성을 갖고 있는 것이 공연예술 기획 프로젝트라 할 수 있다.

이런 성격 때문에 문화예술 공간은 상대적으로 규격화와 규범화로 경직되어 있는 관료사회보다는 유연하면서 전문성을 발휘할 수 있는 애드호크라시adhocracy 조직에 의해 운영되는 것이 바람직하다.

애드호크라시 조직형태는 프로젝트팀 구성원들의 특별한 분야의 전문성보다도 업무수행 과정의 관리 능력을 중시하게 되므로 공연예술 기획 조직에 적합하다. 즉 공연예술 기획을 어느 한 분야의 전문가보다는 과정을 종합적으로 관리할 수 있는 능력을 구비한 실천가가 맡는 것이 더욱 효과적이다.

공연예술 기획이 과업의 복합체 성격을 띰에 따라 당연히 이런 예술 분야의 프로젝트를 수행하는 전문가는 다양한 기능과 기량multi-skilling을 필요로 하게 된다. 이러한 역량을 갖추고 있어야만 공연예술 기획이라는 의미 있고 창의적인 문제를 해결할 수 있다. 여기에서 말하는 '문제'란 우리가 흔히 부정적으로 생각하는 그런 의미의 것이 아니라 긍정적인 문제이다.

하나의 새로운 제품을 만들어 낸다든가, 소프트웨어 프로그램을 개발한다든가 하는 것도 바로 긍정적인 문제이다. 그래서 조지프 쥬란Joseph M. Juran은 '프로젝트는 해결을 위해 존재하는 긍정적 가치의 문제'라고 정의하고 있다. 이러한 문제를 해결하는 데에는 창의력, 개성, 차별성, 가치창출이라는 요소들이 필수적이나.

이렇게 본다면 공연예술 기획 프로젝트는 좋은 결실의 해결을 얻어내기 위해 창의적인 전문가에 의해 열정과 노력을 쏟아 넣는 가치 있는 문제가 된다.

공연예술 기획의 프로모션과 마케팅

창조산업의 속성이 그렇듯이 공연예술 상품은 수요의 불확실성이 언제나 존재한다. 새로운 예술 상품을 제작했을 때 소비자가 되는 관객의 반응이 어떨까 하는 것에 대한 예측이 쉽지 않다. 뿐만 아니라 공연예술 상품의 무한한 다양성도 하나의 특성이다. 동일한 작품이라도 창의성, 연출력, 연주력 등 세세한 부문에 의해 천차만별의 결과를 낳는다.

그러한 예술적 디테일에 의해 전체 공연 또는 예술가에 대한 평가나 판정이 이루어지게 된다. 또한 그 섬세한 차이가 관객을 어떻게 감동시키느냐에 따라 흥행의 성공여부가 결정되는 것이다.

그래서 한번 명성을 얻으면 지속적인 인기로 이어져 안정된 수익원이 보장된다. 이런 창작품creative goods에 대한 예측 불가능성이 오히려 미래에 대한 도전정신을 불러일으키는 마력이 있다. 그 때문에 당장에는 경제적 보상이 상대적으로 낮은 경우라도 야심에 찬 인력들이 전문가가 되기 위해 이 분야로 몰려드는 것이다.

공연예술 상품의 이러한 속성을 인식하여 공연을 성공적으로 개최하는 데 있어 가장 중요한 것이 프로모션과 마케팅이다. 공연이라는 다양한 예술 상품을 소비자인 관객들에게 알리는 일련의 작업인 만큼 복잡하고 주도면밀한 노력이 필요하다.

필립 코틀러Phillip Kotler는 마케팅을 다음과 같이 정의했다.

기업, 비영리단체, 정부조직 등이 그 고객의 욕구를 파악하고 그에 부합하는 상품이나 서비스를 기획, 개발하여 최소한의 비용으로 최대한의 고객만족을 이룸으로써 최대한의 가치를 창출할 수 있도록 상품 및 서비스를 제공하는 행위이다.

공연의 이미지를 실질적인 고객이나 잠재적인 고객에게 주입image projection 시키는 과정은 궁극적으로 공연 입장권의 판매와 직결되므로 철저한 관리가 요구된다.

공연 이미지를 주입시키는 가장 효과적인 도구는 아티스트나 무대작품의 지명도나 인지도이다. 특히 우리나라의 청중들은 아티스트의 명성이나 작품의 대중적 호소력에 민감한 편이다.

프로모션과 마케팅은 비슷한 의미를 갖지만 공연예술 사업 분야에서는 프로모션 개념이 좀 더 포괄적으로 쓰이고 있다.

'공연에 대한 전반적인 판매촉진의 체계적 활동이나 노력'을 프로모션이라 하고, '공연물을 하나의 상품으로 인정해 시장에 유통 판매시키는 행위'를 마케팅이라고 할 수 있다. 그러나 프로모션과 마케팅은 상황에 따라 상호 보완적인 개념으로 같이 쓰인다.

스튜어트 브릿Stewart Britt은 "프로모션광고 없이 사업을 하는 것은 어둠 속에서 상대방에게 윙크하는 것과 같다. 나는 내가 무엇을 하는지윙크 알지만 상대는 아무 것도 모른다."라고 했다. 공연개최에 있어 프로모션이 얼마나 중요한지를 가늠해볼 수 있는 좋은 비유다.

공연 프로모션의 목표는 다음과 같다.

- 공연예술 시장에 기획의 주체를 알리는 것이다.
- 공연예술 프로젝트를 청중들에게 소개하는 것이다.
- 공연예술 작품의 이해력을 인식시키는 것이다.
- 공연물의 예술적 가치를 높이는 것이다.

- 공연입장권의 판매 유통을 촉진시키는 것이다.

공연 프로모션의 목적을 달성하기 위해서는 다양한 방법promotional mix 을 구사할 수가 있다.

공연 프로모션에서 아티스트와 작품 외에도 중요하게 고려해야 할 요소가 장소place이다. 공연물이 어떻게 어디서 무대에 오르는가 하는 것이다. 어떤 크기의 문화예술 공간인가? 말하자면 대극장인가, 중극장인가, 소극장인가 하는 것이다.

그리고 공연장의 부대시설 - 예로 주차장, 식음료시설, 놀이방 등 - 은 가동되고 있는가? 위치는 어딘가? 접근성은 어떤가? 또 공연 시간은 언제인가? 입장권 가격은 어떤가? 입장권 판매방법은 어떤 것이 있는가? 등이다. 그러므로 프로모션은 이러한 모든 필요한 정보를 청중들에게 전달하는 일종의 종합적인 메시지 전달 작업이다.

공연에서의 프로모션과 마케팅은 청중의 수준 높은 공연을 감상하고자 하는 욕구와 아트센터가 공연을 개최하는 목적과 목표를 충족시키고자 하는 욕구를 동시에 만족시키는 중요한 수단이 된다.

네트워킹과 구전 마케팅이 최고다

문화예술 공간 공연예술 사업의 대상은 무한정한 것 같으면서도 그렇지 않은 양면성이 있다. 불특정 다수가 공연예술 기획 프로젝트라는 상품의 마케팅 시장이 될 수도 있지만 문화예술, 특히 무대공연을 사랑하는 고객층은 어떻게 보면 전체 인구 중에서 아주 적은 부류일 수가 있다. 그래서 공연예술

사업은 가장 작은 특수시장을 겨냥한 어려운 비즈니스이다. 그러나 특수시장의 고객은 잘만 찾아내서 관리하면 단골고객으로 만들기가 더 수월하다. 중요한 것은 공연예술 사업의 시장을 공략하는 전략이 얼마나 현실적이고 효과적이냐 하는 점과 어떤 부류의 고객을 확보하는가가 관건이 된다.

지금까지 마케팅 분야에서 고객만족customer satisfaction이라는 개념이 매우 중요시되어 왔다. 만족이라는 요건이 고객서비스의 기준이요, 측정의 방법으로 널리 활용되어 왔다. 하지만 고객의 취향과 욕구가 고급화하고 다양화해지는 시장 환경에서 고객만족으로만 시장에서 승리하기가 어려운 상황이 되었다.

이제는 단순하게 고객을 만족시키는 수동적인 차원을 넘어 고객의 충실성을 이끌어내야 하는 적극적인 접근 태도가 필요하게 되었다. 말하자면 관객을 공연예술 상품의 단골고객loyal customer으로 만들어야 한다. 이제는 고객의 충실도가 고객서비스의 준거가 되고 결과 측정의 지표가 되는 시대가 되었다.

한 사람의 단골고객을 바로 문화예술 공간의 한 사람의 홍보요원이며 마케팅 매니저가 되도록 해야 한다. 그 고객을 통해 다른 단골고객을 창출해 내고, 또 그 고객이 새로운 고객을 만들어내는 과정이 지속적으로 이어지도록 해야 한다. 이를 '네트워크 마케팅network marketing', 또는 '관계 마케팅relationship marketing'이라 한다.

이 마케팅은 새로운 고객을 찾아 나서는 것보다 어떠한 연결고리로든 개인이나 사회생활 속에서 맺어진 관계인만큼 충성도 높은 고객으로 확보하기가 훨씬 수월하다. 관계 마케팅에서 중요하게 고려해야 할 요소는 다음과 같다.

- 개별 연고로 구축된 고객 관계를 지속적으로 유지시키는 데 초점을 둔다.
- 공연예술 기획 상품의 특징보다 공연예술 기획 상품의 관람에서 얻어지는 이점을 이해시키는 데 주안점을 둔다.
- 고객을 단기적인 측면에서 대할 것이 아니라 장기적인 관점에서 안정적인 우수고객 기반에 크게 기여할 것이라는 신념을 갖는다.
- 고객의 몰입commitment을 유도하기 위해 수시로 접촉을 하며 인간적인 관심을 표명하는 것에 역점을 둔다.
- 문화예술 공간 전 구성원이 고객에게 모든 서비스를 제공한다는 일체감과 봉사마인드를 가져야 한다.
- 소식지, 문자 메시지, 이메일, 텔레마케팅, 카톡 등 다양한 방법으로 고객 관리를 격상시켜 나간다.

문화예술 공간에서는 공연티켓을 예약하거나 예매를 할 때 바로 그 순간부터 그 잠재관객을 단골 핵심고객으로 만드는 전술을 구사해야 한다.

왜냐하면 공연입장권을 구입하려는 그 관객의 주변에는 같은 취향을 갖고 있는 사람이 있을 가능성이 많다. 그 잠재관객에게 공연관람을 좋아하는 주위 사람 2~3명을 적극 추천해 달라고 요청한다. 그리고 그 관객을 핵심고객으로 만든다면 그들이 또 가족이나 친인척, 직장동료와 가까운 주위 친구들을 추천해주게 될 것이다. 이러한 노력을 계속한다면 공연예술 사업의 안정된 고객을 확보할 수 있다.

이렇게 추천받은 고객의 일반적인 성향을 분석해보면 대략 다음과 같은 특성을 갖고 있음을 알 수 있다.

– 일반 고객보다 지출을 더 잘 한다.

– 상품 구매 횟수가 더 잦다.

– 고객의 충실도가 더 강하다.

– 더 많은 고객을 소개하려고 한다.

– 공연예술 상품의 동아리나 팬덤이 된다.

더욱이 이런 고객들은 상품가격에 대해 할인을 요구하거나 흥정을 하지 않는 것이 특징이다. 이런 고객이야말로 수익성이 가장 크며 이런 방법을 체계적으로 잘 활용하면 큰 효과를 낼 수가 있다.

이렇게 본다면 지금까지 문화예술 공간의 공연예술 사업에서 고객, 즉 관객은 자기 스스로의 필요에 의해 입장권을 구입해 공연장에 오는 사람 정도로 생각해 왔던 인식이 너무 소극적이었다고 볼 수 있다.

그러나 앞서 말한 주변 사람의 추천방식referrals은 직접 고객을 확보하는 방편이 되면서 또 그들의 입소문을 통해 공연물의 마케팅효과를 극대화할 수 있는 수단이 된다. 바로 이런 전략을 적극적인 구전口傳 마케팅power word-of-mouth marketing이라고 한다.

구전 마케팅은 화려한 화면과 산뜻한 문구를 동원해 만들어지는 TV광고나 다른 일반광고보다 50~100배의 효과가 더 있다. 비즈니스의 일등국가인 미국에서는 이루어지는 사업의 50퍼센트 이상이 입을 통한 광고형식verbal ad form, 즉 구전 마케팅에 의해 이루어진다고 한다.

가장 예산이 적게 투입되면서 최대의 효과를 내는 구전 마케팅은 재정 여건이 넉넉하지 않거나 방송매체의 활용이 수월하지 않은 경우 매우 유리하다.

이것은 중·소도시에 위치한 문화예술 공간에서 공연예술 기획 사업을 추진할 시 적극적으로 활용할 수 있는 가장 좋은 방법이라고 할 수 있다. 특히 요즘처럼 다양한 매체에 의한 광고 선전의 홍수 속에서 관객들은 일반적인 마케팅에는 식상해 있다. 그래서 관객의 욕구가 다양해지고 취향도 까다로워지는 추세에서 특정 관객집단의 수요를 충족시키는 맞춤식 밀착 판촉 활동의 일환으로 구전 마케팅이 필요하다.

입소문으로 전해지는 광고의 효과를 최대화하기 위해 공연물에 대해 고객의 접촉 시점부터 좋은 느낌을 주도록 하는 것이 매우 중요하다. 그러면 공연사업에서 구전 마케팅은 어떤 이점이 있는가?

- 비용이 들지 않는다.
- 인간적인 감성을 바탕으로 한다.
- 고객의 충실도를 확실하게 한다.
- 고객을 판매 네트워크화할 수 있다.
- 고객의 긍정적인 가치관성공, 만족, 행복감이 전파된다.
- 경쟁관계에 있는 공연물의 공략을 방지할 수 있다.
- 문화예술 공간 자체와 공연물의 차별화가 이루어진다.

구전 마케팅은 공연물에 대해 갖는 기대 의견이나 관람 후 평가에서 적극적인 반응을 보이는 핵심 고객을 연쇄적으로 만들어가는 작업이다. 특히 장기 공연물인 경우 초기 관람객의 반응에 따른 입소문에 따라 흥행의 성패가 좌우되기도 한다.

이제 주위 사람들에게 좋은 의견을 적극적으로 전파하도록 입을 열게 하는 구전 마케팅은 성공적인 아트센터 공연예술 사업의 지름길이다.

온라인 마케팅의 능률성과 효과성

마케팅을 하는 방법에는 두 가지가 있다. 하나는 TV스파트나 신문광고, 홍보물 등 공연을 개최하기 전 3~4주부터 예산을 집중 투입하여 광고를 하는 '집중홍보Burst campaign'다. 또 하나는 시간을 길게 잡고 다양한 매체를 동원하여 예산을 많이 들이지 않으며 관객에게 스며들어가듯 하는 '분산홍보Drip campaign'다. 여기에는 트위터, 페이스북, 인터넷, SNS와 인적 네트워크를 통한 구전 마케팅이 있다.

오프라인에서 네트워크 마케팅과 구전 마케팅을 공연예술 프로젝트 홍보판촉의 주요 방법으로 활용할 수 있다. 그렇다면 온라인에서는 이른바 바이러스 마케팅viral marketing을 활용해 볼 수 있다. 말하자면 인터넷 마케팅이다.

바이러스라는 말이 우리에게 주는 어감이 별로 좋지 않지만 생물학적인 바이러스와는 무관하게 온라인 마케팅에서의 바이러스는 아주 훌륭한 매체가 될 수 있다. 이 바이러스 마케팅은 근래에 온라인에서 열풍처럼 번지고 있어 일종의 '유행 마케팅craze marketing'의 하나가 되어있다.

일반적으로 사람들은 온라인에서 수없이 쏟아지는 광고에 대해 무감각해지는 경향이 있다. 심지어 배너광고에 대한 효과도 회의적으로 보는 사람도 있다. 그러나 주위에서 가까이 신뢰하고 있는 사람이 이야기하는 것은 귀담아 듣는 게 인지상정이나. 온라인에서 이러한 지인들과의 각별한 개인적 친밀성이나 유대를 바탕으로 홍보판촉을 할 때 잠재적인 고객은 쉽게 영향을 받고 더욱 확신을 갖는다.

바이러스 마케팅은 내가 직접 시장을 상대하는 것이 아니다. 오히려 다른 사람들로 하여금 내가 필요로 하는 마케팅 메시지를 연속적으로 전파하게 하여 스스로 시장을 자극하는 것이다. 오프라인상에서 구전 마케팅, 즉 'word of mouth'와 발음이 같아 온라인상에서는 바이러스 마케팅을 'word of mouse'라 부르기도 한다.

조그마한 돌멩이를 호수에 던지면 잔물결이 멀리 퍼져나가는 현상처럼 주도면밀하게 수립된 바이러스 마케팅은 비용을 들이지 않고 엄청난 효과를 얻을 수 있다.

LG경제연구원은 시장에서 주목받고 있는 마케팅 유형을 분석하여 발표한 적이 있다. 그중에 다른 사람의 상품 사용경험을 중시하는 '트윈슈머Twinsumer'가 있다.

트윈슈머란 인터넷에서 타인의 사용 후기를 참조하여 상품을 구입하는 소비자를 칭한다. 이들의 부상으로 온라인에서의 구전 마케팅은 더욱 힘을 얻고 있다. 특히 신세대들일수록 자신들의 경험을 온라인에서 전파하여 공유하려는 욕구가 강해 공연예술 상품도 이를 통해 디지털 세대들을 공략하는 것이 중요한 과제다.

한마디로 비즈니스가 온라인 영역에서 확대 재생산될 수 있는 잠재력은 무한대에 가깝다고 할 수 있다. 지금까지 전래적인 방법으로 오프라인에서 이루어져왔던 공연예술 기획의 마케팅이나 프로모션을 온라인의 최신 기법을 활용한다면 공연 기획 비즈니스의 새로운 활로가 모색될 것이다.

신진세대 마니아 관객층을 구축하라

우리 사회의 급변하는 흐름 속에 빠른 판단력이 곧 능력이 되는 시대가 되고 있다. 그리고 시장의 소비력을 젊은 층이 좌우하고 있다. 이른바 '젊음'

과 '빠름'이 현대사회의 메가트렌트가 되고 있다.

요즘 문화예술 공간의 관객시장에서 공연관람 기회나 지식이 상대적으로 많지 않다고 할 수 있는 비교적 젊은 세대들이 직관적 판단에 따라 공연물을 감상하면서 새로운 층으로 떠오르고 있다. 요즘 신세대들은 능동적이고 주체적으로 변화하는 소비성향을 가지고 있어 이에 따른 공연예술 기획의 마케팅 전략도 주도면밀하게 수립되어야 한다.

LG경제연구원은 신세대들의 소비유형을 분석하고 환상과 모험을 소비하는 '환타스티시즘Fantasticism'이라는 말로 정의했다. 곧 복잡한 현대생활에서 사람들이 느끼는 스트레스와 단조로움은 이에 대한 해소 욕구를 증대시키고 현실 탈피 욕구를 높인다는 것이다.

이러한 욕구를 충족시키기 위해 신진세대들이 뮤지컬이나 클래식, 또는 연극을 찾아 나서고 있어 문화예술 공간의 새로운 핵심관객층core customer으로 자리 잡고 있다. 이것은 소득 수준이 상대적으로 높고 사회적으로 안정기에 접어드는 중·장년기 세대들이 문화예술 공간의 주요 관객이 될 것이라는 고정관념을 벗어나게 하는 현상이다.

요즘 20~30대, 특히 여성을 중심으로 한 로열관객층이 형성되고 있다. 이것은 여성들의 권리신장과 생활수준 향상에 따라 갈수록 자기만족이나 자기실현 욕구를 충족시키기 위해 사회활동이 점차 늘어나고 있기 때문이다. 당연히 여성들의 건전한 여가활동 욕구가 공연예술 상품의 구매로 이어지고 있다.

오히려 일상생활은 가볍고 편하게 즐기자는 이른바 '스낵컬처'가 유행하는 대신 문화예술을 즐기는 것만큼은 고급화를 지향하는 경향이 짙어지고 있다.

젊은 여성들이 기회비용을 지불하고 문화예술 공간을 찾아 공연예술

작품을 감상한다는 것은 우리나라 공연시장의 미래가 밝다는 것을 의미한다. 공연예술 기획사인 크레디아가 자체 유료회원인 '클럽 발코니' 회원 3,000명을 분석한 자료에 따르면 20~30대가 77퍼센트, 여성은 65퍼센트였다. 한편 입장권 예매사이트인 티켓링크가 소속회원 40만 명을 분석한 자료에도 티켓을 많이 구매한 층이 20~30대 여성인 것으로 나타났다.

미국에서는 1960년대 중반에 보몰과 보웬이 문화예술 공간을 찾는 관객의 자료를 최초로 통계로 내고 분석을 했다. 수입, 교육, 연령, 성별, 예술적 기호별로 세부적인 관객조사를 통해 나온 결과를 보면 주 관객층은 화이트 컬러 직업을 갖고 있었다.

또한 교육과 소득 수준이 높은 부류가 당연히 주류 관객이었으며 45퍼센트가 35~60세의 연령 분포를 보이는 것으로 나타났다. 그 당시 이러한 관객성향의 분포는 지금 시점에서도 큰 변화를 보이지 않고 있다.

미국에서도 우리나라에서와 마찬가지로 클래식 음악, 오페라, 연극, 무용과 같은 순정純正 예술의 '고급문화high culture'를 찾는 관객은 전체 인구 중에서 작은 부분을 차지하고 있다. 이제 우리나라에서는 흔히 중·장년층의 오락으로 여겨지던 클래식이나 오페라 분야에서 20~30대가 새로운 관객으로 부상하고 있다.

특히 이들은 지역을 초월하여 N-세대의 특성을 최대로 살려 인터넷 동호회를 통해 각 장르 공연의 고정 관객층을 두텁게 만들어가고 있다. 이는 앞으로 문화예술 공간에서도 이들 젊은 관객들을 위한 서비스나 공연예술 기획 역량을 강화해야 할 필요성이 있다는 것을 의미한다.

서울 예술의전당은 이들 젊은 로열관객들이 전체 관람권의 25~30퍼센트를 선 구매해주기 때문에 적자 위험도 줄일 수 있었다. 또한 유명 아티스트의 공연만이 아닌 새로운 레퍼토리도 과감하게 기획할 수 있는 기반이 되었다.

이러한 추세는 문화예술 공간을 비롯한 공연예술계에 새로운 활력을 불어넣어 줄 것으로 기대되고 있다.

지식정보시대 언론 감각을 키워라

인류가 이룩한 각 분야별 기술발달 중에서 가장 놀라운 성장을 이룬 것이 통신이라 할 수 있다. 정보기술은 현대사회를 송두리째 바꾸어 놓았으며 인터넷은 언론 환경의 패러다임을 변혁시켜 놓았다.

한때 인쇄매체의 주축을 이루었던 전통적인 신문은 온라인상의 인터넷신문 등장으로 치열한 경쟁을 벌이고 있다. 대부분 2005년을 전후하여 등장한 수많은 인터넷 신문들이 지식정보시대의 첨병이 되었다.

현대에는 인터넷으로 제공되는 뉴스나 신지식, 광고들이 넘쳐나 독자들은 과잉정보시대에 살고 있다. 여기에 방송의 다각화와 모바일통신 첨단기술은 다매체 복합성multi-platform media을 높여 놓았다. 인터넷 매체의 특징은 이동성portable, 개별성personalized, 참여성participatory이다.

이러한 첨단 언론 환경에서 문화예술조직의 전문인력들은 홍보와 마케팅을 위해 인터넷매체를 최대로 활용할 수 있는 능력을 갖추어야 한다. 이전 오프라인의 한정된 전통 신문들은 지면의 한계와 발행 시간의 제약으로 상대적으로 접근이 용이하지가 않았다.

그러나 온라인의 무한 공간에서 시간제한 없이 실시간으로 접촉이 가능한 인터넷신문은 이 제약을 뛰어 넘는다. 이를 효과적으로 활용할 수 있기 위해서는 언론에 대한 감각을 터득하는 것이 중요하다.

전통적인 신문들은 발행부수에 따라 보도의 영향력이 크게 좌우되었으나 인터넷신문은 주요 포털과 연결되어 매체의 위상과 상관없이 온라인에 똑같이 노출이 가능하다.

그래서 문화예술 공간의 전문인력들은 인터넷 언론과 네트워크를 구축하는 노력을 해야 한다. 그렇게 하기 위해서는 오프라인 언론보다도 좀 더 기사문체에 가깝게 보도 자료를 작성할 수 있는 기량을 갖추어야 한다.

아날로그시대에는 인편으로 직접 신문사나 방송사를 방문하여 보도 자료를 전달하고는 하였으나 지금 디지털시대에는 이메일로 배포하는 전자보도자료Electronic Press Kit가 보편화되었다. 그래서 인터넷 언론에는 하루에도 평균 수백 건의 보도 자료가 접수되기 때문에 제목, 문체, 형식에서 '깔끔하게' 정리되지 않은 보도 자료는 선택되기가 쉽지가 않다.

그리고 인터넷 언론에 접수되는 보도자료 중에서 많은 부분은 대중예술이나 예능, 출판, 신상품 등 다양한 분야의 기획자들이 보낸 것들이어서 무한경쟁사회에서 홍보마케팅이 얼마나 치열한지를 보여주고 있다.

따라서 보도자료를 작성할 때는 기자의 입장에서 보도 가치를 고려하여 준비하는 것이 바람직하다. 보도자료는 보내는 측의 입장과 의도를 담아내지만 이것을 객관적으로 기술해야 하는 것이 기자의 입장이다. 기자의 보도 본능과 감성을 자극해야 하는 이유다. 그래야 공연예술 상품에 대한 훌륭한 홍보기회를 잡을 수 있다.

그럼 보도 자료를 작성할 시 유념해야 할 점을 정리해본다.

– 명확하며 간결하고 신선한 언어를 구사하라.
– 문장을 너무 길게 쓰지 말며 단문식으로 하라.
– 광고 문안이 아닌 객관적 뉴스체 문장을 써라.

- 딱딱한 문어체보다 직설적인 구어체를 택하라.
- 6하 원칙5W1H에 따라 논리정연하게 전개하라.
- 제목은 함축적이면서 관심을 당기도록 정하라.
- 강조하고 싶은 주관적인 내용은 인용문으로 하라.
- 어휘, 문법, 철자, 띄어쓰기를 철저하게 확인하라.
- 다양한 검색을 위해 적절한 키워드를 삽입하라.
- 보도자료 효과를 위해 관련 사진자료를 선별하라.
- 전문용어나 난해한 표현은 평범한 말로 풀어내라.
- 본문은 중요한 내용부터 먼저 인상적으로 전개하라.

운영관리 원칙을
철저하게 파악하라

'블루오션'보다 '퍼플오션' 전략을

모든 비즈니스가 치열한 경쟁 일변도에서 윈-윈 전략의 틀 가운데 경쟁과 협력을 병행하는 추세다. 이런 가운데 이제는 경쟁으로부터 자유스럽게 새로운 영역을 찾아나서야 한다. 말하자면 경영학계의 키워드가 되었던 '블루오션 전략blue ocean strategy'이다.

블루오션은 '아직 개척이 되지 않은 잠재적인 시장 공간으로 새로운 수요 창출과 고수익 성장을 확보할 수 있는 기회'로 정의된다. 현재 존재하는 시장에서 무한 경쟁의 처절한 싸움을 벌였던 이른바 레드오션red ocean과 대비되는 개념이다. 블루오션은 어느 경우에는 기존 산업의 경계선 밖에서 새롭게 창출되기도 한다. 하지만 대부분은 레드오션으로부터 기존 산업을 확장하여 이루어진다.

이 전략은 날로 경쟁이 첨예화되어가고 있고, 공급과잉과 같은 요소들이 비즈니스를 갈수록 더욱 어렵게 함으로써 필요해졌다. 새로운 사업영역을 개척해 전래적인 고정관념의 도식에서 벗어나야 성공을 할 수 있다는 절박함에서다.

결국 블루오션은 모방이 가능한 기술과 디자인보다 모방이 가능하지 않은 영역에 적용된다. 콘셉트와 아이디어를 통해 진정한 차별화를 모색함으로써 경쟁 상황을 헤쳐 나가는 지혜다.

공연예술 상품은 기술을 통해 대량생산이 가능한 일반상품과 다르다는 것을 앞서 말했다. 창의성을 갖는 인적자본을 바탕으로 하는 그 독특성으로 인해 이미 경쟁의 굴레에서 벗어나 있는 것 같이 보인다. 하지만 오히려 한정된 관객시장을 두고 철저하게 경쟁하며 싸움을 벌어야 하는 레드오션과 다름없다.

즉 날로 늘어나는 공연예술 기획사와 다양한 장르의 작품 공급 과잉, 그리고 대중화된 오락물들의 범람으로 인한 관객mass media audience 취향의 변화 등은 공연예술 기획도 레드오션의 범주에 속하게 하고 있다.

여기에서 시장의 개념을 꼭 레드오션과 블루오션으로 이분화할 필요는 없다. 엄밀하게 말해 기존에 존재하지 않았던 전혀 새로운 블루오션 시장을 찾아내는 것은 그리 쉬운 일이 아니다.

어떻게 보면 기존의 공연예술 상품을 기본으로 새로운 발상과 생각의 전환, 곧 창의적인 아이디어를 접목시켜 차별화된 시장을 개척하는 이른바 퍼플오션purple ocean 전략을 모색하는 것이 더 현실적이라 할 수 있다.

이 퍼플오션 개념은 홍콩의 컨설턴트인 조 렁 박사에 의해 창안되었다. 종전의 블루오션과 레드오션의 양극 개념으로만 봤던 시장을 새로운 관점에서 재해석한 것이다. 쉽게 말하면 레드오션에서 블루오션적인 요소를 찾아내는 것이라 할 수 있다.

여기에서 잠깐 퍼플오션 전략을 구사했던 일반기업의 사례를 보도록 하자.

제너럴 일렉트릭GE의 잭 웰치 전 회장은 벤치마킹의 중요성을 강조했다. 그는 전혀 새로운 상품을 만들기보다 기존의 상품에다 새로운 착상을 부가하여 고객이 찾는 상품을 개발하라고 독려했다.

그는 GE에 만연해 있던 'NIHNot Invented Here 신드롬' 척결을 외쳤다. 자기 기업의 우물에만 틀어박혀 있지 말고 남의 좋은 것을 찾아내어 좋은 아이디어를 덧붙여 내 것으로 만드는 퍼플오션의 창의전략을 내세웠던 것이다.

그뿐만이 아니다. 소비재시장의 세계 최강인 P&G사는 퍼플오션 마인드의 벤치마킹으로 성공한 기업이다. 조직 밖의 네트워크를 통해 좀 더 차별화 된 상품을 생산하거나 훌륭한 아이디어를 얻어내게 하는 'PFEProudly. Found Elsewhere 마인드세트'를 구성원들에게 주입시켰던 것이 주효했다.

어쨌든 치열한 경쟁이 전개되는 상황에서도 공연예술 기획이 던져주는 매력으로 인해 신세대들이 모여들고 있다. 그래서 끊임없이 기획사들이 명멸하면서도 공연예술계는 유기체적 생명력을 이어가고 있는 것이다.

그렇지만 미국이나 유럽처럼 우리나라에서는 명실상부하게 기획사가 아직 성공한 공연예술기업으로 정착되지 못하고 있다. 이것은 갈수록 여러 측면에서 경쟁구도가 더욱 심화되고 있기 때문이다.

그러나 기본적으로 문화예술 공간을 중심으로 한 공연예술 상품 시장은 생활 수준의 격상과 변화하는 경제 환경 속에서 경쟁력을 토대로 스스로 정비되는 과정을 거치면서 성숙되어 가고 있는 것만은 분명하다.

한편 블루오션을 창출해내는 것은 일회적으로 이루어지는 정적인 성취가 아니라 역동적으로 계속 진행되는 과정이다. 한번 블루오션을 찾아내면 뛰어난 성과를 얻게 된다. 그러나 이것이 알려지면 머지않아 다른 기획사들이 그것을 모방하게 되어있다. 초기에 이 블루오션에 뛰어들게 되면 성공을 거두기도 하고 시장을 확대하기도 한다. 그러다 보면 다시 블루오션은 레드오션이 되고 말며 기획사는 또 다시 블루오션 창출에 나서야 한다.

앞서 말한 대로 우리나라의 공연예술 시장은 아직도 기획사들이 문화콘텐츠에 의존하는 레드오션의 영역을 벗어나지 못하고 있다. 그래서 누군가 블루오션을 창출해내면 이내 유사한 기획사업me-too business이나 작품들이 제작되어 때로는 아류작을 쏟아내고 있다.

지난 2001년 LG아트센터가 일종의 블루오션 전략으로 국내 최초로 외국 뮤지컬 〈오페라의 유령〉을 장기 공연하여 성공을 거두었다. 당시로서는 이러한 작품을 장기공연으로 이어간다는 것은 많은 리스크를 안고 있었으나 결과적으로 우리나라에 뮤지컬 기획 시대를 본격적으로 열게 되었던 것이다.

그러자 기획사들이 경쟁적으로 대작 뮤지컬을 수입하는 데 열을 올렸다. 이 획기적인 뮤지컬의 흥행에 힘입어 2004년 서울 예술의전당에서 무대에 올려진 〈맘마미아!〉와 그 이후, 〈미녀와 야수〉 〈헤드윅〉 〈아이다〉 등 서양의 대작들이 고가의 입장권에도 불구하고 활황을 누렸다. 그동안 고객의 테두리에서 벗어나 있었던 젊은 세내 여성들과 중년 여성들을 중심으로 잠재력이 큰 새로운 시장을 창출하였던 것이다.

특히 뮤지컬은 연극의 현장성과 영화의 대중성을 고루 지니고 있는 데다 명품으로 인식되기 때문에 점차 중·장년층을 구매력 있는 시장으로 확산시켰다. 그러자 이러한 뮤지컬의 시장성을 보고 많은 기획사들이 뛰어들면서 곧바로 경쟁이 치열해지는 양상을 보였다.

이제 공연예술 기획사들은 블루오션의 잠재력을 가진 비고객층noncustomers 을 공략할 수 있는 시류에 부합한 공연예술 상품을 계발하는 데 역점을 두어야 한다.

비고객층은 시장으로부터 떨어져 있는 거리 정도에 따라 차이가 있겠지만 당장은 공연예술 상품을 선택하지 않는 잠재관객인 셈이다. 바로 이들 비고객을 새로운 시장으로 끌어들여 공연예술 상품의 고객으로 만드는 것이 블루오션 전략이다.

이미지 포지셔닝이 곧 경쟁력이다

문화예술 공간의 이미지 포지셔닝이란 그 조직의 특징이나 장점, 역할과 기능 그리고 운영성과에 대해 일방적으로 그 사실을 지역사회에 단순히 알리는 작업이 아니다.

포지셔닝이란 지역사회나 문화예술인들과 나아가 시민 전체와의 쌍방향 정서교류의 의사소통을 의미한다.

커뮤니케이션은 단순히 사실을 논리적으로 전달하는 것이 아니라 수용자의 인식, 정서, 가치관, 기대감과 일치시켜 전달하고자 하는 사실을 '같은 느낌으로 체험'하도록 하는 것이다. 커뮤니케이션은 수용자의 신념, 열망, 욕구와 합치되어 그들이 받아들이겠다는 기대를 갖고 있을 때 주어지는 정보에 대해 긍정적인 반응feedback을 나타내게 되어 있다.

수용자는 전달되어 오는 수많은 정보나 사실에 대해 선별적으로 관심을 갖고 긍정적인 자극을 받는다. 그와 반대로 수용자가 원치 않는 정보에 대해서는 부정적인 시각으로 받아들이게 되어 있다. 심지어 주어지는 정보에 부정적인 내용을 덧붙여 그 사실을 왜곡하기도 한다.

▶예술공간의 정체성을 잡아라

문화예술 공간은 명성 있는 공연물이나 이벤트를 무대에 올리는 것으로 해서 언뜻 보면 화려한 모습을 내보이고 있다. 그러나 그 이면을 들여다보면 내부적으로는 지방자치단체나 의회, 또 외부적으로는 지역사회나 주민들로부터 신뢰와 인정을 받지 못하고 있는 경우가 많다.

이는 문화예술 공간 운영자들이 이미지 포지셔닝에 대한 중요성을 다소 간과하고 있는 데에서 비롯된다고 할 수 있다. 그만큼 문화예술 공간의 좋은 이미지를 확산시키는 포지셔닝은 어렵고 힘든 작업이다. 이유는 문화예술 공간은 전문 목적기관이지만 지역 시민들의 세금인 공적 재원을 쓰고 있기 때문에 시민들로부터 공감을 얻어야 하기 때문이다.

모든 시민들이 문화예술을 전문적으로 이해하지 않는 이상 그들은 세금이 낭비된다는 인식을 쉽게 가질 수 있다. 그래서 그 시민들을 대변하는 지방자치의회 의원들은 문화예술 공간에 책정되는 예산에 대해 민감하게 바라보게 된다.

이런 현실 속에서 문화예술 공간은 이미지 포지셔닝을 위해서라도 지역사회 시민들의 예술적 안목을 트이게 하면서artistic literacy 지역사회 시민들과 밀착된 다양한 교육 및 공연 프로그램을 마련해 주는 데 역점을 두어야 한다.

문화예술 공간의 이미지나 브랜드를 구성하는 요소는 시설적인 측면과 공연프로그램 측면physical, 인적자원 측면character 그리고 운영관리 측면

style 세가지로 나누어 볼 수 있다.

이를 좀 더 세부적으로 설명해 보면 문화예술 공간의 시설규모 및 장비의 첨단성과 경영자와 예술전문가의 프로필, 그리고 문화예술 공간의 콘텐츠라고 할 수 있는 공연 프로그램이다.

우선 외형적으로 나타나는 문화예술 공간의 시설과 설비에 따라 위상이 결정된다. 문화예술 공간의 최첨단 설비나 장치는 날로 규모화와 고급화 되어가고 있는 작품제작의 예술적 난이도를 소화하는 중요한 변수가 되기 때문이다.

무대기술의 발전 속도에 따라 문화예술 공간이 일정 시점이 되면 리모델링을 해야 하는 이유가 여기에 있다.

▶CEO냐, 사장이냐, 예술감독이냐

문화예술 공간을 운영하는 최고경영자나 대외적으로 상징성을 갖는 공연예술 기획 분야의 전문가가 누구냐에 따라 이미지가 다를 수 있다.

서울 예술의전당과 같이 규모 있는 문화예술 공간에서는 최고경영자와 공연 장르별 예술감독을 따로 두어 운영하는 경우도 있다. 하지만 대부분의 문화예술 공간에서는 경영자가 예술감독의 역할을 동시에 맡고 있는 경우가 많다. 외국에서 최고경영자와 예술감독의 기능을 분명하게 구별하고 있는 것과는 대조가 되고 있다.

서울의 세종문화회관이나 예술의전당, 국립극장 등은 여러 장르의 분야에서 활동하던 예술가들이 일선에서 경영을 맡는 사례가 있어 왔다. 이는 실제 문화예술 공간 무대에 서보았던 경험을 살려 문화예술 공간을 현실감 있게 운영할 수 있다는 장점이 있을 수 있다. 하지만 특정 장르의 예술가가 경영자가 되었을 경우 예술적 편향성과 함께 관리역량이 미흡할 수 있는 우려가 있다.

더불어 중앙정부나 지방자치단체가 직·간접으로 운영하는 문화예술 공간은 관료행정가들이 경영을 맡는 경우가 많다. 그러나 국가기관의 정책 위주 예술관료행정arts administration과 실질적인 일선 분야에서의 예술전문경영arts management은 구별되어야 한다.

그러나 실제로 우리나라의 예술 분야에서는 전반적으로 섬세함과 포용성 그리고 다양성이 요구되는 예술관리의 영역에서 지명도를 중심으로 인적인 조직이 구축되는 경향을 보인다. 이 과정에서 문화예술 공간의 운영은 실적 과시를 위한 전시적이고 단편적인 성격을 띤 경우가 많아 지속가능한 발전을 위한 내실을 다지지 못했다.

분명한 것은 다른 모든 문화예술의 부문에서도 그렇겠지만 문화예술 공간의 경영이 보다 전문화되어야 할 필요가 있다는 것이다. 예술에 대한 인식이나 감각을 갖추면서도 조직의 관리나 운영의 역량을 고루 갖춘 전문가가 육성되어야 할 필요가 있다.

우리나라에서는 문화예술 공간의 경영책임자를 극장의 위상이나 운영 방식에 따라 사장, 예술총감독, 대표, 관장, 극장장, 상임이사 그리고 최근에는 최고경영자란 의미의 CEO 등 다양한 직함으로 부르고 있다. 중요한 것은 어떤 직함을 쓰느냐가 아니라 문화예술 공간 조직을 이끌어 가는 수장으로서 모든 구성원들과 소통과 교감을 통해 '리더로서의 존재감executive presence'을 보여주는 것이다.

사실 지금까지 지역의 문화예술 공간은 지방자치단체 관료들이 순환보직의 일환으로 운영을 맡아왔기 때문에 '관장'이라는 직함이 보편화되어 있었다. 이 직함은 관변주도 문화예술 공간 운영의 표상으로 되어 있어 전문화와 다양화 시대에는 다소 고루하고 권위적인 뉘앙스를 풍기는 탓에 규모 있는 민간 전문가들이 운영책임을 맡고 있는 문화예술 공간에서는 이미지 포지셔닝의 일환으로 새로운 직함을 써 왔다.

그중에서도 서울 예술의전당을 시작으로 그동안 '관장' 직함의 효시였던 세종문화회관이 독립재단으로 출범하면서 '예술총감독'의 호칭을 거쳐 '사장'으로 정착되었다. 이는 관료사회에서 '관장'이 갖는 의미 못지않게 민간 분야에서 회사조직의 최고 권위인 '사장'을 직함으로 쓰려는 심리가 작용했다고 볼 수 있다. 그러나 경제적 영리 추구가 근간이 되는 일반회사와는 달리 공적재원을 지원받아 공공성을 중시하는 문화예술 공간에서 그 직함의 합리성에 대해서는 생각해 볼 필요가 있다.

어쨌든 문화예술 공간 운영책임자의 직함이나 조직과 부서, 또는 직급의 명칭 등은 문화예술 공간 이미지를 외부적으로 각인시키는 중요한 요소가 되고 있다.

▶문화예술 공간 브랜딩을 고려하라

상품과 고객을 맺어주는 작업이 곧 브랜딩이다. 다시 말해 상품에 가치를 부각시켜 고객이 구매 욕구를 갖도록 하는 소통의 과정brand communication인 것이다.

"상품은 공장에서 만들어 지지만, 브랜드는 사람의 머리와 가슴에서 만들어진다."는 말이 있다. 그래서 문화예술 상품의 브랜드를 만드는 사람이 바로 예술 기획자들이다. 그들은 예술 상품에 의미와 가치를 부여하여 관객의 잠재적 감성 욕구를 불러일으키기 위해 차별화된 노력과 열정을 쏟는 예술의 전술가이자 전략가들이다.

앞서 언급한 대로 우리나라 문화예술 공간의 경영자는 포괄적으로 문화예술 분야의 명성과 개별적 친연으로 내정되는 사례가 많았다. 그리고 보임기간이 단임이거나 중임에 그치는 경우가 대부분이었다. 그렇기 때문에 일관성 있는 문화예술 공간의 발전전략을 수립하고 시행하는 풍토가 미흡한 실정이다. 이는 문화예술 공간의 이미지나 정체성을 일관성 있게 유지하는 데에도 영향을 줄 수밖에 없다. 문화예술 공간의 이미지는 물적인 시설 측면보다도 최고경영자에서부터 일선실무자에 이르기까지 인적자원에 의해 주로 결정된다.

특히 현대사회의 기업에서 이미지 경영은 바로 경쟁력이 되고 있다. 이미지 경영은 이미지를 일종의 자산으로 평가해 이를 전략적으로 활용함으로써 다양한 효과를 올리는 것을 목표로 한다. 즉 경영과 이미지메이킹의 결합을 통해 현재 시대가 요구하는 경쟁력 있는 이미지를 갖추어 나가는 것을 의미한다. 또한 이미지 경영이란 시대와 상황에 따르는 변화와 관리를 뜻한다.

문화예술 공간이 원하는 이미지도 시대적 상황에 따라 변하고 있다. 이 이미지는 바로 문화예술 공간의 얼굴이기 때문에 이미지의 변화란 문화예술 공간의 속성과 역할 자체가 변하는 것을 뜻한다. 그렇기 때문에 문화예술 공간의 경쟁력은 최고경영자의 철학과 비전과 인격, 또 지역사회와 문화예술계에 의한 객관적 평가에 따라 창출되는 이미지에 의해 결정된다고 해도 과언이 아니다.

한마디로 문화예술 공간의 이미지는 저절로 만들어지는 것이 아니라 주어진 여건과 환경 속에서 얼마만큼 노력하느냐에 따라 형성되는 조직의 무형가치다.

▶차별화 이미지를 적극 주입하라

각 지역마다 문화예술 공간이 건립되어 나름대로 최고의 공연장임을 내세우고 있지만 엄밀하게 보아 예술프로그램만 가지고 '차별화된 최고'라고 하기에는 적당치 않다.

지방자치단체의 재정 여건에 따라 문화예술 공간의 사업비 규모가 결정되기 때문에 다양한 예술사업의 규모도 자연스럽게 정해진다.

그러나 각 문화예술 공간이 자체 제작하는 공연예술 기획작품을 제외하고는 지명도 높은 국내외 공연물은 일정한 시기에 서울을 포함하여 지역의 문화예술 공간에서 동시에 순회공연을 하는 경우가 많다.

그래서 한국을 방문하는 저명 해외예술단의 경우 특정한 시기에 전국의 주요 문화예술 공간 웹사이트에 하루 간격의 일정을 두고 프로그램 안내가 오르기도 한다.

어느 문화예술 공간이 이러한 유수 공연물을 무대에 올렸다고 해서 이것으로 차별화된 공연장이라고 이미지를 홍보하는 것은 합당하지 않다. 그것은 해당 지역에서는 효과가 있을지 모르지만 전체 공연예술 시장에서는 큰 의미를 갖는다고 할 수는 없다.

분명 문화예술 공간의 객관적 위상은 그 시설이 위치한 지역이나 예산의 규모에 따라 자연스레 구분이 된다. 지역의 문화예술 공간이 아무리 최고의 작품을 무대에 올린다 해도 서울에 소재한 세종문화회관과 예술의전당이나 국립극장과 같은 문화예술 공간의 이미지를 능가할 수는 없다.

그것은 이미 문화예술 공간의 시장성이나 잠재력이라는 측면에서 차별이 될 수밖에 없기 때문이다. 그렇다면 각 문화예술 공간은 자기만의 특성을 내세운 차별화 포지셔닝 전략을 구사하는 것이 바람직하다.

포지셔닝 전략에선 어느 기업이나 제품이 최고가 될 수 없으면 그 나름대로 최고가 될 수 있는, 다른 경쟁자와 뚜렷하게 구별되는 독특한 개성을 찾아내는 것이 중요하다.

예를 들어 자동차 시장에서 큰 차들이 유행하고 있을 때 폭스바겐은 소형차 비틀Beetle을 출시하면서 "작은 것을 생각하세요Think small."라는 슬로건을 내걸어 성공을 거두었다.

그런데 사실은 폭스바겐이 최초로 소형차를 생산한 것은 아니었다. 그러나 소비자의 마음에 소형차의 이미지를 부각시킨 것은 폭스바겐이 최초였다는 사실이다. 막연하게 모두가 최고라고 주장하는 것은 단순히 수사학일 따름이지 시장에서 소비자들은 그렇게 받아들이지 않는다는 것을 알아야 한다. 자기만의 차별성을 구체적으로 부각시켜 최고의 위상을 강조하는 것이 효과적이다. 그래서 모든 문화예술 공간들도 자기들만이 구축하고 있는 확실한 이미지를 찾아내어 포지셔닝하는 노력을 기울여야 한다.

문화예술 공간이라는 조직의 이미지는 외부로부터 다양한 요소들이 통합되어 총괄적으로 인식되는 것을 의미한다. 그런 만큼 문화예술 공간의 포지셔닝은 그 지역사회로부터 인정받도록 관리perception management하는 작업과정을 일컫는다.

의사결정 시 '통합'의 미덕을 발휘해야

문화예술 공간은 단순한 개인기업이 아니라 공공 재원이 투입되는 복합문화시설complex이다. 여기에서 지역 시민의 문화 향수권을 신장시키고 지역 문화예술의 창의역량을 강화시켜 나간다. 그래서 궁극적으로 지역사회의 문화복지를 증진시키는 사명을 담당하고 있다.

그렇다면 이러한 공익시설에서의 주요 정책결정이나 예술사업의 선정은 어느 전문가 개인이나 경영자의 독단적인 결정에 의해 이루어져서는 안 된다. 문화예술 공간 운영자들의 주관적인 입장에서의 판단이 아니라 시혜의 대상이 되는 지역 시민과 문화예술인들의 관점에서 정책이나 사업을 결정하는 자세가 필요하다.

이 과정에서 필요한 것이 '질적 예측방법qualitative methods of forecast'이다. 질적 예측방법이란 중요한 의사 결정을 내릴 시 미래의 예측되는 결과를 최상의 수준으로 일어내기 위한 개연성을 다양한 방법으로 점검하여 최종적으로 종합하는 절차이다.

이러한 방법에는 여러 가지가 있을 수 있다.

- 전문가의 견해
- 내부 구성원의 의견
- 경영자의 정책판단
- 고객에 대한 시장조사
- SWOT 및 PEST 분석
- 조직 영향 평가
- 자료 종합 분석

이러한 절차를 통해 내려지는 결정은 문화예술 공간의 조직 구성원들과 전체 조직의 이해와 권익에 부합goal congruence해야 한다. 그런데 흔히 우리나라 문화예술 공간에서는 예술감독이나 경영자의 철학과 예술적 성향에 따라 주요 정책과 사업이 결정되고 집행되는 경우가 많다.

이는 획일적이고 독선적인 조직문화를 형성해 생산성이 저하되고 경영자와 구성원들 간에 반목과 갈등을 야기하기도 한다. 더 나아가 이러한 조직문화에서는 구성원들 간에 보이지 않는 파벌이 조성되어 문화예술 공간 운영의 화합과 단결을 저해하기도 한다.

문화예술 공간의 가장 바람직한 의사결정은 구성원 다수의 공감을 바탕으로 이루어지는 것이다. 동시에 소수의 반대 의견에도 귀를 기울여 이를 적정하게 반영하거나 완화시키려는 노력을 기울여야 한다. 즉 모든 구성원들을 문화예술 공간 조직의 참여자로 간주하는 통합형 의견 수렴 과정을 거친 의사 결정 방식consensus decision-making process을 택하는 것이 가장 효과적이다.

이러한 방식은 구성원 각 개인들의 주체를 존중하여 그들에게 의견 개진의 기회를 균등히 주게 되며 조직의 파벌이나 특정 집단의 역할을 불식시키는 데 유리하다. 처음부터 다수의 의견만을 중시하고 다른 의견들은 제쳐놓는 것보다도 다른 소수의 견해도 동등하게 검토하고 배려하다 보면 미처 생각지도 못한 창의적인 방안이 떠오를 수 있다.

모든 구성원들이 일심동체가 되어 참여해야 하고, 자발성과 창의성이 요구되는 문화예술 공간 조직에서는 이것이 무엇보다 중요하다. 구성원들의 보다 폭 넓은 참여와 동기부여가 필요하기 때문에 의사결정에서 반대 측을 포용하거나 이해시키는 작업이 필요하다.

특히 문화예술 공간에서 복합적이거나, 리스크가 수반되거나, 중요한 사안의 결정을 내려야 할 경우에는 의견의 통합 수준을 높여가는 것이 바람직하다. 왜냐하면 영리를 추구하는 민간 분야와 달리 공공 분야는 결과주의consequentialism적인 성격이 짙다. 곧 어떤 행위의 옳고 그름에 대한 평가가 주관적으로 이루어지는 것이 아니다. 그 평가는 행위 주체의 취지나 의도, 그리고 목적과는 다르게 지자체, 의회, 언론, 예술가, 관객, 오피니언 리더 등에 의해 객관적으로 내려진다.

대부분 문화예술 공간에서의 문제점은 의견 통합의 과정을 무시하거나 경시하는 데에서 나타난다. 문화예술 공간을 훌륭하게 운영하려면 통합형 의견수렴 과정을 거친 의사결정 방식을 채택하기에 앞서 구성원들 사이에 충분한 신뢰 관계를 쌓도록 하는 것이 우선 필요하다. 또한 구성원들이 문화예술 공간의 조직을 위해 주어진 일을 하겠다는 의지를 심어주고 기량facilitation skills을 쌓게 하는 자율적 풍토를 조성해야 한다.

따라서 문화예술 공간의 최고경영자는 의견 통합의 중요성을 인식하여 이를 실천에 옮기면서 일의 조력자facilitator 역할을 스스로 맡아야 한다.

이를 위해서는 문화예술 공간이 개인 간에 지나친 경쟁의식을 갖는 조직의 분위기가 되어서는 안 된다. 의견의 통합이란 서로 협력을 해나가는 과정이지 경쟁의 과정이 아니다. 한마디로 문화예술 공간의 최고경영자는 리더십, 즉 과정을 관리하는 경영술을 발휘하는 인격체이지 파벌이나 집단의 단순한 수장이 아니다.

기계적 한계 조직 vs 유기적 발전 조직

문화예술은 창의력과 상상력을 기본으로 한다. 이 두 가지 요소는 언제나 기존의 지식과 질서를 새롭게 발전시키려는 강력한 동기를 만들어 준다. 말하자면 창의적인 아이디어를 일컫는다.

그래서 앨빈 토플러Alvin Toffler는 이렇게 말하고 있다.

이전에 관련이 없던 아이디어와 개념, 데이터와 정보, 지식을 새로운 방식으로 결합할 때 상상력과 창의력이 생겨 날 수 있다.

또 창의성의 대가인 제임스 웹 영 James Webb Young은 말했다.

아이디어란 낡은 요소들의 새로운 조합이다.

한마디로 문화예술은 본래적으로 '기계적'이 아니라 '유기적'인 속성을 지니고 있다는 것이다.

문화예술 공간은 일반조직과 달리 예술을 창조하는 영역에 속해 있기 때문에 남다른 개성과 자긍심을 갖는 유기적 마인드의 전문인력들로 이루어진 집단이다.

이러한 특성을 갖는 조직의 인력관리는 당연히 접근의 방식이 달라야 한다. 문화예술 공간 조직의 핵심기능인 예술 기획, 무대기술, 관리행정은 매우 속성이 다른 이질적인 요소가 있으면서도 서로 유기적인 관계를 맺어야만 조직이 원만하게 운영될 수 있다.

여느 조직과 마찬가지로 예산을 관리 통제하고 인사조정이나 자재조달의 기능을 갖고 있는 관리행정이 상위개념을 갖고 있게 마련이다. 특히 지방자치단체의 지원을 받고 있는 문화예술 공간으로서는 관료사회와 연계되어 관리행정 분야가 조직위계상 총괄적인 권한을 갖게 되어 있다.

이 때문에 대외적으로 가장 부각이 되는 예술 기획 부문과 내부적인 통제권을 갖는 관리행정 부문의 전문인력들과 의견이 상충되거나 갈등을 빚는 경우가 있다. 문화예술 공간에서의 제 문제는 이러한 통제기능을 갖고 있는 관리부서와 예술 기획부서와의 거리감이 크면 클수록 더욱 뚜렷하게 나타나는 경향이 있다.

관리행정부서가 다른 부서에 대해 군림하거나 통제 일변도의 자세를 갖게 되면 문화예술 공간 조직은 외형적으로는 화려해 보일지 모르지만 내부적으로는 항상 갈등이 잠복되어 있을 것이다. 물론 공공 분야인 문화예술 공간이 지켜야 할 여러 가지 관리요소들이 있겠지만 이러한 것들로 인해 예술창작의 작업이 지나치게 제약을 받아서는 안 된다.

만일 조직의 여러 제약으로 인해 예술의 창작활동이 계획대로 실행될 수 없는 상황이라면 그 사유를 명확하게 상대방이 인식하도록 이해시키거나 설득을 시킬 수 있는 포용성과 논리적 사고능력을 갖추어야 한다.

무엇보다 문화예술 공간의 예산은 시민들의 세금으로 지원되는 것으로 객관적인 평가나 감사를 받아야 하기 때문에 관리행정상 많은 제약 요소들이 있을 수밖에 없다는 것을 모든 구성원들이 공감해야 한다.

문화예술 공간이 본래의 기능을 발휘하기 위해서는 문화예술 공간이 대부분 유지하고 있는 현재의 기계적인 사무조직mechanistic organization을 탈피하여 커뮤니케이션이 유연하면서 관료주의가 최소화되는 유기적 조직organic organization으로 변화되어야 한다.

유기적인 조직은 어떻게 보면 지나친 관료적 간섭에서 자유스러워지는 것을 의미한다. '최소한의 정부가 최선의 정부'라는 명언이 있다. 이것은 정부가 사사건건 간섭하고 통제하지 않더라도 국가는 스스로 최선의 상태를 유지하려 한다는 뜻이다.

마찬가지로 문화예술조직은 관료적인 잣대로 보면 형식이나 규격이나 의전에서는 다소 미흡할지도 모른다. 그러나 그 본연의 예술적 창조라는 목적을 위해 나름 최상의 환경을 만들어가면서 조직이 운용되고 있다고 할 수 있다.

특히 앞서 말한 대로 공연예술 기획은 '흥행의 행운'이 좌우하는 세런디피티 성격의 창의적인 과업이다. 그런데 세런디피티는 생각의 폭이 좁거나, 또 하나의 목표 외에 다른 것을 배제하고 마음을 하나에만 집중하는 경우에는 잘 일어나지 않는다.

다시 말하면 관료적인 성향의 조직이나 관료적인 마인드를 가진 사람에게는 창조적인 가능성을 기대하기가 어렵다는 의미다. 이것이 문화예술 활동이 창의적이고 전문화된 조직에서 행해져야 하고, 정부가 지원하되 간섭을 하지 말아야 한다는 팔길이 원칙의 필요성에 대한 근거가 된다.

지금까지 우리나라의 문화예술 공간은 지나치게 절차의 복잡성과 의사결정의 집중화 그리고 제도의 공식화formalization-rule enforcement로 상징되는 기계적인 조직의 형태를 띠고 있었다. 그래서 문화예술 공간이 창의적인 일을 하면서도 기계적인 틀 속에 갇혀있는 이율배반적인 요소를 내포하게 되었다.

번스T. Burns와 스토커G. M. Stalker가 '기계적 · 유기적 조직이론'에서 주장한 대로 안정적인 환경 속에서 활동을 하는 조직들은 기계적인 운영구조를 갖게 된다. 즉 공공 분야의 문화예술 공간과 같이 안정적 환경에 있는 조직은 다음과 같은 특성을 갖게 된다.

- 문서화된 규칙이나 절차에 따라 주로 업무를 처리한다.
- 계층화가 명확하여 주로 경영자에 의해 의사결정이 이루어진다.
- 정보와 지식의 흐름이 제한되어 조직 내에 널리 공유되지 않는다.
- 구성원 간에 상존하는 잠재적 갈등은 상급자가 관여하여 해결한다.
- 업무가 일상적이고 반복적이어서 정형화된 조직행태에 익숙해 있다.
- 새로운 도전에 소극적이며 상황에 대한 대응이 신속하지 않은 속성
  등을 보여주고 있다.

보편적으로 문화예술 공간이 관료주의 문화의 행정체제를 바탕으로 하고 있어 기계적인 조직의 구조를 갖고 있는 데 비해 민간 전문인력들은 이러한 조직의 구조에 익숙해 있지 않은 데에 문제가 있다고 할 수 있다.

문화예술 인력의 효율적 관리가 중요

흔히 '인사가 만사'라고 한다. 그만큼 한 조직을 이끌어나가는 힘은 그 구성원인 인적자원에서 나오며 인력관리가 조직운영에서 가장 중요하다는 의미다.

교육자이며 창의력 전문가인 켄 로빈손Ken Robinson은 이렇게 말했다.

훌륭한 인적자원은 천연자원과 같다. 그들은 종종 깊이 묻혀 있기 때문에 찾아내야만 한다. 훌륭한 인적자원은 표면에 나뒹굴지 않는다. 그래서 인적자원이 스스로 표면에 나오도록 환경을 만들어주어야 한다.

그래서 조직의 힘은 바로 인적자원이 발휘하는 역량의 결집이라고 해도 과언이 아니다. 문화예술 공간이라는 조직의 목표엔 공기업이 갖는 공공 서비스와 수입창출과 사회봉사단체가 갖는 순수 대민 서비스, 두 가지가 동시에 포함된다.

그렇기 때문에 조직에서 이를 수행해야 하는 인력들은 각별한 인성, 자질, 능력을 갖추고 있어야 한다. 문화예술 공간의 인력은 초창기 설립 시 기간요원의 영입과 같이 특별한 경우를 제외하고는 공개모집의 형식을 갖추어 충원된다.

서류전형 또는 시험과 면접이라는 엄정한 절차와 과정을 거쳐 선발된 전문인력들이라도 그 인력의 진가는 일정한 시간이 지나야 올바른 평가를 내릴 수 있다.

무엇보다도 문화예술 공간의 구성원들은 창의적이고 생산적인 방향의 플러스적 사고체계를 가져야 한다. 이러한 자세를 갖게 되면 문화예술 공간은 전체적으로 운영의 신축성을 가질 수 있다. 더불어 쌍방향 커뮤니케이션 조직이 되어 화합과 단합의 풍토를 조성할 수가 있다. 이런 문화를 갖는 문화예술 공간은 발전형 조직스타일이 될 수 있다.

하지만 그렇지 않은 경우는 외적으로는 화려해 보이지만 내적으로는 문제를 안고 있는 정체형 조직스타일이 되게 된다. 어떤 조직문화를 갖느냐에 따라 그 조직의 발전 잠재력은 엄청난 차이가 난다. 이를 계량적 수치로 비유해 보면 다음과 같을 것이다.

ㅇ 정체형 조직스타일

기회계량(1, 2, 3, 4, 5 ……) X 조직문화가치(0) = 0(원점)

ㅇ 발전형 조직스타일

기회계량(1, 2, 3, 4, 5 ……) X 조직문화가치(1)

= 1, 2, 3, 4, 5 …… (무한정)

문화예술 공간의 조직문화를 발전형 스타일로 유지하기 위해서는 최고 경영자나 관리자들을 중심으로 전체 구성원들이 같은 생각을 갖도록 공감대 조성훈련과 감성교육sensibility training이 필요하다.

이런 바탕 위에서 문화예술 공간의 각 직능 분야별 특성에 맞는 인력자원의 육성이 이루어져야 한다. 우선 문화예술 공간은 앞서 말한 세 가지 핵심 분야별로 특성을 명확하게 구분해야 한다. 그 구분에 의해 각 부문은 고유의 권한을 갖게 된다.

문화예술 공간의 예술 기획과 무대기술 분야는 개인적인 전문가로서의 파워expert power를 갖고 있는 대신 관리행정 분야는 조직적인 기능상의 파워position power를 갖는다.

예술사업은 보다 차별화되고 시장성 있는 정체성을 갖도록 하는 것이 주요 임무다. 이 분야에서 가장 경계해야 할 것은 집단생각Groupthink이다. 어떤 고정관념이나 선입견을 갖고 의견을 모으는 경우selection bias나 어떤 주장에 대해 자기합리화에 집착하는 자세는 바람직하지 않다.

흔히 예술 기획의 전문인력들은 자신들의 전문성을 내세워 다른 전문가나 외부의 의견에 대해 폐쇄성을 갖는 경향이 있다. 오히려 문화예술 공간의 예술 기획은 소수의 예술애호가들보다도 폭 넓은 대중의 공감을 얻는 방향에서 이루어져야 하기 때문에 전문가의 독선적인 의사결정은 지양되어야 한다.

문화예술 공간의 핵심 직능 중에서 일반조직과 같은 기능을 갖는 분야가 관리행정이다. 단지 일반조직과 다른 점은 관리행정의 대상이 공연예술 상품이라는 것이다.

민츠버그Henry Mintzberg는 공공 분야의 조직은 "기계적 관료구조machine bureaucracy의 성격을 띠고 있다."라고 했다. 기계적 관료구조는 전반적으로 주변 환경에 신축적으로 적응하거나 변화하려는 의지가 부족하다. 또한 현업보다도 관리행정 중심의 통제와 명령을 중시하며, 현업의 복잡한 절차나 전문성과 기술적인 측면은 도외시하는 경향이 있다. 그래서 극단적으로는 관리행정 때문에 일이 되지 않는다는 말이 나오기도 한다.

이와는 반대로 전문조직professional organization은 현업 중심의 구조를 가지고 있다. 따라서 현업의 창의성과 자율성을 인정하면서 커뮤니케이션과 상호 조정과 조율을 통해 현업을 지원하려고 하는 입장을 갖는다.

문화예술 공간은 창의적 전문성과 복잡한 기술역량을 필요로 하는 집단이어서 기계적 관료구조보다는 전문적 조직이 더 합당하다.

우리나라의 문화예술 공간들이 문제점을 갖고 있는 것은 바로 이러한 기계적 운영구조와 전문적 운영구조의 가치가 상충하는 데에서 비롯된다. 문화예술 공간을 독립법인이나 민간위탁으로 운영하려고 하는 추세는 바로 이러한 전문적 조직의 특성 때문이다.

문화예술 인력의 전문역량을 구분하라

1960년대 미국의 저명 사회심리학자였던 맥그리거Douglas McGregor는 『기업의 인간적 측면The Human Side of Enterprise』이라는 저서를 통해 직장인의 심리상태를 분석하여 'X-Y이론'을 소개했다.

이 이론에 의하면 관리자가 보는 관점에서 X이론의 구성원들은 일반적으로 일하기를 싫어하며 가능하면 일을 하지 않으려고 회피한다. 또한 구성원들은 억지로 시키거나 지시를 내려야만 일을 하고 책임을 지려고 하지 않는다. 이들에게 동기를 부여할 수 있는 유일한 수단은 돈으로 보상하는 것이다. 말하자면 이 경우는 인센티브와 보상만이 효과를 내는 '외적인 동기화extrinsic motivation'가 작용을 하게 된다.

한편 Y이론의 구성원들은 일을 스스로 하려고 하며 그것이 자기 생활에 반드시 필요한 요소라고 여겨 책임감이 누구보다 강하다. 그리고 구성원들은 자신이 세운 목표 자체가 중요한 동기부여가 되어 스스로 일의 방향을 잡아나가려는 의지가 있다. 이것은 바로 '내면의 동기화'가 작용하는 것이다.

중요한 것은 문화예술의 영역은 그 자체의 매력에 끌려 주도적이며 자율적으로 무엇인가 하려는 욕구가 강한 내적 동기에 의해 생겨나는 것이다. 반면에 외적 동기는 언제나 외부적으로 물리적인 인센티브가 있어야 하기 때문에 창의적인 일에는 적합하지가 않다. 오히려 그런 성향의 인력들은 문화예술 분야 조직의 문화를 흐려놓을 가능성이 크다.

그런데 조직에서는 이러한 Y형 구성원들의 창의적이고 독창적인 잠재력을 충분히 활용하지 못하고 있는 경우가 많다. 그래서 문화예술 공간의 경영관리자는 Y이론을 통해 전문인력들이 소기의 성과를 낼 수 있도록 관리하는 것이 필요하다. 여기에는 '자기충족적예언self-fulfilling prophecy'이 매우 중요하다. 즉 경영관리자가 구성원들을 유능한 인재로 생각하고 키우면 그 기대치를 달성하게 된다.

흔히 관료화된 조직에서 나타나는 현상이 있다. 구성원들이 자신들의 신념이 현실화되기가 쉽지 않아 그냥 관리자가 시키는 것만 잘하면 된다는 생각을 갖게 되는 것이다. 여기에다 조직 내에서 '안전지대complacency'를 찾게 되며 스스로 만족하고 위안하기 위해 자기합리화를 습관적으로 하는 것이다. 결국 이 모든 것은 구성원들이 '자기제한적신념self-limiting beliefs'을 갖게 만드는 지름길이 된다.

최근의 조직 관리에서는 Y이론이 참여경영participative management의 흐름을 주도하고 있다. 그래서 조직들은 구성원들을 단순히 근로자로 대하기보다 그들이 무슨 생각을 하고 있는지에 관심을 갖는다. 맥그리거는 관리자와 구성원들 사이에 동반자 관계가 구축되게 되면 어느 조직이든 번창할 수 있다고 믿었다.

오늘날 조직에서의 일이 사회활동의 일환이라는 생각을 갖는 것은 일반적이다. 다른 직종에서 일하는 사람들과 마찬가지로 문화예술 공간에서 일하는 전문인력들도 상당히 많은 시간을 다른 사람들과 어울려 일하며 보낸다. 그렇기 때문에 문화예술 공간에 종사하는 전문인력들도 다른 분야와 다를 바 없이 복합적인 상호 관계와 교류를 맺으며 사회생활을 영위한다.

공연에서 리허설이 잘 이루어져야 결국에는 본 공연도 성공을 할 수가 있다. 그 과정을 살펴보면 예술가나, 기획자나, 매니저를 둘러싸고 있는 모든 관계자들이 그 공연을 위해 잘 관리되고 준비되었다는 것을 알 수 있다. 이렇게 예술을 제작하는 환경에 있는 모든 부문의 전문가들은 한결같이 보다 높은 단계의 예술적 완성도를 이끌어 내기 위해 자신들의 능력과 잠재된 역량을 최대로 발휘한다.

한마디로 문화예술 공간으로 몰리는 전문인력들은 창의적인 일을 한다는 보람과 자긍심을 위해 돈보다도 성취감을 위해 찾아오는 Y형들이라 할 수 있다. X형의 사람들은 문화예술 공간라는 조직 환경의 구성원으로서는 적성이 맞지 않는다고 할 수 있다.

X형이냐 Y형이냐에 따라 그들이 조직에서 받게 되는 긴장이나 압박감을 수용하는 태도가 달라진다. 어찌 보면 문화예술 공간은 고도의 정신적인 활동을 필요로 하는 환경 때문에 스트레스가 많을 수 있다. 그러나 이러한 스트레스에 대해 X형은 그것을 '불쾌한 스트레스distress'로 받아들이며, Y형은 '상쾌한 스트레스eustress'로 받아들인다.

이 상쾌한 스트레스, 곧 '유스트레스'는 문화예술 전문가들로 하여금 스스로 적당한 긴장감을 유지하며, 오히려 이러한 외부의 정신적 자극을 통해 자신의 재능과 열정을 깨워 목표를 향해 달려가는 추진력을 얻게 만든다.

유스트레스는 어떤 환경에서도 긍정적 태도를 갖게 만들며 문화예술 전문인력들을 더욱 강건하게 만들고 능력을 키워주는 촉진제가 되는 것이다. 그래서 당연히 문화예술 공간의 경영관리자는 본질적으로 소속된 모든 구성원들을 Y형으로 육성시키기 위해 교육과 훈련을 강화한다.

한편 문화예술 공간 전문인력들에 대한 능력평가는 업무적, 인간적, 개념적 측면 등 세 가지로 구분하여 실시할 수 있다. 당연히 문화예술 공간의 전문인력들은 수행하는 직능이나 위계에 따라 위 세 가지 기량 중에서 상대적으로 비중의 크기가 다를 수 있다.

문화예술 공간 조직에 있는 전문인력들은 종합적으로 평가하여 A급, B급, C급으로 분류해 볼 수 있다.

○ A급-특출인력 : 문화예술 공간 조직을 구성하는 상위 20~30퍼센트의 능력이 탁월한 인력이다.

○ B급-보통인력 : 조직 구성원의 70~80퍼센트를 차지하는 대부분의 인력으로 조직의 많은 업무는 보통 인력들이 맡게 된다.

○ C급-미진인력 : 조직의 발전에 별로 공헌하는 바가 없거나 오히려 조직의 성장에 저해요소가 되는 하위 5~10퍼센트 정도의 인력이다.

새롭게 출범하는 문화예술 공간에서는 A급의 인재를 필요로 한다. 그러나 문화예술 공간 조직이 성장하기 위해서는 최고 인력이 필요하지만 B급 인력을 확보하여 제대로 관리하는 것이 더욱 중요하다.

장기적인 관점에서 문화예술 공간의 지속적인 성과는 조직의 대부분을 이루는 B급의 보통 인력에서 나오게 되기 때문이다. 오히려 B급 인력을 체계적으로 훈련시키고 교육시키면 잠재능력을 충분히 발휘하는 충성도 높은 전문가가 될 수 있다. 조직은 뛰어난 소수의 특별한 인재만으로 운영

될 수 없으며 A급 인력도 보통의 구성원 중에서 길러진다. 그래서 문화예술 공간의 경영자나 관리자는 구성원들에 대해 당장의 능력보다 잠재되어 있는 가능성을 꿰뚫어볼 수 있는 혜안을 가져야 한다.

하버드 경영대 교수인 토머스 드롱Thomas J. Delong은 "A급 인력이 조직의 뛰어난 성과에 기여하는 바가 크지만, 멀리 보면 B급 인력이 지속적으로 성과를 내는 데 공헌하게 된다."라고 했다.

사회가 단순했을 때는 획일적인 인간형이 유리했다. 하지만 지금처럼 사회구조가 다양화된 시대에는 계발적인 인간형을 필요로 한다.『탈무드』는 현대사회에서는 더 이상 열성적인 인간이 요구되지 않는다고 말한다.

열성적 인간이란 획일적인 시대에 정해진 질서와 규칙에만 따라 모든 것을 쏟아 붓는 근면형의 사람들이다. 그러나 이제는 유연하고 여유 있으면서 개성이 넘치고, 아이디어가 풍부한 창의적인 인간이 성공하는 시대가 되었다.

그렇게 보면 앞서 말한 X형의 사람은 산업사회의 획일적인 인간형이며 Y형은 인생에서 명확한 좌표를 가지면서 개인적 삶의 가치와 보람을 추구하는 다원사회의 계발형 인간, 곧 창의적인 형태의 인간이라고 할 수 있다. 그런 만큼 문화예술 공간은 조직의 중심을 이루는 대다수 B급 인력이 목표 달성에 큰 힘을 발휘할 것이라는 확신을 갖는 것이 바람직하다.

전문인력들은 4Q를 갖추어야 한다

문화예술 공간에도 일반적인 능률 개념이 도입되고 있다. 즉 투입에 대한 산출, 노력에 대한 성과의 비율을 계량화하고 있는 것이다. 여기에 인간의 삶의 가치를 높이고, 문화복지라는 목표를 실현하고, 지역사회의 다원적인 요소를 문화예술로 통합하는 이른바 사회적 능률성도 요구되고 있다.

한편 문화예술 공간이 하나의 시스템으로 작동하는 데 요구되는 시설, 장비, 자재 등의 물적 자원과 이를 운영하는 인적 자원인 전문인력의 능력을 강화해야 하는 절대적 능률성도 중요하다.

복잡하고 급변하는 현대사회에서 생존하여 날로 성장하기 위해서 조직은 꾸준히 능력을 키우고 역량을 길러야 한다. 조직의 기본 생리는 외부 환경으로부터 인적, 물적 자원을 투입, 이를 처리 가공하여 고객이 활용할 수 있는 유익한 제품이나 상품, 또는 서비스로 변환시키는 기계로 비유할 수 있다. 문화예술 공간도 예외는 아니다.

여기에서 중요한 것이 바로 인적 자원이다. 근래 문화예술 공간들의 건립 붐이 일면서 전문인력의 수요가 많아졌다. 그 수요가 확장되었지만 공급에는 아직 한계가 있다. 진정 모든 부문에서 완벽한 능력을 갖춘 전문가를 발굴한다는 것은 그리 쉬운 일이 아니다.

많은 사람들이 스스로 전문가라고 하지만 냉정하게 보면 한두 부문에서의 능력을 가진 경우가 많다. 설사 90퍼센트가 전문가의 자질과 능력이 있다고 한다고 해도 실제 성취도는 실천과 행동에서 75퍼센트 정도밖에 나타나지 않을 수도 있다. 다른 말로 하면 각자가 전문가라고 주장을 하지만 조직에 투입되면 사고방식이나 행동양식에서 기대하는 바를 충족시키지 못하는 경우가 많은 것이다.

명실상부한 문화예술 공간의 전문가로 활동하려면 다음 네 가지 지능을 균형 있게 갖추어야 한다. 이러한 요소는 문화예술 공간에서 신입인력을 채용하거나 기존 전문인력의 업적을 평가하는 데에서도 고려해야 한다.

▶ '똑똑해야 한다' – 지능지수(IQ)

지능에 대해 정확하게 정의를 내리기는 쉽지 않다. 마치 아름다움에 대해 완벽하게 정리할 수 없는 것처럼 말이다. 그럼에도 IQ 테스트는 과거 1백 년이 넘도록 인간의 지적 능력을 평가하는 방법으로 간주되어 왔다.

하지만 IQ는 인간의 총체적인 지능을 측정하는 데에는 한계가 있다. IQ는 2백 5십억 개의 신경세포로 구성되어 있는 인간의 두뇌 구조 중에서 일부분을 측정할 따름이다.

또한 IQ는 지금까지 인간의 학습능력을 평가하는 신뢰할 만한 도구가 되어 왔다. 그러나 IQ를 인생에서 성공과 만족을 측정하는 기준으로 삼을 수 없다. 실제로 IQ가 높을수록 보다 더 성공적인 인생을 사는 것도 아니다. 굳이 IQ의 수치를 모르더라도 우리는 흔히 어떤 사람이 생태적이나, 실용적이나, 대인관계나, 특정한 기량에서 두각을 나타내면 지능이 좋다고들 말한다.

어쨌든 IQ가 인간의 지능구조의 일부분을 측정하는 한계는 있지만 기본적으로 문화예술 공간의 전문가가 되려면 IQ가 좋아야 함은 당연하다.

▶ '따뜻해야 한다' –감성지수(EQ)

EQ개념은 최초로 1995년 다니엘 골만Daniel Goleman이 쓴『감성 지능 Emotional Intelligence』이 베스트셀러가 되면서 세계적으로 알려지게 되었다. 그는 인간의 성공을 결정짓는 데 있어 단순한 지적지능만 가지고는 안 되며 자기인식, 자율적 동기유발, 감정이입이나 자기통제와 같은 일련의 연성 기량soft skills이 못지않게 중요하다고 하였다.

감성적인 성숙을 의미하는 바로 이 EQ는 직장에서 성공하는 데 80퍼센트 이상의 역할을 하며, 충분한 EQ를 갖추지 않은 지능인은 성공할 수가 없다는 것이다. EQ가 일 자체를 바꾸지는 못하지만 일을 하는 능력이나 방법은 바꿀 수가 있다.

예를 들어 스스로 동기를 부여하고, 자기관리가 효율적이고, 인간관계를 원만하게 하고, 고객을 만족시키고 스스로 만족하는 능력은 모두 EQ의 영역에 속한다.

직장을 잡는 데에는 IQ가 필요하지만 직장 내에서 성공하는 데에는 EQ가 필요하다. 요즈음은 기업에서 신입사원을 뽑을 때 토익점수가 높기나 지성이 뛰어난 '인재형'보다 따스한 가슴을 갖고 있으면서 봉사활동이나 대인관계가 좋은 '인간형'을 중시하는 현상이 나타나고 있다.

즉 조직에서는 인성이 뛰어난 직원들이 지성이 우수한 인재보다 적응력과 생산성 등의 장점이 더 많다는 것이다. 갈수록 기업에서 EQ를 더 중요하게 생각하고 있다는 의미이다.

그래서 문화예술 공간의 전문가는 예술을 다루면서 창의성과 대민 서비스정신을 필요로 하기 때문에 IQ와 함께 EQ의 자질이 필요하다. 말하자면 모든 전문인력들이 감정노동자들인 셈이다.

하물며 문화예술 공간은 하우스매니저, 대관담당자, 공연 기획자, 회원관리자, 운영관리자, 무대기술자 등 어느 분야를 막론하고 고객들을 상대하여 서비스를 제공해야 한다. 그렇기에 모든 인력들이 예술을 통해 봉사활동을 한다는 마음가짐을 갖는 것이 무엇보다 중요하다.

▶ '청렴해야 한다' ─도덕지수(MQ)

조직에서 IQ와 EQ만 가진 사람은 자기 자신은 성공하여 행복할 수는 있다. 하지만 인간이 어우러져 살아가는 사회라는 틀 속에서는 사회적 완벽성을 갖추었다고는 할 수 없다. 여기에서 필요로 하는 것이 윤리의식이다.

도덕적 능력이란 윤리성, 정직성, 정신의 건강성 등을 의미한다. 조직 생활을 하면서 주위로부터 존경과 사랑을 받으며 살아간다는 것은 청렴하면서, 근면하고, 성실하다는 것이다.

인간인 이상 도덕적으로 완벽할 수는 없다. 또 그렇게 완벽하다면 그것은 컴퓨터나 기계가 일하는 사회지 정감을 갖고 있는 인간이 살아가는 사회가 아니다. 문제는 사회의 관념이나 법, 규정, 상식적인 판단기준에서 벗어나는 행동을 해서는 안 된다는 것이다. 이것은 조직을 위한 운영의 융통성과는 분명히 다르다.

우리 사회에서 키워드가 되어 있는 사회나 조직경영의 투명성은 바로 MQ의 영역에 속한다. MQ란 부정으로부터 자신을 통제하는 능력과 좋은 가치가 품위 있는 모든 행동과 행위의 기초가 되는 것이며 상대방을 배려한 표현력 등을 말한다.

우리 사회가 경제적으로 성장을 했지만 선진국과 다른 점은 바로 이 MQ가 부족한 것이다. 그래서 공공재원을 지원받는 문화예술 공간은 무엇보다 MQ가 필요하다. 무엇보다 투명한 경영과 예산운영의 합목적성과 절약성이 중시된다.

문화예술 공간의 전문인력들은 공공재산을 관리하고, 일반기업과 같이 두입 내 산출의 경제논리가 공공성이라는 명분으로 덜한 대신 예산의 효용성에 대한 인식이 뚜렷해야 한다.

구체적으로 문화예술 공간은 효율성을 위해 막대한 첨단의 극장시설 관리나 공연장 무대장비의 보수 정비를 외부 전문 업체에 위탁하게 되는데 이에 따른 투명성이 요구된다. 뿐만 아니라 문화예술 공간에서 지속적으로 소요되는 자산재와 소비재를 조달하여 운영하는 데에도 담당 인력들의 주인의식이 필요하다. 당연히 MQ의 자질이 필수적이다.

▶'분발해야 한다' – 성취지수(AQ)

IQ, EQ, MQ를 균형 있게 갖춘 사람은 분명히 조직의 훌륭한 인적 자원이 될 수 있다. 그렇지만 앞서 말한 대로 IQ, EQ만을 갖춘 사람들로 구성되어 있으면 우리 사회의 문제처럼 조직에서도 사회에서도 일종의 부당한 사회비용을 치를 수가 있다.

IQ, EQ, MQ를 갖춘 사람은 좋은 인력일 수는 있지만 여기에 덧붙여 미래를 향해 나아가려는 진취적인 능력, 즉 AQ가 필요하다. "큰 꿈을 갖지 않고는 이룰 수가 없다."라는 말이 있다. 큰 야망과 원대한 포부를 가진 개인이나 조직이어야만 스스로 동력과 추진력이 생성된다.

비유해 보자면 배터리가 강력해야 기계가 잘 돌아가듯이 뚜렷한 비전과 넘치는 활력이 있어야 조직이 성장하게 된다. 그런데 앞의 세 가지 지능만 가지고 있는 사람은 한정된 성과만을 도출할 수가 있다. 이런 사람은 우선은 안정적일 수 있지만 인간이 가지고 있는 무한한 잠재력을 제대로 발휘할 수는 없다.

하지만 AQ를 갖춘 사람은 어려운 환경이나 갈등과 장벽에 부딪혔을 때, 주저하지 않고 이 위기를 기회로 반전시키는 능력을 가지고 있다. 조직이 발전하려면 때로는 모든 사람들이 "아니요, 그것은 될 수가 없습니다."라고 말할 때 "아닙니다, 될 수 있습니다."라고 자신 있게 주장할 수 있는 긍정적이며 용기 있는 자세fortitude의 소유자가 필요하다.

좀 더 설명하자면 AQ의 소유자는 낙천주의적인 자세를 갖는다. 낙천주의는 어려움이나 도전에 직면했을 때에도 적극적으로 결과에 대한 믿음과 기대를 갖게 한다. 그리고 어려운 상황인데도 자신의 용기를 북돋우며 모든 것을 통제할 수 있다는 느낌으로 도전을 받아들이거나 긍정적인 기회를 찾아낸다.

낙천주의는 종종 적극적인 사고방식과 혼동되어 사용되지만 이들 두 가지는 동일한 개념이 아니다. 적극적인 사고방식을 가진 사람들은 모두 낙천주의자이지만, 낙천주의자가 모두 적극적으로 사고하는 것은 아니다. '낙천주의optimism'라는 단어는 라틴어 'optimus'에서 유래하였는데 이 말은 '최상'을 의미한다.

전문가의 세계에서 어려운 시기에 희망적이고 기대에 찬 태도를 유지하는 것은 매우 중요하다. 그래서 바로 AQ는 위기를 극복하기 위해 스스로 동기를 부여하고 영감을 갖는 특별한 능력을 뜻한다. 동시에 감각이 넘치는 지식과 번뜩이는 지혜를 의미한다.

문화예술 공간의 전문가가 되려면 우선의 실리보다도 미래의 꿈을 실현시키겠다는 야망의 소유자가 되어야 한다. 그래서 일반조직과 달리 문화예술 공간의 전문인력을 평가할 때는 단순히 조직인으로서 안주하려고 하는지 아니면 전문가로 성공하고자 하는지를 면밀히 살펴보는 것이 중요하다. 거기에 따라 인재육성의 멘토링을 실시하는 것이 좋다.

이상에서 언급한 네 가지 지능은 모두 개인적인 차원에 속한다. IQ, EQ, MQ, AQ를 균형 있게 갖춘 전문가가 개인으로 활동한다면 최고의 능력을 가졌다고 할 수 있다. 그렇지만 이러한 능력 있는 개인들이 모여 구성된 조직이 개인처럼 인텔리전트하다고 단정하기는 어렵다.

다양한 지능을 구비한 개개인들이 하나의 융합체로 조직이 되지 않으면 조직의 '정신'이 없는 것이나 다름없다. 그것은 우리가 첨단설비를 갖춘 빌딩을 인텔리젠트 빌딩이라고 부르는 것과 다름이 없다. 그래서 조직에도 그 조직을 살아 숨 쉬게 하며 성장해 나가도록 동력을 제공해 주는 지능OQ · Organizational Intelligence Quotient이 필요하다고 할 수 있다. 말하자면 유능한 개인에 유능한 조직이 있어야 하는 것이다.

2006년, SBS가 신년특집으로 방송한 스페셜 프로그램은 많은 의미가 있었다. 웃음이 성공의 키워드가 될 것이며 '유머경영fun management'이 가장 생산성을 높일 수 있는 조직운영의 방법이라고 소개했다.

그리고 매우 흥미 있는 자료를 제시했다. 즉 하버드대 정신의학과의 조지 베일런트 교수는 지난 66년간 하버드 졸업생 268명의 인생을 추적한 결과 성공적인 삶을 산 90퍼센트가 학교의 성적과는 아무 상관이 없다는 것을 발견했다. 오히려 어려움에 처했을 때 이를 긍정적으로 생각하여 웃으면서 유머감각을 발휘하며 산 사람이 더 성공한다는 것을 알게 되었다.

이는 바로 앞서 말한 대로 IQ뿐만이 아니라 EQ와 AQ를 두루 갖춘 사람이 성공을 거둔다는 것을 단적으로 입증하고 있는 것이다.

문화예술 분야 전문가들은 위에서 말한 네 가지 지능을 갖추고 세부적으로 어떤 일이든 창의적인 과정을 효과적으로 수행할 수 있어야 한다. 여기에서 창의적인 과정은 제임스 웹 영James Webb Young이 제시한 다섯 단계를 의미한다.

1단계 몰입하여 생각한다Immersion

2단계 윤곽으로 이해한다Digestion

3단계 자세하게 구상한다Incubation

4단계 세련되게 다듬는다Illumination

문화예술 공간은 전문가 집단이지만 실력 있는 개인들만 모였다고 해서 최고의 조직이 될 수는 없다. 거기에는 문화예술 공간 나름의 탄탄한 조직력과 순발력을 갖추면서 충분한 재원과 자원 그리고 지속적인 발전을 위한 교육이나 훈련과 같은 프로그램과 제도가 갖추어져 있어야 한다. 그래야 개개의 인력들이 역량을 발휘하게 된다. 개인적인 차원의 다양한 지능들과 조직적인 지능이 골고루 갖추어져 있어야Balanced Intelligences 개인과 조직이 모두 성공할 수 있다.

지식정보 마인드를 갈고 닦아라

지식은 곧 정보다.

정보는 21세기 지식기반사회에 경쟁의 첨단병기다. 현대와 같이 정보량이 폭발적으로 증가하고 있는 정보집약사회information-intensive society에서는 국가 간의 정보격차가 국력의 차이가 된다. 그리고 개인 차원에서는 '어디서 어떤 정보를 이용할 수 있는가에 대한 정보'를 갖는 것이 중요하다.

다시 말해 끊임없이 생산되고 유통되는 정보를 수집 가공하여 생산적으로 실전에 활용하는 정밀한 능력은 필수이나. 낭연히 문화예술 분야에서 활동하는 전문가들에게도 절대적이다.

문화예술이 아무리 정신적인 영역에 속해 있다하더라도 세상의 물질세계와 유리되어서는 존재할 수 없다. 기업의 정보가 있어야 협찬전략을 수립하는 데 유리하며, 어떤 공연물이 시장에 나올 것인가를 파악하는 것도 필요하다. 이 모두가 정보가 되는 것이다.

　문화예술 공간의 경영자나 구성원들이 정보에 대한 인식을 갖는 것은 바로 경쟁력이 된다. 문화예술 전문가들은 다양한 정보를 갖추어야 제대로 된 프로젝트 계획을 수립할 수 있을 것이다. 또 경영자는 조직 내·외부에 대한 종합적인 정보를 파악하고 있어야 올바른 판단과 의사결정을 내릴 수 있다.

　문화예술 전문가들은 효과적으로 경쟁하기 위해서 업계나 시장의 동향에 민감해야 한다. 그래야 예술기, 관객, 기업, 관청, 경쟁사가 돌아가는 현황을 점검해 볼 수 있다. 이것을 '경쟁정보Competitive Intelligence'라고 한다.

　경쟁정보는 문화예술 공간 조직에서 다양한 사업을 기획하거나 최종 결정을 내릴 때 그 기반이 되는 시장의 환경에 대한 지식과 통찰력을 의미한다. 더불어 경쟁정보를 통해 새로운 예술사업 기회를 포착하기도 하고, 위험요소를 사전에 차단할 수도 있다.

　그런 만큼 문화예술 전문가들은 정보와 지식의 탐구욕이 선택적이어서는 안 된다. 그것은 인간의 생리적 본능처럼 저절로 일어나야 한다. 그래야 초 경쟁이 전개되는 문화예술 세계를 살아가는 지혜가 생기고 비즈니스를 성장시키는 슬기가 터득된다. 곧 21세기 문화의 시대 복합 경쟁사회에서 승리하는 총명예지를 얻게 된다.

　최근에 신속, 정확, 비밀의 세 가지 핵심요소를 갖는 구체적이고 체감도 높은 정보를 원래 과학용어였던 '그래뉼러티granularity'로 표현하고 있다. 이 말은 정보의 사회적 가치를 나타내 주는 추세를 반영하고 있다.

　미래학자 앨빈 토플러는 우리나라를 방문하여 정보와 지식의 중요성에 대해 이렇게 강조한 바 있다.

미래는 예측하는 것이 아니라 상상하는 것이다. 이제는 한국이 아니라 세계라는 시각에서 정보를 끊임없이 습득하라.

특히 문화예술 공간은 경영자부터 정보마인드를 갖는 것이 중요하다. 정보마인드를 갖는다는 것은 곧 문화예술 공간을 학습조직learning organization으로 만드는 지름길이다. 세기의 전략가로 불리는 피터 생게Peter Senge는 이렇게 말하고 있다.

이제 CEO들은 CLOChief Learning Officer로 변해야 한다. CEO들이 먼저 많은 것을 알아야 한다. 과거처럼 CEO가 모든 문제에 대한 정답을 갖고 의사결정을 내릴 수가 없다. 그보다는 조직의 구성원들이 갖고 있는 지식에 귀를 기울이고, 끊임없이 배워나가며 집단지력Collective Intelligence을 키워나가야 한다.

이렇게 문화예술 공간을 학습하는 조직으로 만들려면 최고경영자의 솔선수범이 절대 필요하다. 아미트 카란트리Amit Kalantri는 "가정에서 자녀들은 부모를 모방하지만 조직에서 구성원들은 경영자를 모방한다."라고 했다.

경영자의 학습열學習悅, 그것은 곧바로 21세기 지식정보화 시대에 문화예술 공간의 경쟁력을 확보하는 길이다. 그래서 경영자는 논어의 첫 구절에 나오는 '학이시습지 불역열호學而時習之 不亦悅乎', 즉 '배우고 또 배우면 즐겁지 아니한가'를 체질화하여야 한다.

여기에 공연예술 분야 자료의 체계적인 수집을 위해 예술적 감각과 대인친화력과 업무분석력을 갖춘 전담인력competitor intelligence professional을 선정하여 창구를 단일화시키는 것도 효과적이다.

현대는 '공부하는 인간형'의 호모 아카데미쿠스Homo Academicus 시대다. 끊임없이 새로운 지식이 창조되는 변화무쌍한 시대에 학습하는 열정이 없어서는 전문가의 반열에 들 수가 없다.

『창조적 루틴Creative Routine』의 저자인 노나카 이쿠지로 교수는 세계적으로 부동산, 자본, 노동력과 같은 '하드자원'이 급격하게 힘을 잃어가는 반면 '소프트자원'인 지식만이 핵심이 되는 지식경제의 시대라고 강조하고 있다. 그러면서 지식은 사람과 사람 사이, 사람과 환경 사이의 상호작용을 통해 현실적이면서도 창조적으로 진화하는 특성이 있다고 말했다.

문화예술 공간 경영은 상식으로 통한다

일반적으로 문화예술 공간은 일반기업의 조직과 차이가 있다. 가장 큰 차이는 예술가와 관련 전문가들이 일을 한다는 점이다.

예술가들이 중심이 되는 경우 그 일의 특성상 일반기업과는 달리 상하의 직위구분이 명백한 계선階線 조직 형태로 운영되기 어려우며 지휘감독의 계통을 설정하는 것도 쉽지 않다.

기본적으로 사회, 지역사회, 가정과는 달리 조직은 목적 지향적으로 구성되어 있고 전문화되어 있다. 사회와 지역사회는 그들 구성원 간의 유대 관계에 의해 규정되는데, 이 유대 관계는 언어, 문화, 역사 또는 지리적 접근선 등에 의해 형성된다. 반면에 조직은 자신이 수행하는 과업에 의해 규정된다.

문화예술 공간이라는 조직체는 말할 것도 없이 공연예술의 실연이라는 특수한 목적을 위해 설계된 기능성 공간이다. 다른 건축물과는 달리 일단

세워지면 용도 전환이 어렵다. 오로지 본래의 목적을 위해서만 이용될 수 있다는 점에서 목적 공간purpose built이라 불리기도 한다.

사회적으로는 사교의 공간이며, 지역사회의 문화적 거점으로 봉사하는 의미를 갖기도 한다. 예술적으로는 예술가의 창작정신과 관객의 판타지가 교류되는 공간이기도 하다.

이렇듯 일반기업과는 다른 환경을 갖는 문화예술 공간이라 하더라도 하나의 조직이라는 점에서는 동일하다. 즉 모든 조직은 그 조직이 추구하는 공통의 목표를 달성하기 위해 아이디어와 자원을 갖고 일을 하는 사람들로 구성된 집단이다.

이러한 인위적인 집단을 체계적으로 유지 관리하는 데에는 조직의 자산, 이를테면 인력, 기술, 시설, 장비, 자재, 정보, 지식, 예산을 대상으로 이들을 계획하고planning, 구성하고organizing, 운영하고directing, 통제controlling하는 네 가지 기능이 필요하다.

이 기능들은 모두 조직의 목표 달성이라는 데 초점을 두고 서로 연관성이 있으며 상호 의존적이 된다. 이러한 기능을 한마디로 표현하여 경영이라고 하는 것이다.

문화예술 공간의 경영을 잘 한다는 것은 상호 유기적으로 연결고리를 갖고 있는 바로 이 네 가지 기능을 균형감 있게 어떻게 잘 조율하고 조정하느냐에 달려 있다. 이 네 가지 기능을 달성하기 위해서는 조지운영을 중장기적인 전략적 계획과 단기적인 전술적 계획으로 나누어 수립하고 시행하여야 한다.

전략적 계획은 문화예술 공간의 비전이 담긴 미래의 자화상이다. 전략적 계획은 당장 문화예술 공간이 잘 운영되는 데 기초가 되는 전술적 실천

방안이 확고하게 수립된 바탕 위에서 가능하다.

문화예술 공간을 포함하여 일반적으로 예술기관들이 생산성이나 효율성이 미흡하며 경영이 어렵다고 말한다. 그것은 그 조직이 창의적이면서 개방적인 동시에 체계적이고 도식적이어야 하는 두 가지 가치를 실현해야 하기 때문이다. 다시 말해 어떻게 보면 상반되는 가치를 하나로 통합해야 하는 과정의 과업을 수행해야 하기에 그렇다.

일반기업이나 문화예술 공간을 막론하고 조직의 가장 기본이 되는 것은 '규격화formalization'이다. 이에 따라 조직의 규율, 위계, 질서가 구축된다.

창의적인 관점에서 본다면 문화예술 공간 조직은 예술전문가가 이끌어 나가는 것이 적합하다. 하지만 체계적이어야 한다는 점에서 보면 전문경영인이 꾸려 가는 것이 바람직하다. 그래서 지금까지 사례에 비추어 보면 규모 있는 문화예술 공간의 경영자 자리에 예술 분야 출신의 인사가 보임된 경우 조직의 경영마인드가 부족하다는 지적이 있었다.

반면 이를 탈피하기 위해 기업 출신의 전문경영인을 문화예술 공간의 수장으로 영입하여 보았다. 그랬더니 이번에는 문화예술에 대한 이해가 부족하여 예술조직을 기업적 논리로 접근하는 폐해가 나타났다.

또 관료 출신의 고위공직자가 문화예술 공간의 경영자로 영입되는 경우에는 관료조직에 대한 친화성은 있었으나 문화예술에 대한 실물경험이 부족한 단점이 있었다.

문화예술 공간의 최고경영자는 어느 분야 출신이든 문화예술의 가치를 존중하면서 동시에 합리적인 조직 운영술을 발휘할 수 있는 역량을 갖추는 것이 가장 이상적이다. 그렇지만 문화예술계, 경제기업, 관료조직이라는 각각의 독특한 속성을 갖는 환경 속에서 몸에 배인 사고방식과 행동양식으로 인해 그 어느 분야의 인사가 문화예술 공간의 경영자가 되더라도 문제점을 안고 있게 되어 있다.

어쨌든 문화예술 공간은 앞에 말한 네 가지 경영과정을 통해 세부적인 가치요소들을 창출하여 궁극적으로 미래의 비전을 향해 구체적인 조직목표를 달성해 나가야 한다.

▶가치요소를 먼저 따져보라

문화예술 공간의 가치values는 조직을 역동적으로 이끌어가는 성장 동력이다. 이러한 가치요소가 문화예술 공간으로 하여금 주어진 역할과 사명을 달성할 수 있도록 하는 탄탄한 초석이 된다. 문화예술 공간의 경영자는 가치요소에 대한 명확한 비전을 갖고 전체 구성원들이 같이 공감하고 참여하도록 하는 것이 중요하다.

이를 위해 우선 경영자가 주도적으로 꾸준히 학습하는 조직을 가꿔야 한다. 여기에 지식체계knowledge fabric를 갖춰 필요한 신념과 철학을 공유함으로써 가치요소를 정립시켜나가야 한다.

문화예술 공간의 가치요소는 조직이 발전해 가면서 일정한 시점마다 역점을 두는 방향이 조정된다. 문화예술 공간 건립 초기의 가치요소는 아무래도 조직의 역량 구축을 위한 내부 기반 확충에 있다. 그 다음 내부의 운영 인프라가 정착되면 외부 역량을 강화하여 전체 조직 가치를 업그레이드하는 것이 바람직하다.

GE의 최고경영자였던 잭 웰치는 자신의 회사를 세계 최고의 기업으로 만들기 위해 'GE 가치 선언GE Statement of Values'을 정립하여 성장의 원동력으로 삼았다. 그는 초기에 GE의 가치를 내부 역량에 집중하여 관료주의 배제, 지적자본 중시, 업무영역 철폐, 신바람 리더십 확산에 두었다. 후반기에는 고객 중심의 가치 실현outside-in을 최우선으로 설정했다. 그처럼 가치 요소는 바로 조직의 자양분이요, 힘이다.

그렇다면 문화예술 공간이 추구해야 할 가치요소들은 무엇일까?

- 유능한 전문인력 육성
- 효율적 제도의 구축
- 합리적인 조직 편성
- 실현 가능한 전략 수립
- 기량과 기술의 선진성
- 최적화 운영 방식의 도입
- 통합적 조직 문화 정착

특히 조직도 하나의 생명체처럼 늘 젊음을 유지하기 위해서는 끊임없이 변화와 혁신을 기해야 한다. 문화예술 공간도 관료사회의 틀에서 벗어나야 하며 민간 전문가들도 예술적 창의성이 중시되어야 한다는 명분으로 조직경영의 합리화를 경시해서는 안 된다.

그래서 미래의 문화예술 공간 조직도 다음과 같은 발전 방향으로 나아가도록 노력을 기울여야 한다.

○ 조직의 간소화 : 문화예술 공간 조직계층의 단순화de-layering를 통해 정보와 지식의 공유 단계를 축소하고, 의사결정의 신속화와 조직 내 수직적이고 수평적인 커뮤니케이션을 극대화시킨다.

○ 인력의 경량화 : 사회적 경쟁이 심화되고 첨단기술이 발달함에 따라

비생산적인 분야 인력구조의 조정downsizing을 통해 업무 집중도를 강화하고 효율성을 증대시킨다.

○ 업무의 분업화 : 조직의 핵심 역량과 활동에 집중하기 위해 주변적인 과업은 외부의 전문가에게 위탁outsourcing한다. 대신 조직의 전략적 또는 전술적 목표 달성을 위한 핵심 과업은 합리적으로 통합한다.

▶관리 기능과 역할의 상관성

모든 문화예술 공간은 각각의 필요와 소요에 따라 부서명칭을 정하고 관리자 등급을 구분하여 조직을 편성하게 된다. 이러한 조직편성을 통해 앞서 말한 조직경영의 네 가지 기본 기능을 수행해 나가면서 조직개편을 통해 수시로 조정 변경을 하게 된다.

보편적으로 문화예술 공간의 부서설정은 과, 팀, 부, 국, 실, 본부 등으로 대부분 구분된다. 하지만 어떤 부서 명칭과 관리자 직함을 갖던 기본의 관리기능과 역할은 동일하다. 가장 이상적인 관리 위계는 세 단계로 구분하는 것이다. 즉 최고경영층, 중간관리자층, 초급관리자층이다.

문화예술 공간 조직의 부서별 인력을 효율적으로 관리하는 데 가장 중요한 계층은 초급관리자층이다. 이들은 부서의 실무인력을 주로 운영하고 통제하는 기능을 갖는 관리감독의 최 일선에 위치하고 있기 때문이다. 관리계층에서 비 관리자를 직접 상대하는 유일한 입장에 있는 것이다.

반면에 최고경영자는 문화예술 공간의 방침mission을 결정하고 목표를 설정한 후 장기적인 계획의 틀에서 조직의 전반적인 경영을 관장한다. 여기에 중간관리자층은 최고경영자의 목표를 달성하기 위해 구체적인 시행방안을 수립하며 최고경영자의 비전을 향해 참모로서 보필을 하게 된다.

중간관리자는 최고경영자의 경영방침에 적극적으로 동참을 하게 되며, 또 이를 초급관리자를 통해 부서인력들에게 인식시키는 중요한 기능을 수행하여야 한다. 그러나 조직의 목표를 달성하기 위한 세부적인 절차나 방향에서 실무자나 초급관리자와 입장이 다를 경우 이를 중간 위치의 관리 매개자로서 조정하는 기능을 하는 것이 중요하다.

문화예술 공간 조직에서 중간관리자는 가장 어려운 자리이다. 그 역량에 따라 주어진 위상과 권한을 유지할 수도 있으며, 그렇지 않을 경우 조직의 핵심 기능에서 도외시될 수도 있다.

중간관리자가 주어진 기능과 역할을 충분하게 수행하지 못하면 최고경영자가 초급관리자를 직접 상대하는 경우가 있을 수도 있다. 그런 만큼 문화예술 공간의 인력관리와 관리자 육성은 그 조직을 발전시켜 나가는데 가장 중요한 요소가 된다.

한편 가장 효율적인 문화예술 공간의 관리자 위계 설정을 위해 서양의 관리자 개념을 벤치마킹하는 것이 유익하다. 왜냐하면 우리나라 문화예술 공간이 관변 조직문화의 구도를 갖고 있기 때문에 관리위계나 이른바 결재라인이 지나치게 다단계로 복잡성을 띠고 있는 경우가 많기 때문이다.

서양식 조직 구도는 실무자를 관리 감독하는 역할의 초급관리자를 슈퍼바이저Supervisor로, 경영층을 보좌하는 중간관리자를 부경영자Vice President 개념의 부서장으로 단일화시키고 있다. 전통적으로 경영의 기본은 각 분야의 성과를 극대화시키기 위해 조직을 좀 더 관리가 수월하도록 작은 단위로 효율적으로 세분화시키는 것이다.

이것을 우리는 '부서'라고 하는데 이러한 부서는 하나의 작은 경영체로서 이 부서들 노력의 총체적인 결집이 조직의 성과가 된다. 그렇기 때문에 부서장의 위상을 준 경영자의 개념으로 보는 것이다. 그래서 효율성을 중시하는 외국의 직제를 문화예술 공간이 도입하는 것도 바람직하다고 할 수 있다.

이런 조직관리 개념에서 부서 인력을 운영하고 평가하는 실질적인 권한을 행사하는 직급은 최 일선 인력을 관장하는 슈퍼바이저이다. 그 대신 부서장은 영어의 직함에서 나타나듯 최고경영층의 위상을 갖는 그야말로 준 경영책임자인 셈이다.

이렇게 보면 초급관리자층과 중간관리자층의 기능, 역할, 위상이 보다 명확하게 정리될 수 있을 것이다.

전문가 네트워킹에 공들여라

문화예술 전문가들의 네트워크 구축networking은 가장 중요한 요소 중 하나이다. 특히 요즘 시대처럼 직업의 보장이 없고, 기업의 구조조정이 보편화 되어 있는 때는 말이다. 여기에 개인적인 창업이 성행하는 변화무쌍한 사회 환경을 이겨나가기 위해서는 보편적으로 전문적·사회적 네트워크를 강화하는 것이 중요하다.

이것은 바로 경쟁력이 될 수 있기 때문이다. 당연히 문화예술 분야에 종사하는 전문가들의 네트워크는 전문가 자신의 가치를 널리 홍보하는 효과가 있다. 반대로 문화예술계 측에서는 유능한 인적 자원을 발굴하거나 사업적 정보를 얻는 중요한 수단이 될 수 있다.

잘 구축된 네트워크는 일반적인 광고보다 무려 12배나 더 큰 효과를 낸다. 전문가의 네트워크 구축이란 "누구를 아느냐?"라는 측면에서는 '사회적인 자본social capital’을 축적하는 길이다.

반면 “무엇을 아느냐?”라는 측면으로 보면 ‘인간적인 자본human capital’을 얻는 것이다. 다시 말해 사회적 자본은 휴먼 네트워크를 구축하는 것이고 인적 자본은 개인적인 능력의 계발이라고 할 수 있다. 이 두 가지 자본의 축적과 적절한 활용은 정보화, 지식화된 현대 사회에서 성공의 관건이 된다.

사람이 유기적이며 다원적으로 연결된 휴먼 네트워크를 사회적인 자원으로 잘 관리하면 이는 조직생활을 역동적으로 할 수 있는 토대가 된다. 이런 연계된 자원은 사람들 간에 서로 시너지를 만들어내게 되어 있다. 그래시 문화예술 전문인력들에게는 개인이 갖추어야 할 자질로 이성지능IQ이나, 감성지능EQ과 함께 폭 넓은 휴먼 네트워크를 구축하고 유지하는 능력인 관계지능NQ이 중요하다.

사피로Carl Shapiro와 바리안Hal R. Varian은 네트워크의 중요성을 두고 다음과 같이 말하기도 하였다.

구경제와 신경제 사회에는 중요한 차이점이 있다. 구 산업경제 시대에는 ‘규모의 경제’가 이끌어 왔다. 반면에 신지식경제 시대에는 ‘네트워크의 경제’가 주도하고 있다.

오늘날과 같은 전문화 사회는 서로 복잡한 연결고리 속에서 작동한다. 컴퓨터 망처럼 개인, 조직, 사업을 막론하고 서로 연결되지 않고 독자적으로 존립할 수는 없다.

이 모든 것들은 변환의 속도가 빠른 경제그물economic web 속에서 서로 방대하게 연계되어 있다. 그래서 하나의 네트워크는 보다 큰 경제체계의 구성 요소가 되어 서로 영향을 미치게 된다. 또 그 영향을 받아가며 서로 발전하게 되어 있다. 네트워크 경제 시대에서 더 이상 전문가나 그들이 펼치는 사업이 단독적으로 영위될 수는 없다.

그래서 경영이론가들은 1980년대 후반에서 1990년대 초에 이르면서 네트워크, 즉 관계 유지가 탁월한 경영자로 하여금 더욱 더 성과를 낼 수 있게 한다는 사실을 연구를 통해 밝혀내기 시작했다. 심지어 존 코터^{John Kotter}는 유능한 경영자는 자기 시간의 80퍼센트 이상을 네트워크 구축과 관리에 쏟아 붓는다는 것을 발견하였다. 뿐만 아니라 문화예술조직의 경영자에게 작게는 조직 내에서 직원들과 대화를 나누며 그들과의 관계를 잘 유지하려는 네트워크 마인드가 얼마나 중요한가를 보여주기도 하였다.

문화예술 공간은 물론 어떤 조직이든 뛰어난 개인의 역량 하나가 중요한 것이 아니다. 앞서 말한 인간적인 자본과 사회적인 자본이 유기적으로 합쳐질 때 조직의 생산성이 높아지고 발전적으로 변화하는 조직체가 된다.

인간적인 자본과 사회적인 자본이 모두 문화예술조직의 생산성 향상에 긍정적인 영향을 미치고 있다. 그중에서도 사회적 자본이 더욱 큰 영향력을 발휘한다.

공연예술 기획이 프로젝트라는 특성을 생각하면 보다 광범위한 개인적 네트워크를 갖고 있는 전문가들이 더욱 생산성과 사업의 성공률이 높다. 왜냐하면 그들은 주어진 과업을 더 잘 조정할 수 있고 사업의 목표를 달성하는데 필요한 지식을 더욱 쉽게 취득할 수 있기 때문이다.

문화예술조직 내부의 네트워크도 마찬가지다. 축구를 예로 들어 보자. 경기장에서 축구선수들끼리 서로 호흡을 잘 맞춰 교감을 해가며 뛰는 팀이 선수 개별적으로는 기량이 뛰어나나 운동장에서 서로 뜻이 맞지 않는 팀을 물리칠 수 있는 논리와 똑같다.

결국 문화예술조직의 역량은 개인적인 전문성과 다양한 네트워크로 연결된 출처에서 직·간접으로 얻어지는 지식이나 정보 그리고 환류되는 의견들이 바탕을 이루게 된다.

이것을 인력관리의 전문가인 반초 키로프스키Vancho Cirovski는 아인슈타인의 유명한 공식을 빌려 다음과 같이 정리했다.

$$E = MC2$$

ㅇ M(Mastery)

– 전문가의 개별적 능력과 노하우인간적 자본

ㅇ C(Connections)

– 네트워크로 연결된 외부환경사회적 자본

ㅇ C(Communication)

– 외부환경과 소통하고 교류하는 채널

ㅇ E(Effectiveness)

– 조직의 총체 역량과 효율적 생산성

문화예술 전문인력들의 네트워크는 바로 지식이 교류knowledge flow되고 정보가 공유된다는 데 의의가 있다.

전문가들은 흔히 폐쇄성과 개인주의에 갇힐 수가 있다. 그렇지만 진정한 경쟁력을 갖기 위해서는 날이 다르게 변하고 새로워지는 지식으로 서로 촘촘하게 연결되어 있는 첨단 환경을 잘 관리해야 한다.

문화예술 전문인력들에게 있어 지식은 개별적으로 존재하고 있을 때보다 네트워크로 연결이 될 때 한층 시너지 효과를 내는 것이다.

조직의 '정치적 갈등'을 해소하라

주관적인 생각을 갖고 있는 인간들이 공동의 목표나 목적을 위해 모여 만들어진 사회적 조직은 내면적으로 갈등이나 이해관계의 상충이 존재하게 마련이다. 이러한 부정적 요소들을 잘 관리하여 오히려 조직의 활력소로 만들어 가는 것이 경영이다.

인간이 살아가는 사회적 역학이란 생태적으로나 정치적으로나 동일한 것이다. 사람이 24시간 내내 먹지도 않고 자지도 않고 일만 할 수는 없다. 기계라면 가능하나 사람은 생명체이지 기계가 아니다.

생명체인 인간이 모여 이룬 집단이 정치적이게 되는 것office politics은 당연한 이치다. 예를 들어 사람은 아무리 공정하려 해도 자기가 알거나 좋아하거나 신뢰를 하는 사람에게 호감을 갖게 마련이다. 그래서 모든 사람, 특히 조직인은 두 가지 속성을 갖게 되어 있다. 하나는 사람을 사무적으로 보려는 자세와 또 하나는 사람을 인간의 본능적 자세로 보는 것이다.

한 조직의 다양한 분야나 부서별, 또는 조직원 개개인 사이의 갈등은 건전하고 생산적일 수 있다. 모든 조직이란 기본적으로 정치적인 성격을 띠고 있기 때문이다. 한 조직을 '갈등이 하나도 없는 행복한 가족'처럼 만들어 보겠다는 것은 사실 이론상으로는 가능하지만 현실적으로는 쉽지 않으며 조직을 운영하는 데 있어 바람직하지도 않다.

일정한 수준의 정치적 갈등을 유지시켜야 조직의 긴장감이 있고 역동성이 있을 수 있다. 아마 조직에서 정치적 갈등을 제거하려면 다양성과 전문성을 배제하고 조직을 단일화하고 획일화시키면 될 것이다.

그러나 전문화는 조직의 효율성과 생산성을 위해 필요하며 다양성과 갈등은 창의성과 혁신적인 자세를 이끌어내는 데 필수적이다. 그렇기 때문에 조직에서 정치적 갈등이라는 요소와 다양성과 전문성이라는 요소를 어떻게 잘 조화시켜 나가느냐가 매우 중요하다. 그래서 유능한 관리자는 이러한 조직의 정치성을 갈등의 요인으로 방치해 두지 않고 창의적인 윈-윈의 해법으로 승화시킨다.

어느 조직보다도 항상 창의성과 새로운 것을 모색하는 혁신적 자세를 필요로 하는 문화예술조직은 더더욱 정치적 갈등이 상존하게 마련이다. 특히 고도의 전문성이 요구되다 보니 업무 영역 간의 갈등turf battle 또한 심하다. 이러한 문화예술조직의 구조적 특성이 있음에도 불구하고 이를 슬기롭게 관리할 수 있는 경영체계가 도입되어 있지 않기 때문에 우리나라의 문화예술조직에서는 많은 문제점을 드러나고 있다.

문화예술조직은 경영자로부터 실무자에 이르기까지 예술의 전문성을 지나치게 강조하다 보니 겉으로는 화려해 보이면서도 내부적으로는 갈등과 반목이 내재하고 있는 경우가 비일비재하다. 그래서 문화예술조직의 과도한 전문화 중시 풍토는 오히려 전문인력의 사기저하, 조직 내의 불화, 업무 집중도와 열성 미흡, 생산성 저조, 나아가 잦은 이직현상이 나타나는 역기능을 초래할 수 있다.

문화예술조직은 정치적인 색깔을 띠는 상황이 조직의 생산성과 구성원들의 사기에 미치는 영향을 최소화 시켜야 한다. 조직이 정치적인 방향으로 흐르게 되면 조직의 활력을 저해하는 증상 즉 비난, 불평, 비교, 경쟁, 논쟁이 나타나게 된다.

이런 환경에 처한 사람들은 자기 내면의 조화를 이루지 못해 외부로부터 자신의 안정을 구하려고 한다. 조직에서 이런 사람들은 다른 사람에게, 때로는 전체 조직문화로까지 그런 부정적인 요소들을 확산시킨다. 그러면 조직은 양극화되고 분열되어 고객들에게 고품질 서비스를 지속적으로 제공할 수가 없다.

　여기에서 경쟁에 관한 한 대인관계, 가족, 팀, 문화 속에서 자신만의 가치를 인정받기 위한 경쟁은 해롭지만, 운동 경기와 시장에서의 경쟁은 아주 유익할 수 있다. 경쟁은 사람과 조직으로 하여금 최고의 능력을 발휘하게 하기 때문이다.

　조직의 정치성을 관리하기 위해서는 경영자의 입장이 아닌 구성원들의 관점에서 상황을 살펴보도록 해야 한다. 문화예술조직의 경영자를 포함한 상위 관리층은 일선 구성원들 세계에서 벌어지는 알력과 불화를 제대로 파악할 수가 없다. 상사를 둘러싸고 구성원들 간의 보이지 않는 충성경쟁, 시기, 오해, 불만은 파벌을 조성하게 되거나 조직에 대한 충실도를 저하시킨다.

　조직의 정치적 갈등을 최소화하기 위해서는 개방적인 의사소통의 풍토와 상호 신뢰 분위기를 조성하는 것이 필요하다.

The Creative You

—

리더십은 집단 활동에 관계하는 모든 구성원이
가능한 한 최대의 만족감을 가지고
효과적인 목표 달성을 위해 행동하도록 하는 작용이다.
한마디로 조직행동과 인간관계의 영역 속에서 가장 중요하다.

—

04

문화예술의
선진형 경영 리더십

리더십 커뮤니케이션의
'라포르'

과연 예술경영의 스페셜리스트는?

기본적으로 사람들은 '경영management'이라고 하면 으레 '기업경영 business management'을 떠올린다. 경영이 처음으로 지금과 같은 형태를 갖추게 된 것은 대규모 기업 조직에서였다.

경영이 모든 현대적 조직에 필요한 것은 분명하다. 어떻게 보면 경영은 기업이 아닌 다른 조직, 즉 비영리기관NPO이나 비정부조직NGO 또는 정부기관에 더욱 필요하다.

경영이 기업에만 국한된 것이 아니라는 사실을 처음으로 인식하기 시작한 것은 미국이다. 하지만 지금은 거의 모든 선진국에서 이를 받아들이고 있다. 오늘날 우리는 조직의 구체적인 사명이 무엇이든 간에 상관없이 경영이 모든 조직의 고유한 기능이라는 것을 인식하고 있다.

당연히 손익계산에 대한 개념이 뚜렷하지 않은 비영리기관의 성격이 짙은 문화예술 공간이 경영이 되어야 하는 것은 당연하다. 그럼에도 불구하고 최근까지 우리나라에서는 중앙정부나 지방자치단체의 비전문가 관료들에 의해 운영되어 왔었다. 오히려 문화예술 공간의 경영이라는 말이 어색하게 느껴질 정도였다.

이러한 관행에서 탈피하게 되는 분위기가 조성되기 시작한 것은 1990년대 후반 IMF 외환 위기의 시기로 거슬러 올라간다. 정부조직의 효율성이 중시되면서 예산의 절감을 위해 공공 부문에서도 구조조정의 필요성이 대두되었다.

그래서 시민들에게 공공 서비스를 제공하는 다양한 사업 분야가 민영화되기 시작했다. 문화예술 분야에서는 2000년대 들어 문화예술 공간들이 전국적으로 건립되면서 이들 시설들의 효율적 운영을 위한 경영의 개념이 도입되기 시작하였다.

이러한 추세 속에서 우리나라의 문화예술 공간이 민간의 전문가에 의해 운영되어온 역사는 그렇게 길지 않다. 대부분 중앙정부나 지방자치단체의 공공재원을 지원받아 운영되어 왔던 문화예술 공간의 운영책임자로 행정 관료가 전직 보임되거나 아니면 공무원들이 파견되어 관장을 맡아왔다.

이런 환경에서 민간 전문가늘은 계약직이라는 신분으로 문화예술 공간에 들어와 각 분야에서 일을 해 왔지만 기계적인 관료조직의 풍토에서 전문성을 제대로 발휘할 수가 없었다. 우리나라에서 민간 전문가가 중심이 되어 운영되어온 문화예술 공간은 서울 예술의전당이 효시라고 할 수 있다.

그러다 2000년대에 들어 많은 지방자치단체에서 문화예술 공간을 건립하면서 민간 분야 예술전문성의 중요성이 부각되었다. 그러면서 문화예술 공간은 관료사회 통제의 틀을 탈피해 민간 전문가에게 운영을 맡겨야 한다는 사회 분위기가 조성되었다.

그 후 문화예술 공간이 중앙정부나 지방자치단체의 예속에서 벗어나 독립법인이나 책임경영, 또는 민간위탁과 같은 다양한 형태의 운영방식을 택하게 되었다. 예술경영의 분야에서 민간의 전문성이 중요하다는 인식이 확산되기 시작한 것도 바로 이즈음부터다.

이것은 문화예술 공간의 건립과 같이 극장시설의 하드웨어에 투입되는 재원이나 일정한 운영예산은 민간 부문에서 감당할 수 없기 때문에 공공 분야에서 관할해야 한다는 명분을 얻었다.

그러나 운영만은 자율성을 위해 민간 전문가에게 일임하는 보충성의 원칙과 팔길이 원칙의 엄정한 적용을 받게 되었다. 문화예술 공간 운영이 민간 전문가의 영역으로는 넘어왔지만 문화예술 공간 조직을 경영해야 하는 선진형 매니지먼트 체계는 미흡하였다.

단지 예술 분야에서의 활동이나 사회적 명성을 감안하여 경영자가 내정되었던 여러 사례들은 문화예술 공간이 필요로 하는 창의적인 조직경영을 이루어내지 못했다. 곧 전문 예술경영기술인arts technocrat으로서의 역할을 충분히 소화해 내지 못한 것이다. 이는 다른 일반조직과 달리 창의적인 예술 조직을 경영해야 하는 어려움도 있겠지만 예술성·공공성·경영성이라는 세 가지 목표를 균형감각으로 달성해야 하는 고도의 기량을 필요로 했기 때문이다.

뿐만 아니라 우리나라 문화예술 공간 역사에 비추어 볼 때 '경영과 예술'을 동시에 이해하고 실전을 쌓은 고급인력이 축적되지 않은 데에도 연유한다.

비교적으로 단기간에 조성된 문화예술 공간의 건립 붐은 예술경영자뿐만 아니라 일선 전문가의 수요를 증폭시켰으나 공급이 이를 따라가지 못했다.

그렇기에 이제는 예술 분야에서도 전문성의 세분화가 이루어져야 한다. 예술의 장르가 다 다르듯 예술 부문에서의 공연예술 기획이나 운영관리, 축제조직 등도 대국적으로는 문화예술의 활동에 속하지만 모든 분야마다 그 방향성과 목적과 목표가 다른 만큼 전문성의 구분도 세분화되어야 할 필요가 있다.

분명히 지금까지는 문화예술 공간의 운영에 대해 문화예술 분야에만 있었으면 모든 것을 할 수 있다는 제너럴리스트generalist적 관점의 막연한 생각에 젖어 있었다. 그러나 앞으로는 예술경영 스페셜리스트specialist의 중요성을 인식해야 한다.

문화나 지식이 키워드가 되고 있는 신경제 사회에서 문화예술 공간의 사회적 사명과 지역사회에서의 역할을 생각할 때 그 운영에는 진정한 의미에서 고도의 전문성을 필요하다.

리더십 매니지먼트로 승부해야

문화예술 공간의 매니지민트는 계획, 구성, 운영, 통세와 같은 기능을 통해 문화예술 공간의 목표를 설정하고 이를 달성해 가는 과정을 의미한다.

이 중에서 계획이나 구성이나 통제는 행정적인 측면의 일을 다루는 기능이 강하며 운영은 바로 조직을 구성하는 인적자원을 관리하고 이끌어가는 성격이 짙다. 조직에서 일은 사람이 하는 것이지 아무리 첨단기술이 발달하였다 해도 기계가 하는 것이 아니다. 그 기계를 운영하는 것도 바로 사람이기 때문이다. 장비나 기술이 최고의 첨단 기능을 갖추고 있다 하더라도 그것을 다루는 사람의 기량이나 태도나 자질에 따라 그 효용성과 효과성이 달라지는 것이다.

문화예술 공간의 경영관리자CXO는 바로 이 인적자원을 잘 이끌어가는 것이 주요 임무이다. 이들은 조직의 목표를 성취하기 위해 인적 자원의 활동을 관리하고 방향을 제시해 주는 막중한 책임과 권한을 동시에 갖고 있다. 그래서 문화예술 공간뿐만 아니라 모든 조직에서 경영관리자의 역할이 중요하다고 하는 것이다. 조직에서 어떻게 사람을 다루고 이끌어 가느냐에 따라 조직의 생산성과 성장의 정도가 정해진다. 이것을 한마디로 '리더십 leadership'이라고 한다.

우리가 전래적으로 알고 있는 관리 개념과 리더십은 엄연히 다르다. 관리는 조직의 목표를 실행하며 다양한 조직 기능을 맞추어가는 '기술skill'이라고 할 수 있다. 그렇지만 리더십은 조직을 구성하는 인적자원을 변화시키고, 의욕을 고취하고, 동기를 부여하고, 영향을 주는 '예술art'이다.

관리와 리더십의 차이는 간단하다. 조직의 구성원들이 마지못해 해야하기 때문에 일을 하는 것이냐, 아니면 스스로 좋아서 조직의 리더라 할 수 있는 경영관리자를 따르고 자발적으로 일을 하느냐 하는 것이다.

우리가 흔히 비유로 드는 "말을 물가로까지 끌고 갈 수는 있지만 말이 물을 먹지 않으면 방법이 없다."라는 예화는 리더십의 진수를 잘 보여주고 있다. 말을 물가로까지 끌고 가는 것은 리더십 없이도 조직의 권한으로 할 수 있다. 그러나 말이 물을 먹게까지 하는 것은 조직의 권한으로는 한계가 있다. 이것은 리더십이 있을 때만이 가능한 것이다.

그래서 리더는 경영관리자가 될 수 있지만 경영관리자가 반드시 리더가 되는 것은 아니다. 여기에서 리더란 조직의 관리와 경영 능력을 기본적으로 갖추고 있으면서 리더십 자질을 부가적으로 갖춘 사람을 의미한다.

그렇지 않을 경우 경영관리자는 리더가 아니라 조직의 '관리인'에 불과할 뿐이다. 그래서 경쟁이 치열한 현대의 기업 환경이나 예술의 창작이 주요 활동이 되는 문화예술 공간의 경영관리자는 '관리 기법how to manage'과 함께 '지도 기법how to lead'도 터득해야만 한다.

관리와 지도의 기량을 갖추지 않고는 오늘날의 조직은 도태의 위협에 직면할 수밖에 없다. 조직에서 리더는 인위적으로 만들려고 한다 해서 나오는 것이 아니라 자연스럽게 여러 가지 요소들이 조직 내에서 버무려져서 완성되는 하나의 작품과 같다. 경영관리자가 리더십을 발휘하는 조직은 그 자체가 성공이 보장된 것이나 다름없다. 당연히 문화예술 공간 조직에서야 더 말할 나위가 없다.

전문인력은 리더십파워가 핵심

리더십이란 무엇일까? 이러한 질문에 대해서는 다양한 정의가 있을 수 있다. 매년 수없이 많은 리더십을 다룬 경영이론서들이 쏟아져 나온다. 아주 포괄적인 개념의 정의에서부터 실용적인 정리에 이르기까지 리더십이란 의미의 영역이 넓은 만큼 답변의 폭도 크다. 여기에서는 보다 실용적인 관점에서 리더십을 정의해 보도록 한다.

리더십은 이끌어가는 리더와 함께 힘을 모으는 협력자 사이에 상호 영향을 주면서 공통의 목적을 바탕으로 성립된 역동적인 관계이다. 이러한

틀 속에서 서로가 스스로 더 높은 단계의 동기부여와 정신적 활력을 얻게
되어 실제적으로나 잠재적으로 발전적 변화를 이끌어내도록 영향을 주는
자질이다.

위의 정의에서 중심이 되는 키워드는 '관계', '상호', '협력자'이다. 여기
에서 관계는 '사람과 사람 사이의 연계를 갖는' 의미가 있으며, 상호는 '가치
를 공유한다'는 뜻이며, 협력자는 '함께 일을 한다'는 상징이다.

이러한 중심 단어를 가지고 리더십을 함축적으로 요약해 보면 '중요한
공동의 목표를 달성하기 위해 함께 일하는 협력자들과 리더가 서로 영향
을 주고받는 관계'라고 할 수가 있다.

여기에서 '영향력을 발휘하는 것influencing'의 의미를 되새겨 볼 필요가
있다. 리더십이란 변화를 통해 조직의 목표를 달성하게 위해 경영관리자
와 구성원들이 서로 영향을 미치는 과정이라는 뜻이다. 한마디로 영향을
준다는 것은 조직의 목적을 이루기 위해 다른 사람들의 태도나 행위를 움직
이게 하는 과정이다.

한편 존 셔머혼John R. Schermerhorn은 리더십의 본질을 간략하게 "경영
관리자가 다른 사람들의 행위에 영향을 주는 파워를 행사하는 것이다."라
고 했다.

흔히 권한을 뜻하는 파워는 종종 부정적인 뉘앙스를 갖기도 하지만 조
직 환경에서 파워를 갖지 않고는 조직을 거느릴 수가 없다. 그러나 문화예
술 공간 조직에서의 파워는 다르다.

예술을 창작하는 기본 기능을 수행하면서 관계를 맺는 다양한 협력자
들이 인정하는 한도 내에서 행사되는 것이다. 공공의 시설인 문화예술 공
간이 갖는 특성 때문에 경영관리자는 관리적인 기량을 갖춘 데에다 리더

십 능력을 동시에 구비해야만 한다.

우리나라 문화예술 공간 경영에서는 많은 경영관리자들이 넓은 의미로 단순히 예술 분야에 있으면서 명성을 얻었다는 이유로 보이는 사례가 있었기 때문에 관리적 경험이나 리더십이 충분하지 않아 소기의 성과를 거두지 못한 경우가 많았다.

그럼 여기에서 리더십의 근원이 되는 파워의 요소들을 살펴보도록 하자. 문화예술 공간의 경영관리자가 가질 수 있는 파워에는 두 가지 종류가 있다. 하나는 업무와 관련되어 갖게 되는 권한과 또 하나는 개인의 자질과 능력과 연결되는 권한이다.

▶조직인이 갖는 '지위파워'

기본적으로 지위파워는 조직의 최고경영자로부터 나오나 권한 위임을 통해 위계별로 분산된다. 문화예술 공간 조직의 위계상 가질 수 있는 업무적 권한은 이에 해당된다. 그래서 문화예술 공간 조직의 직급이나 직위, 또는 관장하는 업무 성격에 따라 일정한 권한을 보유하게 된다. 이러한 지위파워 때문에 조직의 편성이나 조직표가 중요하게 여겨지는 것이다.

또 문화예술 공간 조직이 직무 만족도와 조직 충실도를 높이며 자율적으로 운영되는 팀제self-managed team를 도입한다 해도 조직의 위계질서를 위해 개인별로, 또는 부서별로 파워의 한계를 명확하게 성립시켜 두는 것이 필요하다. 지위파워에는 다음 세 가지 요소가 있다.

○ 보상파워 : 지위에 따라 구성원들에게 부여할 수 있는 승진 및 승급 건의, 표창 상신, 인사평가, 특별 과업 부여Reward Power 등이 해당된다.

○ 강제파워 : 구성원을 징계하거나 제어의 수단으로 긍정적인 결과가 예상되는 업무 부과를 보류하거나 업무 일정 조정을 통해 구성원을 통제Coercive Power하는 것이다.

○ 위계파워 : 조직 위계상의 합법적인 권한을 행사하여 구성원을 관장하는 것이다. 어떤 이유든 '상사가 시키면 해야 하는' 파워Legitimate Power를 의미한다.

▶자연인이 갖는 '개인파워'

개인이 조직에서 위치해 있는 지위에 따른 권한과 함께 자신만이 갖추고 있는 개별적인 자질이나 능력 그리고 특성이 발휘하는 파워이다.

이 파워는 최고경영자를 포함해 관리자와 함께 구성원들도 가질 수 있는 권한이다. 직급이나 직위에 상관없이 이러한 개인파워에 따라 개인의 경쟁력이나 역량이 평가될 수 있다. 하지만 이러한 개인파워를 기초로 지위파워를 지나치게 행사하게 되면 문화예술 공간 조직 내·외에서 갈등과 불화를 야기할 수도 있다.

개인파워와 지위파워를 균형 있게 잘 관리하여야 리더십을 갖춘 훌륭한 경영관리자가 될 수 있다. 개인파워는 세 가지로 다시 구분해 볼 수 있다.

○ 전문파워 : 문화예술 분야에 대한 전문 지식뿐만 아니라 현장의 경험 축적과 네트워크 구축을 통해 생기게 되는 '지혜savvy'의 기반에서 발휘되는 권한Expert Power이다. 문화예술 공간 조직은 스페셜리스트 집단이기 때문에 예술 분야의 감성이나 감각, 기량과 전문 지식이 반드

시 필요하다. 만약 문화예술 공간의 경영관리자가 전문가가 아니고 실무 구성원이 전문성을 갖추었다면 전문파워는 오히려 실무자가 갖고 있게 된다.

○ 관계파워 : 조직의 구성원들과 보다 개인적인 차원의 친분 관계 구도 속에서 형성되는 권한Referent Power이다. 특히 구성원들이 조직 내 '힘' 있는 사람과 개인적으로 유대를 가지려고 하는 인간의 본능적인 욕구 때문에 생성되는 비공식적인 파워이다.
관계파워는 인간적인 교분을 통해 형성되기 때문에 주위에 큰 거부감을 주지 않는다. 반면 조직 내 정치역학 구도로 보아 영향력 있는 사람과 연결고리를 만들어 얻게 될 수 있는 권한을 '친분파워 Connection Power'로 구분하기도 한다.

○ 정보파워 : 현대 사회는 정보화 시대다. 누가 먼저 필요한 정보를 수집하느냐가 경쟁에서 승리하는 관건이 되고 있다.
전반적으로 문화예술계의 동향이나 인적 이동 현황 그리고 구체적으로 문화예술 공간이나 공연예술 분야에 대한 자료나 정보를 확보하여 유효적절하게 활용Information Power할 수 있다. 뿐만 아니라 문화예술 공간의 내부 동정을 먼저 파악하고 있는 것도 파워를 갖게 하는 요소가 된다.

위의 여섯 가지 파워 요소들은 리더십을 갖는 경영관리자들이 발휘할 수 있는 권한들이다. 여섯 가지 모든 요소를 다 행사할 수 있는 경영관리자라면 완벽하겠지만 위치와 여건에 맞추어 파워 요소들을 조화롭게 사용하는 것이 좋다.

특히 문화예술 공간 조직에서는 주어진 목표와 목적 달성을 위해 업무의 성격이 각기 다른 다양한 그룹의 구성원들이 종사하고 있기 때문에 환경에 맞추어 리더십파워를 적절히 구사하는 것이 필요하다.

어쨌든 문화예술 공간 조직이 추구하는 과업의 산출 생산성을 극대화하기 위해서는 리더십파워를 효과적으로 사용하는 것이 매우 중요하다.

문화예술 전문가의 바람직한 자질

하버드대 케네디스쿨의 학장인 요셉 나이Joseph S. Jr. Nye 박사는『이끌수밖에 없는 미국Bound to Lead』이라는 저서에서 '소프트파워'라는 용어를 처음으로 사용하였다. 소프트파워란 좋은 이미지, 문화적 매력, 이념적 가치 등 무형의 힘을 뜻한다.

군사력이나 경제력과 같은 하드파워의 대비되는 개념이다. 나이 박사는 '소프트파워란 강제나 보상보다는 사람 마음을 끄는 힘으로 원하는 것을 얻는 능력'이라고 정의했다.

하드파워의 영향력은 점차 줄어드는 반면 소프트파워의 영향력은 점점 늘어나는 추세에 있다. 그래서 21세기는 문화나 가치와 같은 소프트파워가 세계를 지배할 것이라고 내다봤다.

소프트파워는 물리적 요소가 아닌 감성과 창조적 이미지에 의해 계발되고 표현된다. 결국 사람에 의해서 좌우되는 개념이다. 사람이야말로 소프트파워의 핵심이며, 앞으로 사회는 장기적인 관점에서 고객의 정신과 마음을 사로잡는 소프트파워 기업이 승자가 될 것이다.

그렇다면 문화예술 공간의 조직은 어떠한가? 우리는 지금까지 문화예술 공간을 하드파워적인 관점에서 보아왔다. 극장의 시설이나 예산의 규모 그리고 프로그램의 위상 등 외형으로 나타나는 물리적인 요소를 통해 문화예술 공간을 평가하는 경향이 있었다.

그러나 중요한 것은 문화예술 공간 조직은 다른 일반 기업과는 달리 감성과 창조적 이미지가 중시되고, 전문인력으로 분류되는 사람이 매우 중요한 요소가 된다. 말하자면 문화예술 공간은 소프트파워의 결정체라고 해도 과언이 아니다.

이러한 소프트파워적인 환경에서의 조직은 이제 문화적 이미지와 사람을 이끌어 가는 방법, 즉 리더십에 의해 우열이 가려지게 된다. 이런 관점에서 문화예술 공간의 경영관리자는 예술가, 기획자, 문화행정가의 능력을 두루 갖추는 것이 바람직하다. 문화예술 공간의 경영관리자에게는 모든 부문에서 이 세 가지 전문적 기량이 필요하다.

그러나 현실적으로 이 세 가지 역량을 모두 갖춘 완벽한 경영관리자를 찾아낸다는 것은 쉽지가 않다. 세 가지 자질을 고루 갖추지 않은 경우에는 자연스레 자신이 훈련되고 익숙해진 분야로 치우치는 편향성을 보이기 십상이다. 그렇다면 문화예술 공간의 경영관리자가 갖추어야 할 이상적인 자질은 무엇일까? 그것은 바로 리더십을 소유해야 한다는 것이다. 그 리더십을 네 가지로 구분해 보기로 한다.

○ 철학적 지도력 : 문화예술 공간의 경영관리자는 조직의 사명과 목표나 목적에 대한 명확한 인식과 관객이나 지역사회가 이해할 수 있게끔 전개할 수 있는 논리와 철학Thought Leadership을 갖춰야 한다. 문화예술 공간의 운영정책이나 프로그램 편성 시 주제나 방향에 있어 관

객 대중을 생각하지 않고 주관적인 관점에서 지나치게 학술적이나 현학적으로 전개하다 보면 소기의 성과가 미흡해질 우려가 있다.

○ 경영적 지도력 : 문화예술 공간의 경영관리자는 운영의 전 과정을 통해 처음부터 끝까지 한 부문도 소홀함이 없이 효율성과 생산성Results Leadership을 염두에 두어야 한다. 문화예술 공간은 공공재원을 지원받고 있기 때문에 중앙정부나 지방자치단체, 의회, 외부 전문평가를 받는다는 사실을 명심해야 한다.

그래서 문화예술 공간의 경영관리자는 무조건 팽창 예산을 편성하는 것보다는 시설운영과 예술사업에 소요되는 예산 규모의 적정성을 유지하는 것이 바람직하다.

그리고 문화예술 공간의 경영관리자는 예술사업비 투자에 대한 회수율을 항상 염두에 두어야 하며, 일반 경상사업비의 효율성과 효과성에 대해서도 명확한 인식을 가져야 한다. 그래서 경영적 지도력은 '기업가적 리더십Entrepreneurial Leadership'이라고도 한다.

○ 인적 지도력 : 문화예술 공간의 경영관리자는 무엇보다 조직 내부의 전문인력들과 커뮤니케이션이 원활People Leadership해야 한다. 또한 각 분야의 구성원들과 정서적 교감이 가능해야 하며, 비언어적 의사소통이나 직각直覺적 사고전달thought transference이 가능하도록 조직의 감성체계를 정착시켜야 한다.

특히 대부분의 경영자들은 업무 부과나 지시, 감독, 교육, 평가 등 하향소통에 익숙하다. 하지만 실무현안, 동료 간 팀워크, 진행상황 청취, 정책제안, 의사결정 참여 등 '상향소통communication upwards' 자세가 무엇보다 중요하다.

외부적으로는 문화예술 공간을 찾는 관객과 예술단체, 지역사회, 공무원, 지방자치의회 의원, 언론계 등 사회 구조의 모든 계층을 상대해야 하는 위치에 있다. 그런 만큼 각별한 대인 관리 역량이 필요하다. 특히 문화예술 공간의 경영관리자는 외국인과의 의사소통이 가능하거나 글로벌 시대에 부합한 국제 감각을 갖추는 것도 중요하다.

○ 자기 지도력 : 문화예술 공간의 경영관리자는 지역사회에서 문화예술의 중심체를 이끌고 있는 막중한 역할을 갖고 있다. 또 다양한 부류의 사람들과 교류를 해야 하기 때문에 스스로에 대한 이미지 관리와 공인으로서의 자기절제Self Leadership가 요구된다.

자기 관리는 조직생활에 있어 어떻게 보면 끊임없는 혁신이나 다름없다. 그것은 각자 개인에게, 특히 지식 근로자에게 이전의 판에 박힌 틀을 벗어나 새로운 어떤 것을 요구한다. 그것은 지금까지 우리 대부분이 당연한 것으로 간주해 온 사고방식과 행동양식을 거의 180도로 바꿀 것을 요구할 수 있다. 말하자면 '창조적인 루틴'을 필요로 한다. 이제는 자기 스스로를 통제하고 절제할 수 있는 사람만이 자신을 객관적으로 볼 수 있는 여유와 자신을 갖게 된다. 그래서 헨리 민츠버그Henry Mintzberg는 '훌륭한 경영관리자는 자기 스스로를 통찰할 수 있는 매니저introspective manager'라고 말하기도 하였다.

뿐만 아니라 문화예술 공간의 경영관리자는 전문성과 함께 지역사회로부터 인격과 품성에 대한 신뢰를 얻어야 한다. 특히 최고경영자의 이미지가 문화예술 공간의 경쟁력이나 이미지의 평가 요소가 된다.

리더십과 학습하는 조직문화의 상관성

문화예술 공간 조직에서의 리더십은 다른 어느 조직보다 더욱 필요한 덕목이다. 이러한 리더십은 때로는 경영관리자의 인간적 카리스마와 엄격하고 냉철한 조직 관리의 기법을 요구한다.

다시 말해 경영관리자의 리더십이란 조직을 관리하고 전문인력을 운영하는 데 있어 도식화되고 규범적인 경영절차를 존중해야 한다는 것이다. 그러면서도 때로는 조직의 룰을 벗어나 자유분방하고 편의주의적인 접근방법freewheeling opportunism을 택하는 유연한 자세가 필요하다.

예를 들어 한국소리문화의전당은 매년 초가 되면 전체 구성원들을 대상으로 1박2일 간의 '조직감수성강화ST워크숍'을 실시한다. 워크숍 장소도 딱딱한 순수 교육용 시설이 아니라 구성원들이 마음의 여유를 가지면서 정신적 긴장감을 풀어놓을 수 있도록 격조 있는 분위기의 리조트 시설을 이용한다.

흔히 워크숍 하면 외부 강사들의 특강과 교육 및 훈련 그리고 분임조QC 토의 및 발표와 같은 규격화된 프로그램으로 진행되게 마련이다. 그런데 한국소리문화의전당 최고경영자의 매년 초 워크숍 콘셉트는 단순하다. '일상으로부터의 일신一新', 바로 그것이다.

연초 조직의 목표를 위해 구성원 각자가 해야 할 일을 점검해 보고, 또 각 개인이 새해의 생활설계를 하는 시간을 갖는 소중한 기회로 삼는다. 교육이나 훈련은 최소화하고 분야별 성격이 뚜렷한 문화예술 공간의 속성상 구성원들 간에 일체감과 화합정신을 갖도록 하자는 취지다.

이러한 자유스런 스타일의 워크숍은 예술 창작의 산실이 되어야 한다. 특히 근무조건이나 형태가 다른 문화예술 공간 특유의 조직문화에서는 매우 유익하고 생산적인 기회가 될 수 있다.

이미 문화예술 공간의 일상 속에서 배우고 학습하는 조직문화learning culture를 언제나 강조하고 있는 한국소리문화의전당에서는 이런 워크숍을 통해 구성원들의 소속감과 단결심, 나아가 공동체 의식을 높여나가는 계기를 만들고 있으며 실제 이런 과정이 조직문화를 활성화시키는 데 크게 기여하고 있다.

이런 스타일의 워크숍을 개최하면서 경영자가 추구하는 것은 정격의 사무공간을 벗어나서 갖는 자유스럽고 격의 없는 환경에서의 허심탄회한 인간적 대화, 즉 커뮤니케이션이다.

오천 년 유대인의 지혜와 슬기가 담긴 『탈무드』에서는 '늘 배워라', '자주 질문하라', '폭넓은 지식을 가져라'라고 가르치고 있다.

문화예술조직의 리더가 되려면 이것은 필수적이다. 그것이 바로 창의성을 더욱 두텁게 해주는 지름길이기 때문이다. 이 과정을 통해 풍부한 연상력, 상상력, 창의력이 길러진다. 다양한 지식과 호기심은 서로가 작용하여 새로운 지혜를 만들어 내며 감성을 예민하게 하고, 그렇게 되면 '예술적 육감artistic gumption'을 날카롭게 할 것이다.

창의력의 기초가 되는 연상력이란 다양한 지식을 습득함으로써 그러한 개별 지식들이 인간정신의 90퍼센트를 차지하는 잠재의식 속에서 서로 결합하며 연합하여 시너지를 생성시켜 지력知力을 높이는 것이다.

이 지력이 새로운 착상을 떠올리고 궁극적으로 직관력을 강하게 만든다. 이렇게 되면 잠재의식 속에 저장된 지식의 조합으로 지혜가 떠오르게 된다. 한마디로 인간의 사고력은 연상하는 힘의 결실이다. 그것이 바로 창의성이 된다.

문화예술 리더십과 팔로워십의 관계

리더십의 대칭점에는 항상 팔로워십followership이 있다. 문화예술 공간
의 경영관리자가 있다면 그 상대에는 전문인력의 구성원들이 있다. 경영
관리자의 리더십 못지않게 구성원들의 팔로워십도 중요하다. 손바닥도 마
주쳐야 소리가 나듯 리더십과 팔로워십이 함께 보조를 맞추어야 조직이
성장하고 발전하게 되어있다.

이것을 가리켜 다니엘 골만Daniel Goleman은 '인간이 서로 교감하고 소통
함으로써 발생하는 공명현상'이라고 하였다. 훌륭한 리더는 그를 따르는
구성원들에게 공명을 일으키는 탁월한 능력의 소유자이다.

한편 문화예술 공간 조직의 리더십은 흔히 능동적이고 주도적일 수 있
지만 팔로워십은 수동적이고 피동적인 경향을 띄는 경우가 많다. 조직에
서 리더십이 어떻게 발휘되고 시현되느냐에 따라 팔로워십은 자연스럽게
조성된다. 강력한 리더십은 강력한 팔로워십을 낳는다. 능력 있는 리더로
서의 경영관리자는 그에 걸맞게 똑똑한 구성원을 육성하려고 한다. 그래야
만 그 구성원이 일정한 시기가 되면 조직에서 리더 역할을 할 수 있다. 언제
나 조직에서 경영관리자와 구성원 사이에는 역할이 승계되기 때문이다.

리더를 따르는 구성원은 여러 가지 유형이 있다. 가장 유능한 구성원이
라면 수동적이거나, 획일적이거나, 무비평적이거나, 부화뇌동적이거나,
독자적인 행동을 하는 그런 부류가 아니라 주도적이고, 유연성이 있고, 건
전한 비평을 하고 독자적인 판단력이 있으며, 협력적인 태도를 갖는 사람
이 해당된다. 그래서 조직의 리더십에 따라 팔로워십의 양상도 달라진다.

리더는 한마디로 권위의 존재이다. 그러나 그 권위의 가치는 리더 자신
에 의해서라기보다 팔로워십인 조직의 구성원들에 의해 인정이 될 때 정

립된다. 유능한 구성원은 스스로 조직의 목표와 비전을 향해 정렬을 하여 리더에게 비전과 목표를 달성할 수 있도록 도움을 청하게 된다.

조직의 성과 달성은 리더의 지도력과 함께 구성원들의 노력 여하에 달려 있다. 이렇게 해서 리더에게는 구성원이 힘을 실어주는 응원군이 되는 것이다.

우리가 흔히 "유능한 상사 밑에 유능한 부하 있다."고 말한다. 이것은 역으로 "유능한 부하 위에 유능한 상사가 있다."는 말로도 통한다.

문화예술 공간 조직의 리더가 되는 경영관리자와 구성원들은 명령과 복종의 관계가 아니라 상호 존중의 사이가 되어야 한다. 민츠버그는 리더십이 필요한 조직의 경영관리자가 구성원들 사이에서 수행해야 하는 역할을 세 가지로 요약했다.

- 사람 사이의 관계를 다루는 역할
- 정보를 공유하고 활용하는 역할
- 의사 결정을 하고 관리하는 역할

이러한 역할들을 제대로 수행하기 위해서 경영관리자는 다양한 기술을 갖추고 있어야 한다.

- 조직 내 외 경영관리자들과 관계를 유지한다.
- 상황에 부합한 협상기술을 가져야 한다.
- 구성원들에게 동기부여를 해야 한다.
- 갈등을 해소할 수 있어야 한다.
- 정보수집 네트워크를 구축해야 한다.

– 정보와 자료를 적재적소에 전파해야 한다.

– 신속하고 정확한 정책결정을 해야 한다.

– 자원을 균형 있게 효율적으로 분배해야 한다.

리더십과 팔로워십을 잘 나타내 주는 예로 흔히 철새인 기러기의 겨울 나기 이동에 대한 얘기가 있다. 원래 리더십은 인간 사회와 많은 종류의 동물들 세계에서도 존재하는 보편적인 현상이다. 그래서 리더십은 인류가 출현하기 이전부터 시작되었다.

철새의 세계만 보더라도 리더를 따르는 무리들은 리더의 역할을 인정하고 그에게 존엄을 보인다. 이것은 그들 나름의 세계에서도 일정한 위계를 지키며 리더와 팔로워의 본분을 지켜가고 있는 것이다.

기러기가 겨울을 나기 위해 남반구를 향해 먼 거리를 이동할 때는 전형적인 V자 대형을 이룬다. 그 이유는 함께 무리를 지어 날아가는 기러기들끼리 서로 대화를 원활하게 하며 앞 기러기의 날갯짓이 상승기류를 일으켜 뒤에 있는 기러기의 비행을 수월하게 하기 위해서이다.

그룹을 지어 날아가는 맨 앞에 선 리더 기러기는 방향을 잡고 전체 그룹의 보조를 유도하기 위해 상승기류 혜택을 얻는 뒤의 기러기들보다 더 많이 수고를 해야 한다. 그리고 중간 중간에 역할을 교대로 맡으며 그 먼 길의 여정을 잘 마무리하게 된다.

그리고 기러기 떼들이 날면서 우는 것은 선두에 있는 리더 기러기에게 "열심히 해라, 할 수 있다."라는 격려의 메시지를 주는 것이다.

기러기들은 먼 이동을 하면서 서로가 하나의 단위로 힘을 합치고 노력해야한다는 것을 본능으로 갖고 있는 것이다.

이러한 기러기 떼의 이동을 보면서 과학자들은 많은 교훈을 얻었다. 기러기가 그룹을 지어 비행하게 되면 혼자 날 때보다 71퍼센트나 더 효율적이라는 사실을 알았다. 그리고 공동의 목표를 설정하고 같은 방향으로 나아가며 팀워크와 팀스피리트를 발휘한다면 훨씬 생산적이게 된다는 점도 깨달았다.

더욱이 서로를 칭찬하고 격려하는 자세를 갖는다면 더욱 큰 효과를 낼 수도 있다. 기러기의 예화는 바로 인간이 조직생활을 하는 데 필요한 현명한 경영의 기법들을 가르쳐주고 있다.

▶리더십 커뮤니케이션은 필수

앞서 말한 경영관리자의 세 가지 역할을 이어주는 연결고리나 공통분모는 바로 커뮤니케이션이다. 즉 문화예술 공간 조직의 리더십과 팔로워십을 하나로 연결하는 작업이 커뮤니케이션이라고 할 수 있다.

문화예술 공간의 경영관리자는 커뮤니케이션을 통해 구성원들이 하는 일이 그들에게 긍정적인 가치와 성취감이라는 '의미'를 가져다주는 작업이라는 확신을 갖도록 해주어야 한다. 이것을 리더십 커뮤니케이션이라고 한다.

다시 말해 리더십 커뮤니케이션은 조직의 경영자와 구성원들이 같은 궤도에서 생각을 하며 같은 공감대로 활동하는 것을 의미한다. 그래서 아미트 칼린트리는 "만일 경영자가 구성원들의 바라는 것을 이루어주려고 하면 구성원들은 경영자의 비전을 이루려고 한다."라고 말했다.

리더십 커뮤니케이션은 보다 밀접하고 상호 협력적인 조직사회 체계를 만들어가는 도구이다. 구성원들이 문화예술 공간의 구성원으로서 일체감과 소속감을 갖고 몰입할 수 있도록 하는 것이다. 리더십이 있는 경영관리자는 구성원들에게 "당신이 이 조직의 주인이요, 이 조직의 당당한 정식 멤버의 권리가 있소." 하는 것을 끊임없이 확인시켜 주도록 해야 한다. 이 러한 소속감을 강조하며 잭 웰치 전 회장은 제너럴 일렉트릭의 기업 환경 을 다음과 같이 묘사한 적이 있다.

우리는 매일 일터에 오면 어디서 나왔던 새로운 아이디어에 대해 마음 을 열어젖히고 일을 하며 큰 기업이지만 격의 없는 동네 구멍가게 같은 분 위기를 만들어 내려고 한다. 말하자면 출신이 어디고, 지위가 어떻고를 따 지지 않는 가족끼리 하는 사업같이 말이다.

여기에서 그가 강조하고자 했던 것은 특별한 차원의 '조직친화전략 affiliation strategy'이다. 이 전략은 구성원들로 하여금 자신들이 일의 중심에 보다 가까이 있다는 느낌을 갖도록 하며, 그들의 의견을 중시하며, 그들의 목소리를 들어주는 것이다.

또한 이 전략은 구성원들이 주위와 밀접한 인간관계를 유지하도록 하 고, 조직에 대해 강한 소속감을 갖도록 하여 생산적인 활동성을 강화시키 는 데에 그 목적이 있다.

이렇게 구성원들을 '의미 있는 존재'로 만들려는 노력을 공동으로 기울 이게 되면 구성원들은 더욱 자발적이고 헌신적으로 조직사회의 가치를 창 출하여 확대하고 발전시키는 데 참여하게 된다. 이것은 궁극적으로 협력의 바탕 위에서 조직의 미래를 향한 목표로 구성원들을 결집시키는 구심체가 되는 것이다.

문화예술 공간 조직에서 이런 분위기가 정착된다면 구성원들에게는 다 음과 같은 공감대가 조성될 수 있다.

- 우리는 문화예술 창달이라는 의미 있는 과업의 달성을 위해 기여하는 공통된 이해관계를 갖는다.
- 우리는 우리 문화예술 공간이 추구하는 공동의 가치 실현을 위해 헌신적으로 노력한다.
- 우리 개개인의 구성원은 모두 소중하다. 우리가 모여 하나가 되어 조직사회를 이룬다는 것을 인식한다.
- 우리는 '팀'의 체제로 생각하고 일한다. 우리는 단합하고 화합할 때에 성공할 수 있다는 믿음을 갖는다.
- 우리는 한 개인의 전문가가 아니라 지역 시민의 문화복지를 구현하는 선도적인 역할을 한다.

▶조직에서 커뮤니케이터가 되라

20세기 아날로그 시대와 21세기 디지털 시대의 조직은 엄연히 다르다. 특히 조직에서 경영관리자급에 위치해 있는 지금의 중·장년층은 그들이 조직의 실무 구성원이었을 때와는 사고방식이나 행동양식이 다른 새로운 부류의 젊은 세대를 거느리는 환경을 맞고 있다.

예전에 조직의 상사는 절대적인 권위의 상징이었다. 상사가 지시하면 그것은 곧 조직의 규율이었고 행동강령이었다. 그러나 지금의 조직인들은 그들의 권리를 낭랑히 부르짖고 있으며 그들이 일방적으로 조직을 위해 희생을 하는 것보다 조직이 그들에게 어떤 동기를 부여해 주고, 또 조직을 위해 일한 만큼 어떤 경제적 보상과 정신적 성취감을 줄 것인지를 묻고 있다.

이러한 현상은 전반적으로 지식산업사회화가 빠르게 진행되고 직종이 세분화되고 전문화되면서 조직인들이 자신들이 소속된 조직에 대해 더 많이 알기를 원하며 쌍방향 대화를 나누기를 원하게 만드는 계기가 되었다.

그들은 문화예술 공간 조직의 경영관리자들이 무슨 생각을 하고 있는지 궁금해하며, 경영 과정에 자신들의 의견들이 정당하게 반영되기를 갈구하고 있다. 여기에다 조직의 경합이 날로 심화되면서 개인들의 경쟁력이 더욱 요구되고 있는 환경에서 '한번 조직인은 영원한 조직인'이라는 예전의 신화가 깨어졌다.

문화예술 분야를 포함하여 어느 조직에서나 신분의 지속성과 안정성이 불투명해지면서 조직인들은 항상 긴장감을 가지며 조직 활동의 적응력을 키우며 동시에 사회생활의 유연성을 길러 나가지 않으면 안 되게 되었다.

이러한 새로운 사회적 흐름과 조직체계의 혁신적 변화는 조직 자체의 가치관과 철학을 바꾸어 놓았다. 21세기 들어서는 조직의 능력_{organization effectiveness}은 과거 능률이나 원가절감이나 근무강화와 같은 요소들로 평가되었던 반면, 지금은 가치를 창출하는 지능과 같은 인적 요소나 관계설정이나 네트워크와 같은 사회자본에 의해 평가가 되고 있다.

말하자면 이전에 조직의 제도나 물리적인 요소들이 중요시되던 환경에서 이제는 인적 자본이 중심이 되는 체제로 바뀐 것이다. 이로 인해 인력들이 자신들이 소속된 조직과 각자에게 부여된 과업에 대해 어떻게 생각하며, 또 거기에 어떻게 기여하게 되는가가 핵심이 된다. 조직원의 신뢰감, 사기, 충성도, 헌신적인 자세, 나아가 생산성 증대는 바로 이와 같은 인적 요소에 의해 영향을 받는다.

이런 인적 요소를 중심으로 변화하는 조직 환경 속에서 가장 중요한 것은 다름 아닌 커뮤니케이션이다. 현대의 조직원들은 그들의 일터에서 더욱 높은 수준의 커뮤니케이션을 요구하고 있다. 그래서 리더십은 곧바로 커뮤니케이션 능력이라고 해도 과언이 아니다.

오늘날 문화예술 공간의 경영관리자에게 필요한 것은 자신들이 일하고 있는 조직이 무엇을 요구하는가를 이해하는 것이다. 나아가 그 조직의 사업이 대상으로 하는 고객들이 무엇을 필요로 하는지를 정확하게 꿰뚫고 있어야 한다. 그래서 문화예술 공간의 경영관리자는 조직의 구성원들이 그들에게 기대하고 믿는 바대로 현명한 판단을 내리고 미래 비전을 제시해야 한다.

무엇보다 아주 다양한 의견과 관점들을 조직의 공통된 언어로 해석하고, 실천하고, 구현하는 막중한 역할을 해내야 한다. 이러한 역할을 잘 수행하도록 하는 도구가 바로 커뮤니케이션이다.

조직 커뮤니케이션을 연구한 마이Robert Mai와 아커슨Alan Akerson은 그들의 저서『커뮤니케이터로서의 리더The Leader as Communicator』에서 리더십을 갖는 경영관리자가 감당해야 할 역할을 여섯 가지로 구분하고 있다.

○ 신뢰감을 조성하는 역할 : 현대사회의 조직처럼 구조조정, 감량경영, 도덕적 해이와 같은 부정적 요소들로 넘치는 시대환경 속에서도 구성원들의 단합과 충성심을 이끌어 내야 하는 역할Trust Builder이다.

○ 발전적인 비평을 할 수 있는 역할 : 무사안일이나 복지부동과 같은 관료적인 요소들을 개선하고 조직이 정체되어 있는 현상the status quo에 대해 과감히 분발을 촉구하고 나서는 역할Critic이다.

○ 나아가야 할 목표를 분명히 제시하는 역할 : 조직의 변화무쌍한 환경을 극복하면서도 궁극적으로 조직이 항해해 나아가야 할 목적지를 명확하게 제시해 주는 역할Navigator이다.

○ 분쟁을 조정하는 중재자의 역할 : 조직에 내재되어 있는 다양한 개인 가치와 이견이나 관점, 나아가 갈등을 있는 그대로 방치해 두는 것이 아니라 건설적인 해법을 찾아내는 역할Provocateur이다.

○ 학습하고 실천하는 자세의 전도사 역할 : 조직 전체가 새로운 아이디어를 찾아 노력하고, 배우고, 적용하는 분위기를 조성하며 지속 발전을 위해 구성원들 간에 대화하는 '열린 조직'을 구축하는 역할 Learning Advocate이다.

○ 무한한 잠재력을 일깨우는 비전 메이커: 미래에 대해 현실을 뛰어 넘는 무한한 가능성을 고취하여 잠재력을 최대로 발휘하게 함으로써 항상 조직을 새롭게 만들어 나가는 역할Renewal Champion 이다.

문화예술 공간에서의 커뮤니케이션은 업무 영역 간의 차별성이 명확한 점도 있지만 항상 존재하는 무대공연의 현장성 때문에 더욱 중요하다. 출연자와 무대기술 구성원들과의 사소한 의사소통의 오류가 전체 공연예술 작품의 완성도에 큰 영향을 미칠 수 있기 때문이다.

커뮤니케이션 과정은 한편으로는 단순하면서도 다른 한편으로는 복잡하고 미묘하기 때문에 문화예술 공간 조직에서 당면하는 문제의 근원이 커뮤니케이션에서 비롯되는 경우가 많다.

문화예술 공간 조직에서의 커뮤니케이션은 공식적인 네트워크와 비공식적인 네트워크를 이용하여 이루어진다. 경영관리자는 이 두 가지 네트워크가 조직의 커뮤니케이션 소요를 얼마나 잘 흡수하고 있는지 지속적인 관심을 쏟아야 한다.

　문화예술 공간에서 이루어지는 공식적인 커뮤니케이션의 네트워크에는 메모, 이메일, 회의, 포럼, 워크숍, 소식지, 내부 통신문 등이 포함된다. 한편 비공식 네트워크에는 전화 대화, 복사 대기시간, 휴식시간, 사무실 회식, 리허설 휴식 시간 등이 해당된다.

　여기에서 비공식 커뮤니케이션 네트워크는 관리하기가 불가능하게 보일지도 모르지만 그 네트워크의 존재나 긍정적인 내용이든 부정적인 내용이든 간에 정보의 흐름을 주의 깊게 관찰하면서 필요한 경우에는 경영관리자가 창의적으로 개입할 수도 있다.

　이러한 비공식 커뮤니케이션 네트워크를 통해 유포되는 정보를 우리는 흔히 '유비통신類比通信·grapevine'이라고 한다. 이것은 어느 조직에서나 정보가 가장 빨리 전파되는 통로가 된다.

　조직의 경영관리자는 때로 이러한 유비통신망을 이용해 비공식적으로 정보를 흘리는 경우도 있다. 비공식 커뮤니케이션 네트워크는 이런 과정을 통해 조직에 긴장감을 주어 구성원들의 동기부여를 촉진하고 생산성을 높이게 하는 순기능도 있다.

　어쨌든 문화예술 공간에서 훌륭한 경영관리자가 된다는 것은 저절로 이루어지는 것이 아니다. 부단한 노력의 결과로 얻어지는 값진 결실이다. 자신들의 문화예술 공간 조직이 어디로 가야 하는가에 대한 명확한 비전을 갖고 있으면서 동시에 커뮤니케이션, 대인관계, 관찰력, 상황분석과 같은 분야에 고도의 기량을 구비하여야 한다. 그중에서도 무엇보다 커뮤니케이션이 매우 중요하다고 할 수 있다.

이젠 선진형 예술경영자여야 한다

가치관리와 성과경영에 집중하라

문화예술 공간의 가치는 지역 시민들의 문화향수 욕구 충족과 지역 문화예술의 창달을 구현해 나가면서 기준으로 삼게 되는 세 가지 요소, 즉 예술성·경영성·공공성이라고 했다.

이 세 가지 가치는 어느 한 부문에 치우치지 않고 균형을 이루며 조직 경영의 성과를 거두어야 한다. 문화예술 공간들은 매년 이루어낸 성과에 대해 공적재원의 주체인 지방자치단체나 의회로부터 평가나 행정감사를 받고 있다.

그러나 대부분 예산의 비효율성이라는 측면에서 경영성에 대한 지적이 주류를 이룬다. 이는 문화예술 공간이 예술성과 공공성을 중시해야 하는 분야이기 때문에 구조적으로 경영성을 달성하는 데에는 한계를 나타내고 있음을 알 수 있다.

만약 문화예술 공간이 경영성만을 강조하고 나선다면 예술성과 공공성에 대한 목표의식이 흐려질 수가 있다. 그래서 문화예술 공간은 세 가지 가치를 동시에 실현시켜야 하기 때문에 일반기업의 조직보다 운영이 더 까다로운 것이며, 남다른 관리 역량과 조직 리더십이 필요하다.

▶성과경영의 진정한 의미

문화예술 공간이 공적재원에 의존하고 있지만 효율성과 생산성 측면에서 유형과 무형의 목표를 달성하기 위해 성과중심 경영Result Oriented Management에 역점을 두는 것이 바람직하다.

문화예술 공간은 대부분 예술사업 시행 과정에서 예술성과 공공성을 담아내기만 하면 된다는 주관적 생각에 집착할 수도 있다. 그러나 이는 어디까지나 일방적인 판단이다.

보편적으로 문화예술 공간의 사업 과정에 직접 참여하지 않는 자치단체나 의회나 감사위원들이나 외부 전문평가자들은 서면으로 도출된 결과치만 갖고 성과를 측정하게 된다.

그래서 문화예술 공간의 경영관리자에겐 특별히 운영과정에서 이룩한 예술성과 공공성에 대한 내용을 객관적으로 잘 표현할 수 있는 개념화 능력이 요구된다. 운영 과정에서 아무리 훌륭한 업적을 이루어냈다 하더라도 이를 계량화든 비계량화든 간에 경영성과물에 담아내지 못하면 의미가 없다.

특히 예술성이나 공공성에 대한 업적은 재정자립도에 실질적으로 반영되도록 계량화하기가 어려운 만큼 이를 어떻게 감사위원이나 평가위원들에게 설득력 있게 제시할 것인가는 매우 중요하다.

성과중심 경영시스템은 사전에 문화예술 공간 조직 구성원들이 실천 가능한 목표에 대한 명확한 이해를 갖게 되면 보다 큰 열정과 의욕을 갖고 일에 매진함으로써 최대의 성과를 도출할 수 있다는 개념의 매니지먼트 기법이다. 이 기법을 적용하려면 몇 가지 전제되어야 할 것이 있다.

- 구성원들이 자신들이 이루어야 할 성과에 대한 조직의 기대를 명확하게 인식하고 있어야 한다.
- 조직이 갖고 있는 이러한 기대치에 대해 합당한 근거를 제시하는 과정에 구성원도 참여해야 한다.
- 조직의 기대치를 구성원이 어떻게 달성할 것인지에 대한 방법을 구성원들 스스로 결정하도록 해야 한다.
- 조직 구성원들에게 자신들의 성과에 대한 내용을 환류시켜 주어야 한다.

이에 앞서 경영관리자는 실천 가능한 목표를 수립하고 우선순위를 정한 다음 가용 시간이나 예산, 조직 역량을 안배하여야 한다. 여기에 따라 구성원들은 자율적으로 각자의 시간과 지식과 능력을 투입하여 기대되는 성과를 얻기 위해 헌신할 수 있다.

이러한 경영기법의 특징은 최고경영자에서부터 일선실무자에 이르기까지 쌍방향 커뮤니케이션을 활성화시킨다는 것이다. 또 조직의 목표에 모두가 공감하게 만들며, 전체 조직의 목표는 곧바로 부서 단위의 목표가 되고 나아가 개인이 성취하고자 하는 목표가 되는 것이다.

▶팀제 조직의 효용성을 보라

문화예술 공간의 과업은 주로 프로젝트로 이루어져 있기 때문에 구성원 개개인의 업적보다도 팀워크를 기초로 공동의 노력을 통해 얻어지는 성과가 중요하다.

이 때문에 지금까지 일반기업에서 많이 도입해왔던 개별목표관리제 Management by Objective는 적합하지가 않다. 기본적으로 개별목표관리제는 구성원 개개인에 대한 목표를 설정해 주고 그들의 성과가 전체 조직 목표에 얼마나 부합하는가를 비교하고 조정하는 것이다. 그러나 목표 설정이 너무 개별화되어 있어서 문화예술 공간 조직에는 합당하지 않다.

뿐만 아니라 경영관리자가 개인별 목표라는 미세한 부분에 너무 집착하다 보면 조직이 추구하는 큰 목표나 목적을 놓칠 수가 있다. 그래서 문화예술 공간은 앞서 말한 세 가지 가치를 얼마나 잘 구현했는가를 결과로 나타내야 하기 때문에 성과중심경영이면서 동시에 가치중심경영 Value Based Management을 해야 한다.

문화예술 공간의 가치를 실현하기 위해서 가장 적합한 조직체계는 팀워크가 중시되는 팀제가 효과적이다. 팀제를 도입하는 목적은 공연예술 및 문화수요와 환경변화에 능동적으로 대응하는 동태적이고 유연한 조직을 만드는 데 있다. 이것은 전통적인 피라미드 조직의 경직성을 극복하고 개인의 능력과 자율성을 극대화하면서 조직의 유연성과 환경적응력을 확보하기 위한 조직운영 방식이다.

실질적인 팀제의 의미를 확대함으로서 공동의 목적과 업무 수행 목표를 달성하고 팀이 업무 수행 결과에 대해서는 팀 전체가 공동 책임을 질 수 있도록 한다. 이를 위해서 팀의 자율성을 보장하고 팀 스스로가 총괄적으로 소관 업무를 수행할 수 있도록 기능을 활성화해야 한다. 또한 고객과의 접점으로 권한과 책임 이양을 통한 신속한 의사결정으로 고객의 욕구에 맞는 양질의 서비스를 제공할 수 있도록 팀 운영을 해야 한다.

그런데 많은 조직들에서는 구성원들로 하여금 자기가 맡은 일만을 기계적으로 처리하도록 하고, 상사의 명령에 복종하도록 하며 경영자 중심의 수직체계로 구축되어 있는 경향이 있다. 그런 조직 환경에서는 구성원들이 일에 대한 의욕을 느끼지 못하고 권태감과 매너리즘에 빠질 우려가 있다. 그래서 구성원들은 자신의 조직 인성을 성숙시키지 못하는 경우가 있다.

이렇듯 조직의 관리방법에 따라 구성원이 성장하느냐 아니면 미숙한 단계에 머물러 있느냐의 상관성을 크리스 아지리스Chris Argyris는 '미성숙·성숙이론immaturity - maturity theory'으로 정리하였다.

그는 조직의 구성원이 미성숙하게 되면 수동적이고 한정된 행태를 나타내며 의존심이 강하고 자아의식의 결여로 주도적이지 못하게 된다고 했다. 이와 반대로 조직 구성원이 성숙하게 되면 능동적이고 다양한 행동을 보이며 독립심과 함께 자기 통제가 자유로워 적극적이고 진취적이게 된다는 것이다.

따라서 모든 구성원들이 조직을 위해 일하면서 동시에 자기의 욕구도 충족시킬 수 있도록 해야 한다. 그리고 자신의 인성도 성숙시킬 수 있는 방안을 마련하는 것이 구성원 개인과 조직 전체에 모두 유익하다. 아지리스는 그 방안으로 직무확대job enlargement와 직무강화job enrichment 그리고 참가적 리더십participative leadership을 제시하였다.

리더십의 다양성과 상황관리 지휘력

조직의 리더는 구성원들에게 공명을 불러일으키는 능력을 갖고 있다고 앞서 말한 바 있다. 유능한 리더는 구성원들의 느낌이나 생각에 주파수를 맞추어 그들이 긍정적으로 자신과 같은 감성을 갖도록 유도하게 된다.

리더는 자신의 가치관이나 나아가야 할 진로나 일의 우선순위에 대해 진실하게 말하여 주위 사람들로 하여금 깊은 공감을 갖도록 해야 한다. 유능한 리더가 이끄는 대로 구성원들은 안정감을 느끼게 되며 서로가 만족감을 갖는다. 이 경우 감성지수EQ의 수준이 높은 사람일수록 더욱 자연스럽게 리더와 공감대를 형성하게 되어 있다. 바로 이것이다. 조직의 구성원들로 하여금 공명을 일으키는 상태를 리더십이라고 할 수 있다.

리더십의 스타일은 보는 관점과 특성에 따라 다양하게 나누어질 수 있다. 다니엘 골만은 리더십을 여섯 가지로 분류하였다.

○ 비전형 리더십 : 미래의 가치를 강조하며 노력의 결실을 통해 '꿈'을 이룰 수 있다는 신념을 주입한다.

○ 지도형 리더십 : 구성원들의 강점과 약점을 자연스럽게 파악하게 되며 의견을 경청하고 권한을 위임한다.

○ 친화형 리더십 : 화합과 유대를 중시하며 사기를 북돋아주고 갈등을 우선적으로 해소한다.

○ 민주형 리더십 : 조직의 팀워크와 협력을 중요시하며 쌍방향 커뮤니케이션을 통해 함께 참여한다.

○ 선도형 리더십 : 스스로 높은 수준의 기준을 정하여 추진력을 보이며 성과를 중시한다.

○ 권위형 리더십 : 명령형으로 철저한 통제를 가하여 분위기를 격식화
   하며 개성이 강하다.

위에 열거한 여섯 가지 리더십 중 권위형 리더십을 제외하고는 모두 긍정적인 리더십의 특성을 갖고 있다. 구태여 어느 한 스타일의 리더십으로 구분하여 규정짓는 것은 바람직하지 않을 것이다. 조직을 관리하는 데 있어 앞서 말한 모든 리더십의 자질을 필요로 하기 때문이다.

이느 조직이나 마찬가지이겠지만 특히 예술 상품을 다루며 공공 서비스를 제공해야 하는 문화예술 공간 조직으로서는 비전형, 지도형, 친화형, 민주형, 선도형 리더십을 조합시킨 '통합형 리더십'이 필요하다.

이 다섯 가지 부류의 리더십은 문화예술 공간의 핵심 역량을 강화하여 기본 가치를 구현하는 데 절대적으로 요구되는 인성들이다. 우리나라의 문화예술 공간들이 외형적으로는 웅장한 모습을 보이고 있는 것에 비해 실질적으로 경영의 선진화가 이루어지지 못한 것은 바로 이러한 통합적 리더십이 결여되어 있기 때문이다.

통합적 리더십에 비교될 수 있는 것이 켄 블랜차드Kenneth Blanchard와 폴 허시Paul Hersey가 말하는 '상황적 리더십Situational Leadership'이다. 말하자면 조직을 통솔하여 상황을 관리하는 지휘역량이다. 상황적 리더십은 주어지는 환경에 따라 그에 부합한 유연하고 다양한 스타일의 리더십을 구사하는 것이다.

이는 우선 조직이 처해 있는 상황에서 어떤 것이 필요한 지를 분석하여 거기에 맞는 리더십을 적용한다. 업무를 수행하는 데 있어 구성원의 능력은 어느 정도인지, 그리고 그 업무에 대한 몰입 정도는 어떤지에 의해 리더십을 달리 발휘하게 되는 것이다.

문화예술의 리더십과 헤드십은 달라

　지금 문화예술 공간 조직에서도 새로운 경영스타일이 요구되고 있다. 속도감을 중시하는 디지털 시대를 지나 이제는 생활의 편리함이 첨단을 달리는 유비쿼터스 시대에 돌입하면서 조직사회 문화의 변화도 속도를 내고 있다.

　이러한 변화의 중심에는 획기적인 사건들이 자리 잡고 있다. 그러한 사건들이 우리 사회의 변혁의 요인으로 작용을 하게 된 것이다. 우선은 크게 이전까지 국가 전체가 근대화와 경제성장이라는 목표에 초점이 맞추어져 있었기 때문에 집단가치가 사회를 지배했었다는 점이 있다.

　정치적인 격변을 거치면서도 압축 성장을 이루어낸 우리나라는 1990년대 후반 그동안 성장된 경제의 관리 부족으로 IMF를 거치게 되었고 이는 사회의 패러다임이 바뀌는 결정적 계기가 되었다. 기업의 구조조정과 개방의 파고는 기업의 인적 구성의 과감한 교체를 가져왔다. 이때부터 우리 사회에는 구조조정 과정에서 '오륙도'니 '사오정'이니, 심지어 '삼팔선'과 '이태백'이라는 말까지 생겨나 더 이상 기업 조직이 구성원들을 안정적으로 유지시켜주지 못한다는 불안감이 세대를 막론하고 휩쓸게 되었다.

　그러면서 조직 근로자들의 개인적 가치가 중요시되는 경쟁력 위주의 사회로 급변하게 된 것이다. 우리 사회가 집단가치에서 개인가치 중심으로 바뀌는 데는 전반석으로 우리 사회가 수직성 권위주의적 풍토에서 수평성 민주주의적 문화로 선회한 것에 기인한다.

　여기에 주5일제 도입에 따른 라이프스타일의 변경이 개인들의 가치관을 새롭게 형성하는 촉매가 되었다. 이러한 변화의 바람 속에서 문화예술계는 2000년대에 들어와 문화예술 공간의 건립 붐으로 공공 분야에서 새로운 전문인력의 수요를 창출하게 되었다.

문화예술 분야에 진입하는 전문인력들은 새로운 교육과 기량을 갖추고 변화하는 사회 패러다임을 주도하는 젊은 세대들이다. 그런데 이들을 이끌어 가야 하는 문화예술 경영관리자들은 어떻게 보면 새로운 시대의 흐름을 이해하여 수용하고 적응하기보다 과거 자신들이 체험하고 익혀 왔던 구시대의 사고방식이나 행동양식을 고수하는 경향을 보이고 있다.

사회 각계가 변혁의 회오리를 맞고 있는 시대에 일반기업 조직은 글로벌 경쟁력을 키우기 위해 변신을 기듭하고 있다. 이런 상황에서 원천적으로 공공재원에 의존해야 하고, 관료사회 영향을 벗어날 수 없는 환경에 있는 문화예술 공간은 내부적으로 신·구세대의 가치관이 화합하지 못하고 있다.

이러한 가치관의 배치는 잠재적으로 두 세대의 신뢰도 단절credibility divide이라는 현상을 가져와 문화예술 공간이 성장 발전하는 데 걸림돌이 되고 있다. 지금 문화예술 공간 운영에서 진정한 리더십이 요구되는 것은 바로 이 때문이다.

문화예술 공간 조직에서 리더십의 중요성에 대해서는 수없이 외쳐 왔지만 아직도 우리의 문화예술 공간 조직에서는 리더십보다 헤드십headship이 지배하고 있다.

▶N세대, C세대 인력을 육성하라

문화예술 공간의 조직생태를 알기 위해서는 무엇보다 그 조직을 구성하고 있는 전문인력들의 세대 가치를 이해해야 한다. 문화예술 공간 인력의 다수를 차지하고 있는 실무 구성원들은 대개 20~30대의 연령분포를 이루고 있다.

기업의 구조조정 여파로 조직의 관리자층이 연소화 추세를 보이고 있어 40대에 접어들게 되면 벌써 관리자 대열에 들고 있다. 이렇게 젊은 세대가 주류를 이루는 문화예술 공간의 인적 구성에서 이른바 N세대를 이해해야 한다는 것은 조직운용이나 인사관리에서 중요한 요소가 되고 있다.

N세대란 말은 원래 미국의 사회학자인 돈 탭스콧Don Tap-scott의 저서 『디지털로 성장하기 : N세대Growing Up Digital : Net Generation』에서 사용되면서 그 개념이 처음으로 등장하였다.

N세대는 인터넷을 포함하여 디지털 매체에 대한 지식을 갖추고 있으며 온라인에서 적극적으로 활동하는 세대를 지칭한다. 다시 말해 인터넷을 사용하는 인구가 주로 젊은 세대에 속해 있어 이들 세대들을 '네트워크로 연결된 세대'로 정의하고 있다.

나아가 '디지털시대로 진입하는 새로운 세대'라는 'NEW'의 개념으로 N세대라고도 한다. 요즘에는 더 적극적으로 인터넷에서 콘텐츠를 스스로 생산하고 소비하며 타인과 공유한다 해서 C세대Contents Generation라고도 부른다.

한편 10대 후반에서 30대 후반에 이르는 연령층을 가리켜 P세대라고 표현하기도 하는데 P는 참여participation, 열정passion, 힘potential power, 패러다임의 변화를 일으키는 세대paradigm-shifter 등 P로 시작되는 4개의 영어 단어를 뜻하고 있다.

이 P세대는 2002년 월드컵축구대회나 선거, 또는 중요한 사회적 이슈가 있을 때마다 사회적 참여를 통해 자신들의 적극적이고 긍정적인 가치관을 표현해내는 특징을 가진 세대이다. 이 P세대의 공통적인 특징을 나타내는 단어는 'CHIEF'이다. 이를 풀어 보면 다음과 같다.

○ Challenge : 권위와 고정관념을 거부하고 새로움과 변화를 추구하는
　도전정신
○ Human network : 비슷한 성향끼리 뭉치고 단합하는 공동체 관계
○ Individual : 솔직한 표현, 개성과 다양성을 존중하는 개인가치
○ Experience : 폭 넓은 체험과 경험을 중시하는 자세
○ Fun/Feel : 행동 자체에 즐거움엔터테인먼트의 요소를 가미하는 감성

P세대는 약 70퍼센트가 최근의 우리 사회 변화를 바람직하게 생각하고 있었으며, 80퍼센트 이상이 스스로 우리 사회를 변화시킬 수 있다는 의견을 나타냈다. 이들의 사회 참여적 가치관을 세 가지로 요약해 보면 다음과 같다.

첫째, 다양성 추구, 탈권위주의, 적극적인 자기표현으로 지금까지의 유교적 가치관에서 탈피해 개인 중심적인 의식과 끊임없는 도전의식을 보다 많이 가지고 있다.

둘째, 인터넷을 통한 관계 형성, 사교성, 정보 공유, 수평적 토론문화 등의 특성에서 나타나듯 끈끈한 인간관계와 사회적 네트워크를 매우 중요시한다.

셋째, 이들이 추구하는 것은 재미, 도전, 자유로운 욕구 표출 등으로 참거나 고민하지 않고 자유롭게 생각하고 행동으로 옮긴다.

새롭게 우리 사회의 주류로 부상하고 있는 세대를 어떤 식으로 규정하든 간에 그들은 이미 아날로그 시대의 기성세대와는 사고방식이나 행동양식이 다르다.

그들의 가치관에서 직장을 갖는 것은 돈을 벌기 위한 수단이라기보다 자아실현을 하기 위해서다. 여기에 남들과 경쟁해서 꼭 이겨야 한다는 의

식을 갖고 있으며, 인생의 분명한 목표 아래 직장에서 성공하는 것보다는 가정생활이 더 중요하다는 태도를 갖고 있다.

그러면서도 그들은 내 의견을 주장하기보다는 다른 사람의 의견을 따르는 편이고 상급자들과 의견이 다를 경우 상급자의 말을 따를 줄도 아는 합리성도 갖고 있는 것으로 나타났다.

문화예술 공간 조직은 이렇게 개성이 강하면서도 합리적인 판단을 중시하는 젊은 세대 인력들이 주류를 이루고 있다. 그런데 환경은 관료사회의 기계적인 조직풍토와 예술작품을 다루는 창의적인 작업을 전문으로 하는 조직의 성격이 공존한다.

이렇게 보면 대부분 구성원들이 이질적인 문화구조 속에 놓여 있기 때문에 문화예술 공간의 경영이 특별해야 한다는 것이다.

그럼에도 불구하고 복합적인 구조를 갖고 있는 문화예술 공간의 조직경영을 전근대적인 헤드십으로 접근한다는 것은 이치에 맞지 않다. 그래서 문화예술 공간의 조직경영을 전래적인 기법이 아니라 리더십 거버넌스 leadership governance로 해야 하는 필요성이 제기되는 것이다.

▶리더십과 헤드십의 차이는?

21세기 문화예술 공간 조직이 처해 있는 시대적 상황을 살펴보면 이제 그 소식의 선분인력 특성에 부합한 새로운 경영 스타일을 찾아야 한다는 필요성을 느끼게 된다.

지금까지의 통념과 전래적인 조직운영의 방법을 가지고는 문화예술 공간을 효율적이며 효과적으로 관리하는 데는 분명 한계가 있다. 그래서 우리가 지금까지 살펴보았던 대로 문화예술 공간의 기능과 역할에 맞는 운영체계가 절실하다.

다시 말해 원하는 목표를 달성하기 위하여 개인 및 집단을 조정하고 조직화하여 자발적으로 움직이게 하는 기술인 리더십이 절실하게 필요한 것이다. 한마디로 지금까지처럼 강제성과 일방성을 가지며 명령과 복종의 주종관계로 이루어지는 헤드십으로는 안 된다. 우리가 그동안 쉽게 리더십을 말해 왔지만 사실은 그것이 헤드십의 행위나 다름없었다.

문화예술 공간의 경영관리자들이 일방적으로 지시하고 명령하여 조직이 움직이는 것은 피상적인 행위일 뿐 내실이 있는 지도력이나 통솔력을 바탕으로 한 행동이 아니다.

리더십과 헤드십을 어떻게 구별하느냐는 그 양자의 범위를 어디에 두느냐에 있다. 넓은 의미로 리더십은 헤드십을 포함한다. 그러나 리더십의 개념을 명확하게 이해하기 위해서는 단순한 계선조직 상사로서의 헤드십은 배제시킬 필요가 있다.

헤드십은 공식적인 조직의 지위를 근거로 행사되는 '관료적 권력'이다. 반면에 리더십은 그런 지위와 상관없이 리더 자체의 카리스마적, 성품적, 신비적, 변혁적, 전문적, 비전적 자질과 권위에 의해 발휘되는 '인간적 영향력'이다. 그래서 헤드십은 일방적이고 강제적인 성격을 띠는 데 반해 리더십은 상호적이고 자발적인 성격을 갖는다.

앞서 말한 대로 리더는 '영향력 또는 권한을 가진 사람'이며 리더십은 '조직 구성원 간의 상호작용과 소통을 통해 능력, 동기, 열정 등을 이끌어내는 능력'을 말한다.

일반적으로 관리는 일을 제대로 하여 현상을 유지하는 데 있다면, 리더십은 올바른 일을 하면서 발전적인 변화를 유도하는 데 있다. 그래서 문화예술 공간의 경영관리자는 리더가 되어야 하고 리더십을 갖추고 있어야만 한다.

앵스트롬의 정의대로 '다른 사람의 활동을 이끌어 주고 그러한 활동이 일어나도록 그 자신 스스로 행동하고 이룩하는 리더'가 되어야 한다. 그래서 아래에 제시했듯이 'LEADER'라는 단어의 첫 글자가 의미하는 것을 솔선수범해야 한다. 조직에서 리더의 역할은 영어의 첫 글자를 넣어 그 의미를 찾아보면 시사하는 바가 매우 크다.

- 행위의 상태로서의 'LEADER'의 의미
  ○ L-Learning : 스스로가 학습하고 창의적인 새로운 것을 찾아 나선다.
  ○ E-Example : 스스로가 모든 부분에 모범을 보이며 성실히 실천한다.
  ○ A-Ambition : 스스로가 미래의 비전을 설정하여 실행방안을 제시한다.
  ○ D-Devotion : 스스로가 열정과 헌신을 통해 목표 달성의 의지를 보인다.
  ○ E-Endurance : 스스로가 인내를 갖고 위기를 극복하여 기회를 창출한다.
  ○ R-Responsibility : 스스로가 책임감을 가지며 주인의식을 공유한다.

- 행동의 주체로서의 'LEADER'의 의미
  ○ L-Learner : 배우는 사람 - 새로운 아이디어를 찾아 학습하는 조직 구축
  ○ E-Educator : 가르치는 사람 - 코칭과 멘토링 기법으로 전문성을 제고
  ○ A-Administrator : 집행하는 사람 - 생산성과 효율성으로 목표를 달성
  ○ D-Doer : 실천하는 사람 - 지식과 정보를 조직운영에 효과적으로 적용

ㅇ E-Encourager : 격려하는 사람 – 비전을 향한 동기부여와 임파워먼트

ㅇ R-Reviewer : 검토하는 사람 – 평가와 보상체계를 통한 생산성 향상

– 'LEADERSHIP'이 내포하는 함축적 의미

ㅇ L-Listening : 조직 구성원들의 의견을 잘 들어준다.

ㅇ E-Establishing : 조직을 구성해 이끌어 나간다.

ㅇ A-Achieving : 조직의 비전과 목표를 달성한다.

ㅇ D-Decision-making : 조직의 의사를 결정하여 실친한다.

ㅇ E-Example-setting : 조직에서 표준역할을 하며 구성원을 북돋운다.

ㅇ R-Responsibility : 조직의 성과에 대한 책임감과 주인의식을 갖는다.

ㅇ S-Spiritual gift : 조직의 철학과 정신을 세워 활력을 불어 넣는다.

ㅇ H-Humbleness : 조직의 서비스 마인드를 고취하고 성품을 갖춘다.

ㅇ I-Integrity : 조직 구성원들의 정직과 성실을 통해 도덕지수를 높인다.

ㅇ P-Pioneer : 미래의 성장을 위해 새로운 기회를 창출하여 확보한다.

어느 관점에서 LEADER의 의미를 살펴보든 간에 모두가 조직의 지도자로서 요구되는 성품이자 자질을 나타내고 있다. 문화예술 공간의 참다운 경영관리자가 되려면 LEADER의 조건을 갖추어야 하는 것은 당연하다.

LEADER의 조건은 구호나 학문이 아닌 실천해야 하는, 그리고 리더로서 잠재의식 속에 내재화internalization시켜야 하는 덕목이자 정신이다.

『중용』에 '지인용삼자 천하지달덕야知仁勇三者 天下之達德也'라는 말이 있다. 곧 '지知, 인仁, 용勇, 이 세 가지는 천하의 가장 중요한 덕'이라는 뜻이다. 이는 첫째, 깊이 통찰할 수 있는 능력과 사물을 올바로 판단할 있는 능력이며, 둘째, 상대방의 입장을 이해하여 인간적 공감을 갖는 것, 셋째, 결정을

하면 일관성 있게 추진해 나가는 의지를 일컫는다. 이 세 가지 덕목이야 말로 치열한 현대사회 조직을 이끌어가는 리더의 경쟁력이 아닐 수 없다.

▶리더십은 이론 아닌 실천이다

일반기업들은 세대교체라는 사회 변화의 흐름에 주목하고 그에 대응할 수 있는 새로운 경영 패러다임 구축을 위해 각별한 노력을 기울이고 있다. 이제 문화예술 공간 조직에서도 신진세대들이 부상하면서 문화예술 공간 전문인력의 중심으로 자리 잡고 있다. 그에 따라 이제는 새로운 선진 경영 스타일의 중요성에 대해 인식을 새롭게 해야 한다.

문화예술 공간의 젊은 세대 전문인력들은 예술의 무대창작 활동을 통해 성취 욕구를 충족시키며 자아실현의 꿈을 갖고 있다. 이들이 자신들의 일에 열정과 몰입을 통해 자부심과 자긍심을 가질 수 있도록 문화예술 공간의 조직문화를 만들어 주어야 한다.

여기에는 바로 문화예술 공간을 이끌어 가는 리더인 경영관리자들의 리더십이 반드시 필요하다. 리더의 관점에서가 아니라 이끌어 가야 하는 구성원들인 팔로워의 감성에 맞추어 호흡을 같이하는 동반자 관계'를 구축해야 한다.

세대교체에 대응한 경영 방식의 변화 포인트는 신세대 인재를 확보하고, 동기를 부여할 수 있는 조직적 토양을 마련하는 데 있다. 인재를 키우고 동기부여를 하는 과정에서 경영관리자의 리더십이 결정적인 역할을 해야 한다.

그럼 여기에서 신세대들의 주요 인적 특성과 연계하여 경영관리자들이 갖추어야 할 몇 가지 리더십 요소들에 대해서 정리해 보자. 이는 다른 관점에서 보면 문화예술 공간 조직의 팔로워들인 신세대 구성원들이 바라는 리더상이 될 수도 있다.

○ 전문성을 강화시켜줄 수 있는 지도역량을 갖는다

신세대 구성원들은 우리 사회 조직의 변혁 과정을 지켜보며 계약제니 연봉제니 하는 성과 위주의 인력시장이 형성되는 중심에 위치해 있다. 그래서 그들은 조직에 대한 충성심보다는 일이나 직업에 대한 충성도가 더 강하다. 신분의 안정성을 최우선으로 생각하기 때문에 과거와 같이 조직에 대한 충성심을 강조하거나 경제적 보상에 의한 유인책만으로 동기를 부여하는 것이 어렵다.

그래서 구성원들 개인의 전문성 강화를 통해 개인의 시장 가치를 높여주어야 한다. 이를 위해 구성원들에게 다양한 교육과 학습 기회를 제공하여 실력과 경력을 쌓도록 한다.

근래에 설립된 문화예술 공간들을 중심으로 실무 전문인력들이 자신들의 가치를 인정받아 이동하는 현상은 신세대들의 직업관을 반영하고 있다.

○ 감성을 교류할 수 있는 능력을 기른다

문화예술 공간은 예술을 다루는 조직인데다가 신세대 전문인력들은 다양성과 개성들을 가지고 있다. 그 때문에 기성세대가 획일적인 조직문화에 익숙해 있었던 데 비해 주관이 명확하고 사물을 보는 관점이 현격하게 다르다.

따라서 경영관리자들은 구성원들의 조직에 대한 기대치, 그리고 업무와 관련된 심리적 상태를 꿰뚫어 보는 노력을 기울여야 한다. 팔로워의 입장에서 조직을 보는 자세와 유연한 커뮤니케이션 기량을 갖추지 않으면 문화예술 공간이 관료적이고 경직되게 된다.

조직의 일은 사람이 하는 것이니만큼 인간의 감성적 본능을 이해해야 한다. 리더십이란 인간의 가장 순수한 본능에 의존한다. 일을 관리하듯이 사람들을 관리하면 순수하지 못한 본능에 의존하게 된다. 따라서 문화예술 공간의 경영관리자는 일종의 심리학자와 같이 생각할 수 있는 감성지능이 풍부해야 한다.

○ 강점을 살려 주는 노력을 주도적으로 한다

문화예술 공간 조직의 신세대 전문인력들은 개인의 개성이 강한 만큼 그들의 가치관, 성격, 재능이 다양할 수 있다. 문화예술 공간의 경영관리자는 이러한 개인 간 기질적 특성이나 재능의 다양성을 인정하고 그러한 개인 차이를 조직 목적에 맞게 적절히 활용하여야 한다.

모든 인간은 완벽할 수가 없다. 각자 개인의 강점과 약점을 가지고 있게 마련이기에 약점을 최소화하고 강점을 최대화하려는 노력이 필요하다. 물론 조직 전체의 역량이나 발전을 고려하여 한 개인의 강점을 강화하는 것보다 약점을 개선하는 것에 노력이 더 필요하게 된다면 이는 냉정한 판단이 필요하다.

그러나 신세대 전문인력의 잠재력이나 강점을 중심으로 한 인재 관리를 해나가기 위해서는 무엇보다도 경영관리자가 구성원 개개인의 강·약점, 특히 강점을 정확하게 파악하는데 많은 시간과 노력을 기울여야 한다.

○ 소통을 통해 의견을 경청하는 분위기를 만든다

신세대 전문인력들은 자유로운 의사 표현이 가능한 개방적인 커뮤니케이션 문화를 선호한다. 따라서 구성원들이 하고 싶은 말이나 의견을 자유롭게 표현하게 하고 적절히 수용하는 것은 신세대 구성원들로 하여금 자신들의 가치를 느끼도록 해주며 자긍심을 갖도록 해 주는 것이다.

따라서 경영관리자는 구성원들과 열린 마음으로 대화하고 그들의 제안이나 희망사항들을 주의 깊게 경청하는 자세를 가져야 한다. 실제로 경영관리자의 일차적인 역할은 '대화를 많이 나누는 정보처리자information processor' 역할이라고 할 수 있다.

경영관리자는 매일 업무 중의 80퍼센트 정도를 다른 사람과 소통하며 보낸다. 또한 중요한 문서 정보나 개인 정보를 얻기 위해 조직의 상황을 점검하고 파악하며, 끊임없이 커뮤니케이션을 통해 사실관계나 수치, 또는 아이디어를 얻어낸다. 이렇게 취득된 자료나 정보는 적절하게 구성원들에게 전파되고, 또 그런 내용을 필요로 하는 사람들에게 제공된다.

○ e-커뮤니케이션이 가능한 수준을 유지한다

신세대 전문인력들은 인터넷을 포함한 정보 기술을 활용할 수 있는 능력 수준이 매우 높다. 그러나 아날로그 시대 기성세대의 경영관리자들은 컴퓨터를 다루는 기량이 신세대만큼 능숙하지 못하다.

디지털 첨단 시대에 경영관리자가 컴맹이나 넷맹이 되는 것은 결코 기성세대의 자랑이 아니다. 문화예술 공간의 경영관리자들은 구성원들과 또는 외부와 이메일 네트워킹이 가능한 수준은 되어야 한다. 또한 조직의 경영관리자로서 지식정보 사회에 폭넓은 인터넷 검색 능력을 구비하여야 한다. 컴퓨터 취급 능력을 기본적으로 갖추지 않고 신세대 구성원들을 이끌어 가는 리더가 된다는 것은 시대를 따라가지 못하는 것이다.

설사 컴퓨터에 익숙하지 못하다면 '역 멘토링'이나 '쌍방향 멘토링'을 통해 신세대 구성원들로부터 컴퓨터를 배우는 자세를 가져야 한다. 이것이 바로 문화예술 공간을 학습하는 조직으로 만드는 것이다.

　○ 신바람 나는 조직 풍토를 솔선수범으로 조성한다

우리 사회에 전반적으로 과거의 독선과 권위의 문화로부터 민주와 평등의 가치가 중시되는 문화가 정착되었다. 이런 환경에서 실무 핵심세력으로 등장하는 신세대 전문인력들은 일에만 매달리기보다는 여가나 취미 생활 등 개인적인 삶을 중시하는 경향이 있다.

이제 신세대들은 직장에서도 '즐거움'이라는 요소를 찾게 되었다. 이는 신세대들이 각종 정보매체를 통해 오락이나 놀이 문화에 익숙해 있기 때문이다. 그래서 문화예술 공간은 무엇보다 예술을 다루는 조직인 만큼 화합과 정서가 넘치는 분위기가 되어야 한다. 자신들이 하는 일을 통해 금전적 보상에 앞서 성취욕과 자기실현을 이루려는 조직이라면 일 자체가 즐겁고 신바람이 나야 한다.

2003년 처음으로 우리 사회에 웰빙의 개념이 등장하면서 조직에서도 구성원들의 웰빙에 대한 관심이 높아졌다. 웰빙 문화는 새로운 사회적 트렌드가 되었으며 직장에서도 이 개념이 도입되고 있다.

이런 추세에 맞추어 '웰빙 일터'에 대한 욕구도 생겨나고 있다. 이제 앞으로 신바람 유머경영fun management을 문화예술 공간의 경영관리자들이 행동으로 솔선수범해야 한다. 세계적인 기업인 GE의 회장이었던 잭 웰치는 신바람 나는 조직문화를 조성하기 위해 격식 없는 분위기informality와 활력 넘치는 지도력을 중요한 중심 가치로 설정하였다.

　○ 조직 갈등을 해소하고 파벌을 배제한다

문화예술 공간 조직에서의 주요 문제의 근원은 내적 불화와 외적 갈등,

그리고 경영관리자들을 중심으로 한 인적 편애와 권한의 편중에 있는 경우가 많다.

신세대들은 자기 주장이 강하고 때로는 "아니오."라고 당당히 자신의 의견을 밝힐 줄 아는 그룹이다. 또한 아날로그 시대와 달리 인터넷을 통해 강력한 쌍방향 커뮤니케이션 수단이 발달한 디지털 환경 속에서 성장해 왔기 때문에 서로 의견을 주고받는 토론 문화에 익숙해 있다. 그렇기 때문에 조직운영에서 공정성이나 합리성이 결여되게 되면 쉽게 내부적인 잠재 여론이 형성될 수 있으며 조직의 기반이 취약해질 우려가 있다.

문화예술 공간 조직 내에서 기성세대인 경영관리자와 신세대 실무 구성원들 간의 갈등도 있지만, 조직 구성원들 간의 가치관이나 사고방식과 관점 등에서 이질성이 있을수록 갈등이 발생할 가능성이 높다. 중요한 것은 모든 조직에 내재적으로 존재하는 갈등이나 파벌이 조성되지 않도록 하는 것이 바로 리더인 경영관리자들의 역할이라는 것이다.

이상에서 언급한 실천적 리더십이 현재 문화예술 공간에서 경영되는지 여부에 따라 문화예술 공간이 본래의 기능을 수행하면서 지역사회의 문화를 선도하는 원동력이 될 수 있는지도 판가름 나게 된다.

문화예술 전문가가 나아가야 할 방향

'성공' 이 말은 누구나 꿈꾸며 이루고자 하는 인생 최고의 가치이다.

문화예술 분야 전문가로서의 성공은 자신이 가졌던 비전을 이루는 것이다. 아니 그 비전을 향해 나아가는 과정에서 느끼는 만족감이라고 할 수도 있다. 무슨 사회적 큰 명예를 얻어서도 아니요, 금전적인 큰 보상을 받아서도 아니다. 문화예술의 창의적인 일을 해나가는 과정 그 자체에서 기쁨을 얻고 보람이다.

자신이 기획한 예술작품이 무대에 올랐을 때 객석을 꽉 메운 관객을 본다는 것은 사막에서 오아시스를 만나는 기분이다. 또 공연예술 기획 분야가 아니라도 문화예술 공간이라는 조직에서 종사한다는 것은 왠지 고상한 느낌을 주고 품격을 느끼게 하는 심리효과가 있다.

지금까지 문화예술 공간 조직이 나아가야 할 바람직한 방향과 또 방향을 잡아가는 방법으로서 리더십의 중요성을 제시하였다. 분명 문화예술 공간이라는 조직에서 문화예술을 다루며 리더십을 체득해 본다는 것은 전문가로서 성공하는 것이며 이는 한 인간으로서도 성공하는 것이다. 다른 어느 조직보다도 문화예술 공간에서 활동한다는 것은 보람이며 자긍심을 가질 수 있다.

우리에게 진정한 성공은 자기의 삶에서 미래의 긍정적인 가치를 향해 꾸준히 나아가며 느끼는 만족감과 성취감이다. 그것은 우리에게 주어진 인생 내내 항상 추구해 가는 많은 보람 있는 일들이다.

이제 현대사회는 다양화의 시대를 맞이했다. 수많은 직업과 직종이 사라지고 새로 생겨나는 혼잡의 시대라 할 수 있다. 지금처럼 다양화되는 사회에서 경쟁하려면 스스로를 다양화시키지 않으면 안 된다. 이제는 똑같은 일을 같은 방식으로 되풀이하는 것이 아니라 같은 일을 하면서도 배움과 질문을 통해 새로운 방법을 끊임없이 찾아나서야 한다. 그러기 위해서는 문화예술의 전문인력들은 지식이 풍부하고 유연성이 넘치며, 끈기 있고 강인한 자세를 길러야만 한다.

문화예술 분야의 전문가이기에 앞서 개인과 가정과 직장과 사회에서 내가 이루고자 하는 모든 것들이 각자의 가치요, 목표들이다. 우리의 삶에서 그 가치와 목표가 무엇이 되었든 그것을 성취하기 위해 우리는 열정을 쏟고 혼신을 다한다.

이런 노력을 필요로 하는 가치 있는 일이 있다는 것 자체가 행복한 일이다. 이제 그것을 하나하나 달성해 나가다 보면 거기에서 희열을 느끼고 쾌감을 느낄 수 있다. 그리고 이런 전체 과정을 통해 성공으로 이어지는 것이다. 그런 성공의 문은 모든 사람들에게 똑같이 열릴 수 없다. 그 문을 열 수 있는 열쇠를 가진 자민이 성공이라는 궁전에 들어갈 수가 있는 것이다.

어떻게 보면 그 열쇠를 가진 사람은 유별난 부류에 속한다. 그들은 보통 사람과 생각이 다르고 행동이 다르다. 사고방식과 행동양식을 달리함으로써 그들은 자신의 정신과 마음의 초점을 인생의 목표에 맞추는 것이다.

그러나 그 목표를 향해 나아가다 보면 여러 가지 난관에 봉착할 경우도 있다. 그렇지만 성공을 위해 목표로 전진하는 사람은 그 과정에서 부닥치는 어려움조차도 긍정적으로 대처하는 지혜와 능력을 갖는다. 성공을 구성하는 필수 요소로 받아들이는 용기와 도전의식을 갖는 것이다.

마라톤에서 일등도 중요하지만 완주하는 것도 의미가 있다. 우리는 흔히 일등만을 성공으로 여기지만 완주한 것도 큰 성공이다. 일등 한 사람은 일등 한대로, 완주한 사람은 그들 나름대로 경주에서 최선을 다하고 얻은 소중한 결실이다. 그래서 성공이란 각자의 주관적 기준과 판단에 따라 결정되는 절대적인 가치이다.

이제 문화예술 전문가로서 성공을 이룩하고 싶다면 생각과 행동을 바꾸자. 인생의 목표를 향해 작은 것에서부터 생활의 패러다임을 과감히 변화시켜 나가자. 그리고 오늘부터 자신이 이미 성공의 문으로 들어서 있다는 확신을 가져라. 성공은 긍정적 가치가 있는 일을 실현하려고 하는 의욕과 노력과 헌신의 결정체라는 것을 명심해야 한다.

　전문가로서의 승리는 인생의 성공법칙과 똑같다. 이 책은 바로 문화예술 전문가로서 성공하는 데 도움이 되는 것에 그 목적이 있다. 이 책에 담겨있는 모든 문화예술 공간의 운영요소와 기법들은 바로 각자 인생이라는 프로젝트를 꾸려가는 데에도 유익할 것이다.

문화예술 경영자는 가치철학이 뚜렷해야

　지금까지 문화예술 공간의 리더십에 대해 알아보았다. 리더십은 세계에서 가장 오랜 기간 동안 인간의 주요 관심사 중의 하나였다. 그래서 리더십에 대한 정의는 850여 가지나 된다고 하며, 리더십에 대한 참고자료는 무려 6천 개가 넘는다고 한다.

　그런가 하면 www.yahoo.com에서 'leadership'이라는 키워드를 클릭하면 무려 2억 3,900만 개의 자료가 검색된다. 그만큼 리더십은 인간사회의 중요한 의제로 자리 잡고 있다. 수많은 학자들이 리더십에 대한 연구를 통해 이론을 정립시켜 왔다. 여기에서 얻은 공통된 의견은 '리더십은 집단 활동에 관계하는 모든 구성원이 가능한 한 최대의 만족감을 가지고 효과적인 목표 달성을 위해 행동하도록 하는 작용이다. 한마디로 조직행동과 인간관계의 영역 속에서 가장 중요하다'는 것이다.

　리더십이라는 개념을 적용시키려면 '조직'과 '인간'이라는 두 가지 핵심적인 구성요소가 있어야 한다. 여기에서 조직은 결국 인간이 다루는 것이며, 그 인간은 정신이나 마인드가 중요하다. 리더십 연구의 결과가 원론적인 기술記述이지만 실제로 이러한 리더십 기술技術이 경영 현장에서 적용되고 있는가는 별개의 일이다.

본 저자는 규모 있는 문화예술 공간의 최고경영자로서 실제 경영일선에서 체험하며 시행하고 있거나, 시행하려고 하는 리더십 테크닉을 바탕으로 이를 기술하였다.

특히 지금까지 이 책에서 제시하였던 바람직한 문화예술 공간의 선진 운영기법들은 우리나라의 여건 속에서 당장 전부 적용시키기는 쉽지 않을 수도 있다. 하지만 문화예술 공간의 조직경영이 선진모델로 정착되기 위해서는 반드시 현실에 적용되어야 할 것이다.

저자는 문화예술 공간 경영일선에 있으면서 "참다운 문화예술 공간의 경영자는 어떠해야 하느냐?"라는 질문을 받는다면, 그 답변을 『성공하는 사람들의 8번째 습관From Effectiveness to Greatness : The 8th Habit』의 저자 스티븐 코비Stephen R. Covey가 말하는 도덕적 권위와 봉사형 리더십으로 대신하고 싶다.

그의 얘기는 공공재원을 지원받아 운영되는 문화예술 공간의 최고경영자가 실천해야 할 가치이자 덕목이다. 저자도 그가 제시하는 리더십을 발휘하려고 노력해 왔으며 어느 정도 성과가 있었다고 생각한다. 그의 말을 여기에 요점 인용 한다.

위대한 조직의 경영자들은 대부분 봉사형이다. 그들은 겸손하고 공손하고 솔직하며 배우려는 자세를 갖췄을 뿐 아니라 예의 바르고 다른 사람들을 보살펴 준다.

한편 『성공하는 기업들의 8가지 습관Built to Last』의 공동 저자이자 『좋은 기업을 넘어 위대한 기업으로』의 저자인 짐 콜린스는 "좋은 조직을 위대한 조직으로 만드는 것은 무엇인가?"란 주제로 연구를 실시했다. 그의 결론은 리더십에 대한 기존의 관념을 바꾸어 놓았다. 그의 리더십을 들어 보자.

가장 혁신적인 경영자는 개인적인 겸손함과 직업적 의지라는 모순된 특징을 갖고 있다. 그들은 소심하면서도 격렬하다. 수줍어하면서도 두려움을 모른다. 정말 희귀한 사람들이다. 아무도 그들을 막을 수 없다. 이런 리더가 없다면 좋은 조직에서 위대한 조직으로의 변환은 결코 일어나지 않을 것이다.

공식적 권위나 지위에 의한 힘을 가진 사람들이 최후의 수단으로서의 경우를 제외하고는 그 권위와 힘을 사용하지 않을 때 도덕적 권위는 증대된다.

그들은 자신의 지위에 따른 힘 대신에 추론, 설득, 친절, 공감의 수단을 사용한다. 훌륭한 성품은 다른 사람들의 양심을 자극하고, 리더나 대의 혹은 원칙에 대한 감정적 동일시를 만들어 낸다.

그러한 도덕적 권위 바탕 위에서 공식적 권위나 지위에 의한 권력을 사용할 때, 사람들은 두려움에서 벗어나 헌신적인 자세로 리더를 따르게 된다.

결국 문화예술 공간의 리더십은 경영자의 성품이나 인성과 도덕적 권위에 의해 영향을 받는다. 경영자의 사상이나 신념이나 철학은 궁극적으로 그가 이끌고 있는 문화예술 공간의 경영방침이 되고 조직문화가 된다. 그래서 스티븐 코비도 리더의 훌륭한 성품에 대해 언급 했지만 인간적 성품은 그 사람의 가치관과 밀접한 관계를 맺는다.

『채근담』에 '청능유용 인능선단淸能有容 仁能善斷'이라는 말이 있다. 이것은 청렴하면서도 포용력을 가지며 동정하면서도 결단력을 가지라는 의미이다. 이것은 서로 모순되는 요건 속에서도 균형을 잡아 유연성을 유지하

라는 충고다. 바로 공공 분야의 문화예술 리더나 전문인력들이 실천해야
하는 값진 교훈이 아닐 수 없다.

▶경영자는 성품의 결정체다

지도자의 품성은 그 자신의 성격 토대 위에서 성장하는 특성들이다. 그
리고 에이브러햄 링컨Abraham Lincoln의 말대로 사람의 성품은 역경을 이겨
낼 때가 아니라 권력이 주어졌을 때 가장 잘 드러난다.

사실 훌륭한 성품은 경영자가 아니라도 직위와 상관없이 조직의 어느
지위에 있던 모든 사람들에게 필수적이다.

사람들은 지위에 의해서가 아니라 어떤 사람이냐에 따라 찬사를 보내
게 되어 있다. 분명한 것은 최고의 훌륭한 경영자들, 즉 CEO들은 이미 그
자리에 도달하기 전부터 좋은 성품을 소유하고 있었던 사람들이 대부분
이다. 그래서 그들은 경영자가 될 수 있었다. 그들의 좋은 성품은 남의 이
야깃 거리로만 회자된 것이 아니다. 그들은 좋은 성품을 스스로 실천에 옮
기며 그것을 스스로 체질화시킨 프로 전문가들이다.

여기서 좋은 성품이란 인생의 초기에 주어진 환경으로부터 잠재의식
속에 갖추어져 가면서 긍정적으로 강화되어 가는 자질이다.

당연히 문화예술 공간의 최고경영자들은 훌륭한 성품의 소유자가 되어
야 한다. 그들은 '예술적 창의성'이라는 명확한 산술적 재단이 어려운 영역
을 총괄하는 책임자이다.

여기에 예술가, 연출가, 기획자, 행정관리자, 무대기술자, 지역사회,
언론, 관료, 지방의회, 후원기업, 그리고 지역의 일반시민 등 모든 계층과
이해관계를 잘 관리해야 하는 '팔방미인'격의 위치에 있다.

그렇기 때문에 문화예술 공간의 경영자는 기본 성품을 바탕으로 자기가 지켜야 할 태도의 기준을 정하여 그 기준을 처신의 준거로 삼아야 한다. 동시에 조직의 구성원들에게도 같은 기준을 따르도록 계도하는 리더십을 보여주어야 한다. 이러한 리더십은 폴레트^{M. P. Pollett}가 구분하고 있는 직위의 리더십, 인격의 리더십, 기능의 리더십 중 바로 인격의 리더십에 해당한다.

문화예술 공간 조직의 경영자들은 스스로 혹시 최고 권한을 갖는 직위나 전문성이라는 함정에 빠져 이 중요한 가치를 경시하고 있지는 않는지 돌이켜 봐야 한다.

그렇다면 문화예술조직의 경영자가 갖추어야 할 핵심적인 리더십 덕목은 무엇일까?

○ 주도적이고 시스템적으로 생각해야 한다.

뛰어난 리더는 어떤 일을 검토하고 결정을 할 때 세 단계 앞을 내다본다. 문제가 발생했을 때 그것을 잘 해결하는 것이 아니라 문제를 사전에 예방하는 종합적인 사고력과 판단력을 갖는다.

○ 상황의 유연성과 적응력을 갖추어야 한다.

훌륭한 리더는 예상하지 않은 환경이나 불편한 상황에 직면했을 때 침착한 자세로 대응한다. 그리고 여건을 직관적으로 파악하고 분석하며 방향을 잡아 주어진 상황에 적응해 나가면서 최선의 해법을 찾아낸다.

○ 상하좌우 의사 소통력을 발휘해야 한다.

탁월한 리더는 구성원들의 욕구와 필요한 것을 알아내기 위해 의견을 많이 청취한다. 그 속에서 합리적 개선책의 실마리를 찾으려 하며 필요한 정보를 얻기 위해 질문하는 것을 주저하지 않는다.

ㅇ 인간 존중심과 포용적인 자세를 견지한다.

능력 있는 리더는 모든 구성원들을 존중하는 마음으로 대한다. 의사결정을 내릴 때는 모든 대안을 고려하며 구성원들로부터 충분하게 의견을 청취하여 가장 합리적이며 합당한 방안을 도출한다.

ㅇ 긍정의 자신감과 열정의 모습을 보여준다.

존경받는 리더는 구성원들에게 겸손하면서도 긍정의 에너지를 공유하는 이미지를 가져야 한다. 여기에 구성원들이 자율적으로 참여하고 열정을 쏟을 수 있도록 다양한 방법으로 동기를 부여한다.

ㅇ 자기계발을 통해 지혜력을 갖추어야 한다.

경쟁력 있는 리더는 정보화시대에 지식경영의 중요성을 인식하여야 한다. 따라서 다양한 지식과 정보를 습득하여 이를 구성원들과 공유하며 지식 단계를 넘어 지혜 기반의 창조경영을 한다.

ㅇ 창의성을 바탕으로 권한을 과감히 위임한다.

효율적인 리더는 미래지향적 창안initiatives과 비전의 강화에 역점을 둔다. 조직의 목표를 혼자의 노력으로 달성할 수 있다는 생각에서 벗어나 일관성 있는 체계와 효과적인 평가기준을 잡아 업무를 과감하게 위임한다.

이상과 같이 리더십의 중요한 자질을 갖추어야 하며 전반적으로 지역사회의 품격을 높여가야 하는 문화예술조직의 경영자는 무엇보다도 노블리스 오블리주 정신을 내재해야 한다. 나아가 경영자뿐만 아니라 문화예술 전문가들은 '아트 노블레스art noblesse'를 실천해야 한다.

▶신념의 구상화와 내면화란?

문화예술 공간의 최고경영자가 필요로 하는 제일의 덕목을 정직이다. 이는 달리 표현하면 진심이라고 할 수도 있다. 논어에 '위인모이불충호爲人謀而不忠乎'란 말이 있다. 이 말은 '남을 위해 일하고 남을 먼저 생각하고 남을 위해 상담을 아끼지 않되, 그 경우 과연 나는 내 성의를 다 했는가, 남을 모함하거나 어딘가 결함이 있는 그런 행위는 안 했는지, 바로 그것을 조용히 생각해 볼 일이다'라는 뜻이다.

여기에서 '忠'의 의미를 유념해야 한다. 忠은 '입口'과 '마음心'과의 일치를 나타내는 '중심中心'이며 이는 바로 사람의 진심, 곧 참다운 마음을 다함을 말한다. 리더십에서 중요하게 여기는 정직이 바로 여기에 해당된다고 할 수 있다.

리더십의 대가인 워렌 베니스Warren Bennis는 지도자가 갖추어야 할 세 가지 요건에 우선 정직을 들고 여기에 비전과 능력을 꼽았다. 이 세 가지를 갖춘 훌륭한 지도자는 사람들로 하여금 자기들이 모든 일의 한가운데 있어 주역이 되도록 하여 하는 일에 보람을 느끼게 만드는 것이라고 했다.

이를 바탕으로 문화예술 공간 조직의 경영자는 조직의 사명을 구체적으로 실천하기 위한 세부 방침을 명확하게 제시하여 스스로 '큰 그림the big picture'을 그려가야 한다. 조직의 비전을 실현하기 위한 마음의 지도를 그려 가면서mind-mapping 그 결실을 믿음으로 받아들여야 한다는 의미다.

여기에서 정신분석의 창시자인 시그문트 프로이드Sigmund Freud가 최초로 발표한 유명한 학설을 살펴볼 필요가 있다. 그는 인간에게는 두 개의 의식이 있다고 했다. 그 하나는 평상시 우리가 수없이 생각하고 지나쳐 버리는 의식적인 사고인데 그것을 현재의식이라고 한다. 그런데 현재의식은 인간의 마음속에 불과 10퍼센트 정도밖에 차지하고 있지 않다고 주장하고 있다.

한편 우리의 마음속을 차지하는 나머지 90퍼센트는 잠재의식이다. 우리들이 직접 의식하지는 못하면서도 우리들의 행동 대부분을 지배하는 이 놀랄만한 무의식의 힘이 바로 잠재의식이다.

잠재의식은 훈련에 의하여 그 능력을 몇 배나 증폭시킬 수 있다. 또한 잠재의식이란 몇 번이고 반복적으로 마음에 또렷하게 새겨 놓은 것은 반드시 실현하고 마는 '만능의 힘'을 지니고 있다고 한다.

그렇다면 조직의 경영자는 신비적인 속성의 리더십을 통해 설정된 목표와 비전을 달성할 수 있도록 잠재의식을 꾸준히 훈련시켜야 한다. 경영자가 갖고 있는 비전과 신념을 구체적인 형상으로 마음속에 그리는 '구상화visualization'와 모든 사람들이 생각하는 막연한 개념이 아니라 자기 것으로 만드는 '내면화internalization'가 가장 중요한 도구이다. 우리가 배운 리더십도 경영에 실천할 때에야 보배가 되는 것이다.

스티븐 코비는 말했다.

대부분의 사람은 다른 사람을 가르칠 때 가장 잘 배우고, 배운 것을 실천할 때 그것이 내면화된다는 것을 인정한다. 배우고 실천하지 않는 것은 배우지 않는 것과 같다. 이해하고 그대로 적용하지 않는 것은 실제로 이해하지 못하는 것과 같다. 지식과 이해는 오로지 실천을 통해서만 내면화된다.

또 노먼 빈센트 필은 이렇게 말했다.

당신 자신이 성공하고 있는 모습을 구상하여 그 그림을 마음속에 새겨라. 그 그림을 잘 간직하여 절대로 그림이 지워지지 않도록 하라. 당신의 마음은 이 그림을 현상하려 할 것이다. 절대 부정적인 측면은 상상하지 말라. 마음속 영상의 진실성에 대해서 절대로 의심하지 말라. 왜냐하면, 마음은 언제나 그것이 그리는 모습을 완성시키려 하기 때문이다.

문화예술 공간을 운영하는 경영자는 매일 하루 일과를 시작하기 전에 거울을 보라. 그리고 그 속에 비친 자신의 모습을 보고 이렇게 힘주어 말해보라.
"나는 오늘도 모든 구성원들과 함께 성공한다."
"나는 오늘도 문화예술의 전문가로서 승리한다."
이런 얘기를 꾸준히 자신에게 하게 되면 사람의 마음은 그렇게 믿게 되고, 우리의 두뇌는 그 메시지를 입력시켜 놓고 우리의 행동이 그렇게 하도록 명령을 내린다.
그렇게 하다 보면 그것은 바로 현실이 되는 것이다. 인간의 두뇌는 긍정적인 말에는 더욱 민감하게 반응하며 그 기능이 활력을 얻게 되어 강력한 브레인 파워를 발휘하게 된다. 이것을 우리는 적극적인 정신자세Positive Mental Attitude라고 한다.

The Creative You

—

긍정은 내 자신의 인생을 더 풍요롭고 여유롭게 하며,
생각 자체를 너그럽고 관대해지게 만든다.
그런 가운데 무언가를 간절히 바라며 노력과 열정을 쏟는다면
정말로 뜻하는 것이 이루어지게 되어 있다.

—

05

문화예술 경영의
석세스 패러다임

문화예술 경영자가
되는 실천원칙

문화예술조직의 최고경영자가 되는 것은 이 분야에서 활동하는 모든 사람들의 꿈이다. 조직의 최정상에 오른다는 것은 그만큼 조직의 서바이벌 게임에서 이겼다는 의미다.

특히 문화예술조직 경영자의 위치는 인간이 갖고 있는 창의적이고자 하는 선천적인 욕구를 열정과 헌신과 이타심altruism을 발현하여 쌓아올린 금자탑이라 할 수 있다.

창의적인 행위는 타의에 의해 행해질 수 없으며 오로지 자발적인 활동 self-initiated activity을 통해서만 이루어지는 속성이 있다. 원래 모든 사람은 독창성과 창의성을 갖고 태어난다. 하지만 살아가면서 그러한 본래적 특성들이 스스로가 획을 긋는 지식과 인식의 테두리 속에서 퇴색하는 것이다.

그 원초적인 창조욕구creative urge를 유지하며 발화하는 사람들이 예술

가들이요, 그들의 작품을 기획하고 매니지먼트하는 전문인력들이 바로
예술 기획 전문가들이다.

창의적인 일을 하는 사람들은 겉으로 보면 단조롭고 외롭게 보인다. 그
러나 내면적으로는 넉넉하고 여유롭고 풍요롭다. 아인슈타인은 '조용한
생활에서 오는 단조로움과 고독력이 창의적인 마인드를 자극'하는 것이라
고 말했다.

그래서 예술의 창조적인 과정을 지휘하는 경영자에게는 그만큼의 경제
적 보상과 사회적 명예가 따라야 한다. 올바르게 문화예술조직의 최고경
영자가 된다는 것은 일반기업의 최고경영자와는 여러 가지 면에서 다르다.

막대한 건축비가 투입된 문화예술 공간은 성격적으로 목적시설로서 공
공성을 띠고 있다. 또한 운영예산이 중앙정부나 지방자치단체로부터 나오
기 때문에 지역주민에 대한 봉사자가 되어야 한다.

일반기업은 어떻게 보면 조직을 영위하기 위해 수익을 최대로 창출하
는 성과만 내면 되는 단순성이 있다. 그러나 문화예술 공간 조직은 경제적
성과를 도출하는 데에 한계가 있는데다 문화예술을 통한 복지의 시혜라는
점이 중시되고 있다.

지금까지 우리가 보아왔던 것처럼 문화예술 공간의 수장은 다양한 기
량과 복합적인 기능을 필요로 하는 '창의적 조직의 청지기stewardship'와 같
은 역할을 맡았다.

문화예술 공간의 최고경영자는 고유의 권한과 특권을 가져야 한다. 하
지만 그러한 것들을 합리적인 선에서 자체 전문인력들에게 나누어주며 합
리적인 조정, 조율, 통제를 통해 전체의 시너지를 만들어 내야 하는 조율
사 역할을 해야 한다.

이러한 역할을 제대로 인식하지 못하고 문화예술 공간의 경영자가 주

어진 지위파워만을 행사하려 하면 안 된다. 지위파워에 집착하게 되면 그 문화예술 공간은 겉으로는 화려해 보일지 모르지만 속으로는 갈등과 분열로 침체되어 있는 조직이 될 수 있다.

그래서 문화예술 공간의 경영자는 '권한'으로 조직을 관리하는 것이 아니라 '마음'으로 조직을 이끌어 나가야 한다. 문화예술 공간은 전문인력들의 눈빛과 표정만 보고도 조직의 분위기와 성과를 알 수 있는 그런 '한마음 경영chemistry management' 형태가 되어야 한다.

실제로 세계의 성공한 유수 기업을 이끌고 있는 1천 명의 최고경영자들을 심층 면접으로 연구한 결과 성공한 기업의 공통요소는 바로 이 한마음 경영이었다. 그들은 경영수치나 도표가 중요한 것이 아니라 구성원들이 열심히 일을 할 수 있는 조직문화가 되어 있는지가 관심사였다.

즉 조직의 분위기를 보고 경영성과를 가늠하는 특별한 감각의 소유자들이었다. 그게 바로 '기업가정신entrepreneurship'과 '지도자정신'이 잘 융화된 능력이다.

이 두 가지 정신은 서로 연관성이 있다. 성공하기 위해서 기업가는 지도자정신을 가져야 한다. 이것은 사람들을 일정한 방향으로 가도록 이정표가 되어 그들로 하여금 따르도록 하는 능력이다.

반면에 기업가정신은 목표를 정하고 이를 달성하기 위해 자원을 찾아내고 결집시키는 능력을 말한다. 이 두 가지 요소는 항상 발전을 위한 변혁과, 현실에 안주하지 않고 끊임없이 나아가는 원동력이 된다. 우리 문화예술 공간의 조직은 바로 이 두 가지 정신이 깃든 경영기법의 적용이 필요하다고 할 수 있다.

성공하는 사람들은 무언가 다르다

제프리 폭스Feffrey J. Fox는『CEO가 되는 길How to Become CEO』에서 최고 경영자가 되기 위해 구체적으로 실천해야 할 준칙을 제시했다. 이것은 일반기업뿐만 아니라 문화예술 분야의 경영자에게도 적용되는 가치기준이라고 할 수 있다.

그 내용을 발췌 요약해 싣기로 한다. 이제 문화예술 분야에서 활동하고 있는 전문가들도 다음과 같은 기준에 얼마나 부합되고 있는지를 스스로 평가해 보자.

– 인생에 큰 의미가 있는 새로운 것을 매년 추가하라.
– 고객을 아는 것이 미래를 아는 것이다.
– 다른 사람의 공로를 인정하는 사람이 되라.

- 다른 사람에게 불쾌한 글을 보내지 말라.

- 매일 한 시간씩 사색하도록 하라.

- 아이디어 노트를 마련하여 적극 활용하라.

- 모든 회식에 참가할 필요는 없다.

- 라이벌의 부하 직원을 당신 편으로 만들어라.

- 모든 이의 이름을 기억하라.

- 인사부가 당신의 경력을 구축해 주리라 믿지 말라.

- 신체적 건강을 유지하라.

- 고독하고 힘든 일을 하라.

- 한 번 더 전화하라.

- 45분 일찍 출근하고 15분 늦게 퇴근하라.

- 상사와 친구처럼 지내지 말라.

- 실책을 숨기지 말라.

- 두각을 나타내라.

- 상사의 요구에는 항상 "예"로 대답하라.

- 상사를 놀라게 하지 말라.

- 상사가 유능해 보이도록 하라.

- 훌륭한 상사가 실수하게 내버려두지 말라.

- 한 달에 한번 도서관에 가라.

- 끊임없이 읽고 공부하라.

- 멈춰라, 주시하라, 그리고 경청하라.

- 무조건 애사심을 가져라.

- 항상 사전 준비를 하라.

- 당황하거나 화내지 마라.

- 모든 사람을 특별 대우하라.

- 예의범절은 수지가 맞는 비즈니스다.

- 다른 사람의 기분을 좋게 하는 말을 하라.

- 성급함은 낭비를 부른다.

- '좋은 것'은 더욱 속도를 내서 하라.

- 좋은 아이디어는 출처보다 그 자체에 의의를 두라.

- 권력다툼에 휘말리지 말라.

- 명석해 보이는 똑똑한 사람이 되라.

- 훌륭한 상사를 본받아라.

- 구상은 완벽하지 않아도 실행은 완벽해야 한다.

- 어제는 잊어라, 오늘을 살고 내일을 계획하라.

- 재미있게 웃으며 일하라.

- 가족을 최고의 고객처럼 대하라.

- 목표가 없으면 영광도 없다.

- 가르치는 기회는 스스로 배울 기회이자 다른 이를 리드할 기회이다.

한편 저자는 『변화의 시대를 극복하는 석세스 패러다임 70』에서 성공의 비전, 전략, 원칙을 제시한 바 있다. 이 책에 대해 성공학의 대가 리치 페트케Rich Fettke는 "성공을 꿈꾸는 모든 사람들에게 필요한 확실하고 뚜렷한 지침을 설정해 주고 있다."고 평가하였다.

역시 그 내용을 발췌해 싣도록 한다. 저자는 여기에 제시한 명제들을 실용가치로 설정하여 생활 속에 실천하면서 습관화시켰다. 말하자면 잠재의식 속에 내면화가 된 것이다. 그것이 긍정의 힘이 되는 것을 체험하며 '긍정 성공론'을 전파해 왔다. 말하자면 이제 우리 사회가 사회적 출세보다도 인간적 성공을 추구하는 참다운 행복사회가 되어야 한다는 것이다.

분명 긍정의 언어는 긍정의 생각을, 긍정의 생각은 긍정의 행동을, 긍정의 행동은 긍정의 습관을, 긍정의 습관은 긍정의 인생이 된다는 긍정에너지를 믿어야 한다.

긍정에너지가 넘치는 삶은 행복하다. 행복은 긍정으로 생각하는 데 딸린 것이기 때문이다. 미국의 링컨 대통령은 "대부분 사람은 마음먹은 만큼 행복하다."라고 말했다.

우리의 삶에서 긍정적인 자세가 얼마나 중요한지를 말해주는 대목이다. 긍정은 내 자신의 인생을 더 풍요롭고 여유롭게 하며, 생각 자체를 너그럽고 관대해지게 만든다. 그런 가운데 무언가를 간절히 바라며 노력과 열정을 쏟는다면 정말로 뜻하는 것이 이루어지게 되어 있다.

(1) 성공의 테크닉 – 남과 달라야 한다

– 내가 있는 조직의 '작은 우물' 말고도 세상은 넓다.

– 자기계발은 적어도 10년을 내다보는 전략을 짜라.

– 개인의 가치계발이 미래의 당신을 결정짓는다.

– 구석구석 잔잔한 인간적 네트워크가 빛이 난다.

– 직장을 잘 옮기도록 권장하는 상사가 유능하다.

– '배수의 진'을 치는 어리석은 전략가는 명장이 아니다.

– 다양한 문화 환경의 사람을 체험하면 달인이 된다.

– 자기 이상형의 인물을 설정하여 행복 텔레파시를 나눠라.

– 지금 보람된 일이 없다고 느낄 때 스트레스를 느껴라.

– 어제의 일보다 오늘의 이벤트를 새롭게 창출하라.

– 높은 자리에 있을 때 낮아져라, 그리고 내일을 염려하라.

- 진정한 프로는 언제나 자기최면술의 대가다.

- 성공은 99%의 노력이고 1%의 행운이다.

- 자기만의 코드를 담은 외국어는 플러스 알파다.

- 항상 한 단계 위를 보라, 그 자리에 당신이 있게 된다.

- 보스가 되지 말라, 멋진 커뮤니케이터가 되라.

- 인정을 받으려면 자연스럽게 튀어야 한다.

- EQ형 관리자가 분위기 메이커가 될 수 있다.

- 회의는 마음의 만남이 아니라 인간적 갈등이 될 수 있다.

- 화끈한 회식보다 뭉근한 차 한 잔의 대화 명수가 되라.

(2) 발전의 테크닉 – 나를 알아야 한다

- 접대를 하려면 상대방 가족을 먼저 생각하라.

- 100% 회사 일만 하는 사람은 후에 회사를 원망한다.

- 자주 만나지 못하는 사람과는 명함으로 대화하라.

- 위인의 모방은 가장 위대한 창조의 예술이다.

- 현실은 당신에게 주어진 유일한 길임을 인정하라.

- 이제는 구식 자녀교육의 올가미에서 탈출하라.

- 소심하기보다 세심한 성격의 소유자가 '짱'이다.

- 정보화시대에 '정보'라는 개념부터 파악하라.

- 진수성찬보다 '맛있는 정보'와 지식을 섭취하라.

- '나'라는 주인공과 조연들의 열연이 인생의 무대다.

- 자기만의 재료와 레시피로 인생의 음식을 조리하라.

- 이제는 학연 · 지연 · 혈연 없이 잘 나가야 떳떳하다.

- 호모 사피언스는 평범한 칭찬의 말을 좋아한다.

- 매일 긍정적인 단어를 외치는 몽유병자가 되라.

- '만남이 없는 교제'의 패러독스를 신봉하고 실천하라.

- 세상일에는 원칙은 있지만 왕도란 없는 법이다.

- 당신의 주위에서도 인생의 역전드라마를 예상하라.

- 깊이 있게 모를 때는 말을 아껴야 본전을 찾는다.

- 사교 모임의 끝나는 시간을 정해라, 그게 더 중요하다.

- 스트레스를 즐기는 '인생의 스포츠맨'이 성공한다.

(3) 행복의 테크닉 – 우리가 함께 한다

- 떠드는 것보다 아름답게 말하는 법을 연마해 나가라.

- 세상은 넓고도 좁다는 만고의 진리를 믿으라.

- 인생은 프로젝트다, SWOT기법으로 분석하라.

- 진정 참는 자는 복이 있나니 성공할 수 있다.

- 유능해지려고 한다면 명장 나폴레옹을 따르라.

- 성공에는 왕도가 없다, 성공의 공식이 있을 따름이다.

- 이루고자 하는 목표를 기록하는 습관부터 시작하라.

- 천장을 보면서 마음을 비우고 상상력을 키워라.

- 신변의 정리정돈에 신경을 써야 '기氣'가 솟는다.

- 무심코 하는 말은 씨가 되어 약초나 독초가 된다.

- 옛 추억과 자연을 즐기는 로맨티스트가 되라.

- 작은 것에 감사해야 기뻐할 큰 일이 넘친다.

- 자투리 시간을 통해서도 삶의 지혜를 얻을 수 있다.

- 초라한 출세보다 화려한 성공을 꿈꾸는 자가 되라.

- 행복이라는 마술에 스스로 걸려보도록 하라.

– 점 하나에도 인생의 길이 달라질 수 있다.

– '산다는 것은 다 그렇고 그렇다'라는 의미를 이해하라.

– 크게 생각하고 멀리 보며 주어진 상황에 대처하라.

– 나 홀로 시간을 활용하는 인생 리사이틀에 익숙하라.

– 이제는 좀 슬로우 라이프를 즐기도록 하자.

– 자녀들은 보배다, 아끼고 잘 다듬어 나가라.

– 주5일제에 '웰빙족'보다 '멜로우족'이 되도록 노력하라.

– 작은 성공수칙을 꾸준히 실천하는 버릇을 길러라.

– 인생의 여정에서 이제 성공의 챔피언이 되어라.

'출세'보다 '성공'하는 전문가가 되라

전 세계 80개 언어로 번역되어 1억 6,500만 부가 팔린 베스트셀러 『연금술사The Alchemist』의 저자 파울로 코엘료Paulo Coelho가 있다.

그는 "무언가를 간절히 원할 때 우주는 나의 소망이 실현되도록 도와준다."라는 명언을 남겼다. 그의 책이 기네스북에 등재되어 세계적인 기록을 남기게 된 것은 아마 그의 책이 대단했던 것도 있었겠지만 그의 강렬한 긍정의 힘이 베스트셀러가 되도록 했는지도 모른다.

그는 작사자이자 소설가였다. 기술자였던 아버지의 논리적이고 과학적인 가풍에서 소년 코엘료는 부모의 바람과는 달리 일찌감치 작가가 되기를 간절히 원했다. 그는 오로지 작가가 되겠다는 간절한 소망을 품은 채 배우, 언론인, 연출가로 활동도 하며 유럽 전역을 여행하며 방황도 했다. 하지만 작가에 대한 열정, 그것만은 변지 않았다.

마침내 브라질 출신이었던 그는 『연금술사』를 포르투갈어로 썼음에도 세기적인 명작을 만들었다. 1986년 그는 언론과의 인터뷰에서 "나는 내가 하고 있는 일에 행복할 뿐이다."라고 말 한 적이 있다. 그의 소설은 그의 말대로 간절했기에 온 우주가 나서 도와준cosmic-ordering 셈이다.

『믿음의 마력The Magic of Believing』의 저자 크롤드 브리스톨Claude M. Bristol은 다음과 같이 말하고 있다.

두려운 생각은 문제를 만들어 내거나 끌어당기고,

건설적이고 긍정적인 생각은

긍정적인 결과를 끌어당긴나.

생각의 성격과 상관없이

결과는 그 생각대로 만들어진다.

지금 이런 작가와 같은 열정으로 젊은 세대들이 문화예술 분야의 전문가가 되기 위해 몰려들고 있다. 그들은 분명 문화예술 분야에서 활동함으로써 삶의 보람과 가치를 느끼려고 하는 긍정의 사람들이다.

그러나 분명 문화예술 분야가 세상 가운데 추구하는 물질욕구를 당장 충족시켜 주지는 못할 것이다. 그러나 고도의 창의적인 활동에 종사함으로써 정신적이고 정서적인 만족을 향유하고 싶은 욕구는 해소할 수 있을 것이다.

문화예술 분야의 전문인력들은 '사회적 출세careerism'보다는 '인간적 성공success'을 추구하는 사람들이다. 권력, 재력, 명예 등을 쟁취해야 이루는 출세보다는 보람, 자긍심, 창의성 등을 얻는 성공을 누리는 사람들이다.

한국적인 가치기준에서 출세를 추구한다면 문화예술 분야에서는 이루기 쉽지 않은 목표다. 물론 문화예술 분야에도 소수의 승자독식의 단계에 도달하는 경우도 있지만 대부분 창의적인 일이 좋아 나선 '창조적인 인간'들인 것이다.

지금 우리 사회는 외형적으로는 풍족해 보이지만 내면적으로는 갈급한 것이 많다. 그래서 우리 사회에 '힐링'이 화두가 되어 있지 않은가. 얼핏 보기에는 단순한 유행어 같지만 그 말 속에는 우리 사회의 현실 상황이나 사회문화체계의 현 주소가 그대로 투영되어 있다.

물질적으로는 풍족하지만 정신적으로나 정서적으로 여유가 없다는 징표다. 결국 이를 치유할 수 있는 방법은 예술의 향기밖에 없다. 그래서 요즘은 이런 방향에서 다양한 예술 활동이 펼쳐지고 있다.

이런 시대 환경에서 앞으로 문화예술 전문가들의 역할도 더욱 증대될 것이며 활동 영역도 더욱 확대될 것이 분명하다. 이제 문화예술이야말로 성공하는 인생을 가꿔갈 수 있는 뜻있는 분야가 될 것이다.

문화예술 공간의 경영을 맡으면서 문화예술의 리더를 꿈꾸는 분들을 위해 꼭 써보고 싶었던 책을 내게 되니 보람을 느낀다. 실제로 경영 일선에 있으면서 다양한 체험과 많은 자료를 섭렵해 보았다.

이 책은 개인적으로 지역의 문화예술 공간을 운영한 경험을 기록으로 넘긴다는 의미가 있는 주경야독晝耕夜讀의 결실이라고 할 수 있다. 인터넷과 지식의 시대에 더 많은 정보를 알뜰하게 이 책에 나 담이내지 못한 아쉬움도 있다. 하지만 그 아쉬움은 또 다른 다음의 도전과제로 남겨 두려고 한다.

학창시절 영어를 혼자 힘으로 터득한 것은 오늘에 와서도 이러한 책을 내는 데 힘 있는 도구가 되었다. 유비쿼터스처럼 널려 있는 무한한 정보를 얻을 수 있었던 것은 바로 외국어의 역량 때문이었다고 할 수 있다.

이제는 지식정보의 세상을 넘어 지혜의 시대에 들어와 있다. 이러한 책을 내는 저자로서도 그렇고, 이 책을 읽는 독자들도 함께 지식을 끊임없이 습득하여 창조적 재충전creative renewal을 하다 보면 저절로 지혜가 솟게 될 것이다. 그래서 문화예술 분야의 전문가들은 지속적으로 학습하는 자세가 무엇보다 필요하다.

이 책이 저와 여러분 모두에게 지혜의 시대를 맞아 문화예술 전문가로서 당당히 경쟁하는 데 요긴하게 활용되기를 바란다. 더불어 이 책을 쓰면서 공감을 했던 좋은 글 두 개를 여기에 소개하여 여러분과 공유하고자 한다.

이 두 개의 글은 우리 모두에게 열정의 자극제가 될 것이며 삶의 활력소가 될 것으로 믿는다. 모두가 넘치는 지혜로 문화예술 분야의 성공하는 리더가 될 것이라 확신한다.

Bouncily Energetic & Creatively Successful

『삶에 즐거움을 주는 좋은 글』

가장 현명한 사람은, 늘 배우려고 노력하는 사람이고,
가장 겸손한 사람은,
개구리가 되어서도 올챙이적 시절을 잊지 않는 사람이다.
가장 넉넉한 사람은,
자기한테 주어진 몫에 대하여 불평불만이 없는 사람이다.

가장 강한 사람은,

타오르는 욕망을 스스로 자제할 수 있는 사람이며,

가장 겸손한 사람은, 자신이 처한 현실에 대하여 감사하는 사람이고,

가장 존경 받는 부자는, 적시적소에 돈을 쓸 줄 아는 사람이다.

가장 건강한 사람은, 늘 웃는 사람이며,

가장 인간성이 좋은 사람은,

남에게 피해를 주지 않고 살아가는 사람이다.

가장 좋은 스승은,

제자에게 자신이 가진 지식을 아낌없이 주는 사람이고,

가장 훌륭한 자식은, 부모님의 마음을 상하지 않게 하는 사람이다.

가장 현명한 사람은, 놀 때는 세상 모든 것을 잊고 놀며,

일 할 때는 오로지 일에만 전념하는 사람이다.

가장 좋은 인격은,

자기 자신을 알고 겸손하게 처신하는 사람이고,

가장 부지런한 사람은, 늘 일하는 사람이다.

『성공하는 삶을 이끄는 원칙』

나는 인생에서 성공할 수 있는 잠재력이 있다.

나는 성공을 위해 태어난 사람이다.

나는 내 안에 승리하는 자질들을 갖고 있다.

나는 그 중 어떤 자질을 드러내 보일지를 골라야 하고,
내 인생을 이끌어 갈 가치를 선택해야 한다.

나는 나의 생각들과 행동들을 구별할 줄 아는 힘이 있다.
그런데 하나하나의 모든 생각과 행동에는 결과가 있다.
내가 어떻게 구별하느냐에 따라 얻는 결과는 변한다.

그래서 나는 보다 긍정적인 결과를 만들어 내기 위해
언제고 나의 생각과 행동을 변경시킬 수 있다.

나는 나의 감성을 다룰 줄 알며 존경심을 기를 수 있다.
나는 내 행동에 대한 책임감을 갖는다.

나의 현재와 미래는 내가 새로운 선택을 함으로써
과거와 달라질 수 있다.

추천문헌

- Andrew J. Bubrin, *Leadership*, Houghton Mifflin
  Company, New York, 2004.
- Anthony Sampson, *Company Man*, Times Books,
  New York, 1995.
- Baumol, William J. and W. G. Bowen, *Performing
  Arts : The Economic Dilemma*, 20th Century Fund,
  New York, 1996.
- Baz Kershaw, *The Radical in Performance*, Routledge,
  London, 1999.
- Bennis W.G., and P.W. Biedermann, *Organizing Genius
  : The Secrets of Creative Collaboration*,
  Harvard Business School Press, Boston, 1977.
- Bernard M. Bass, *Bass and Stogdill's Handbook of
  Leadership*, Free Press, 3rd. ed., New York, 1990.
- Bob Nelson, *1001 Ways to Reward Employees*,
  Workman Publishing, New York, 1994.
- Carl R. Anderson, *Management : Skills, Functions,
  and Organization Performance*, Wm. C. Brown
  Publishers, 1984.

- Carl Shapiro and Hal R. Varian, *Information Rules : A Strategic Guide to the Network Economy*, Harvard Business School Press, 1998.
- Charles M. Farkas and Philippe De Backer, *Maximum Leadership*, Henry Holt, New York, 1996.
- Christopher E. Bogan and Michael J. English, *Benchmarking for Best Practices : Winning Through Innovative Adaptation*, McGraw-Hill, New York, 1994.
- Christopher H. Lovelock, Lauren Wright, *Principles of Service Marketing and Management*, Prentice-Hall, New Jersey, 1999.
- Colbert, F., J. Nantel, S. Bilodeau and J.D. Rich, *Marketing and the Arts*, 2nd ed., Presses HEC., Montreal, 2001.
- Conger J. A., *Learning to Lead : The Art of Transforming Managers into Leaders*, Jossey-Bass, San Francisco, 1992.
- D. A. Benton, *How to Act Like a CEO*, McGraw-Hill, New York, et al., 2001.
- Daniel A. Ionazzi, *The Stage Management Handbook*, Betterway Books, Cincinnati, 1992.
- Daniel Goleman, *Emotional Intelligence*, Bantam Books, New York, 1995.
- Dennis Lock, Nigel Farrow, *The Gower Handbook of Management*, Gower Publishing Company, Hants, 1983.
- Elizabeth Coffey, *Things that Keep CEOs Awake*, McGraw-Hill, Berkshire, 2003.
- Emmett C. Murphy, *Leadership IQ*, John Wiley &

Sons, New York, et al., 1996.
- 'Focus : *Finance and budgeting*', Popular government,
  Spring, 2000.
- Frank Robert H. and Cook Phillip J.,
  *The Winner-Take-All-Society : Why the Few at the
  Top Get So Much More Than the Rest of Us*,
  Penguin Books, 1995.
- Francois Colbert, *The New Wave : Entrepreneurship
  & the Arts*, Melbourne, Australia, April, 2002.

- Garvin D. A., *Building a Learning Organization*,
  Harvard Business Review, July-August, 1993.
- Gary Yukl, *Leadership in Organizations*, Prentice-Hill,
  New Jersey, 2002.
- Goldratt, Eliyahu M., *The Theory of Constraints*,
  North River Press, New York, 1990.
- Harvard Business Review on *Developing Leaders*,
  Harvard Business School Press, 2004.
- Harvard Business Review on *Leadership*, Harvard
  Business School Press, 1998.
- J. Alan Pfeffer, *Managing with Power : Politics and
  Influence in Organizations*, Harvard Business School
  Press, Boston, 1992.
- James Heilbrun & Charles M. Gray, *The Economics
  of Art and Culture*, Cambridge University Press,
  New York, 1993.
- Jan Kooiman, ed., *Modern Governance : New
  Government-Society Interactions*, Sage Pubns, 1993.

- Jeffrey J. Fox, *How to Become CEO*, Hyperion, New York, 1998.
- Jeffrey Pfeffer, *The Human Equation : Building Profits by Putting People First*, Harvard Business School Press, Boston, 1998.
- Jeseph S., Jr. Nye, *Bound to Lead : The Changing Nature of American Power*, Basic Books, New York, 1990.
- John Naisbitt, *High Tech High Touch : Technology and Our Search for Meaning*, Nicholas Brealey Publishing, London, 2001.
- Richard Florida, *The Rise of the Creative Class. And How It's Transforming Work, Leisure and Everyday Life*, Basics Books, 2002.
- Richard E. Caves, *Creative Industries: Contracts between Art and Commerce*, Harvard University Press, 2000.
- DCMS, *Creative Industries Mapping Document 2001(2ed)*, Department of Culture, Media and Sport, London, UK, 2001.

- John P. Kotter, A Factor for Change : *How Leadership Differs From Management*, The Free Press, New York, 1990.
- John P. Kotter, *Power and Influence*, Free Press, New York, 1985.

− John Zaller, *Coming to Grips with V.O. Key's Concept of Latent Opinion*, UCLA, 2002.

− Keith Davis, *Human Relations at Work : The Dynamics of Organizational Behavior*, McGraw−Hill, New York, 1957.

− Keith Diggle, *Arts Marketing*, Rhinegold Publishing, London, 1994.

− Kotter J. P., *The Leadership Factor*, Free Press, New York, 1988.

−Kouzes J. and B. Posnor, *The Leadership Challenge : How to Get Extraordinary Things Done in Organizations*, Jossey−Bass, San Francisco, 1987.

− Linda A. Hill, *Becoming A Manager*, Harvard Business School Press, Boston, 2003.

− Paul R. Timm, *Customer Service*, Pretice−Hall, New Jersey, 2001.

− Peter A. Topping, *Managerial Leadership*, McGraw−Hill, New York et al, 2002.

− Philip Kotler, *Principles of Marketing*, Prentice−Hall, New Jersey, 1998.

− Phillip Kotler and Joanne Scheff, *Standing Room Only*, Harvard Business School Press, Boston, 1997.

− Rich Fettke, *Extreme Success*, Simon & Schuster, New York, et al., 2002.

− Richard Florida, *The Rise of the Creative Class*, Basic Books, New York, 2002

- Robert Heller & Tim Hindle, *Essential Manager's Manual*, Dorling Kindersley, New York et al., 1998.
-Robert K. Cooper and Ayman Sawaf, *Executive EQ : Emotional Intelligence in Leadership and Organization*, Perigee, New York, 1998.
- Robert K. Cooper and Ayman Sawaf, *Executive EQ*, A Perigee Book, New York, 1997.
- Robert Katz, *Skills of an Effective Administrator*, Harvard Business Review, September−October, 1974.
- Robert Mai and Alan Akerson, *The Leaders as Communicator*, AMACOM, New York, et al., 2003.
- Rosen Sherwin, The *Economics of Superstars*, American Economic Review, Vol.71, December, 1981.
- Rupert Hart and Nigel Scott, *Effective Networking for Personal Success*, Kogan Page, 1996.
- S. Bernard Resenblatt et al., *Communication in Business*, Prectice−Hall, New Jersey, 1977.
- Sheldon Richman, *On Property Public and Private*, 2003 6., www://fee.org.
-Simon Smith, *Inner Leadership : Realize Your Self−Leading Potential*, Nicholas Brealey Publishing, London, 2000.
- Stephen C. Harper, *The Forward−Focused Organization*, Amacom, New York, et al., 2001.
- Stephen R. Covey, *The 7 Habits of Highly Effective People*, Simon & Schuster, New York, 1990.

- Stormy Friday and David G. Cotts, *Quality Facility Management*, John Wiley & Sons, New York, et al., 1995.
- Susan H. Gebeleini, et al, *Successful Manager's Handbook*, Personnel Decisions International(PDI), Minnesota, 2000.
- *The History of the 50 Years of the Arts Council of Great Britain*, Sinclair-Stevenson, London, 1995.
- Thomas Wolf, *Presenting Performances*, Association of Performing Arts Presenters, Washington, D.C., 2000.
- Tom Peters and Nancy Austin, *A Passion for Excellence*, Warner Books, 1986.
- V. Vroom and P. Yetton, *Leadership and Decision Making*, University Press, Pittsburgh, 1973.
- W. Chan Kim and Renee Mauborgne, *Blue Ocean Strategy*, Harvard Business School Press, Boston, 2005.
- Warren Bennis, et al., *The Future of Leadership*, Jossey-Bass, New York, 2001.
- Warren Bennis, Joan Goldsmith, *Learning to Lead : A Workbook on Becoming a Leader*, Basic Books, 3rd. ed., New York, 2003.
- Warren Bennis, *On Becoming a Leader : The Leadership Classic*, Perseus Publishing, Rev. ed., 2003.
- William J. Byrnes, *Management and the Arts*, 3rd ed., Focal Press, Boston, 2003.

- Xavier M. Frascogna, Jr. & H. Lee Hetherrington,
  This Business of Artist Management, Billboard Books,
  New York, 1997.
- Zaleznik A., *Managers and Leaders : Are They
  Different?*, Harvard Business Review, May–June,
  1977.

–〈2003 학술세미나 자료집〉, 한국예술경영학회, 2003 5.
–〈2005 공연예술 실태조사〉, 한국문화관광정책연구원
  (문화관광부), 2005.
–〈개혁과 전진–세종문화회관 재단법인화 3년〉,
  세종문화회관, 2002.
–〈관객개발을 위한 예술교육과 그 효과에 관한 연구〉,
  박사학위논문, 이용관, 성균관대학교대학원, 2004.
–〈극장책임자 및 기획담당자 예술행정 세미나 자료집〉,
  (사)전국문예회관연합회, 2004 6.
–〈극장책임자 예술행정세미나 자료집〉, (사)전국문예회관
  연합회, 2003.
–〈문화기반시설 중장기 확충 및 발전방안 연구(정책과제
  2001–8)〉, 한국문화정책개발원, 2001.
–〈문화다움〉, 다움문화예술기획연구회, 2005년 봄호.
–〈문화의 블루오션, 코드를 찾아라〉, 한겨레21(567호)
  2005년 7월 12일자.
–〈보통의 인재(B–Player)를 관리하라〉, 박지원,
  주간경제 747호(10.1), LG경제연구원, 2003.
–〈신세대에게 인기 있는 리더〉, 이춘근, 주간경제 726호
  (5.7), LG경제연구원, 2003.

-〈예술, 인간, 그리고 미래를 위한 새 예술정책〉,
　문화관광부, 2004.

-〈예술프로그램마켓세미나 자료집〉, 문화관광부, 2005 2.
-〈통영국제음악제심포지움 자료집〉, (사)한국공연예술
　매니지먼트협회, 2003.
-〈한국소리문화의전당 발전 방안〉, 전북발전연구원,
　2005.
-〈휴먼 네트워크가 기업 경쟁력을 높인다〉, 허진,
　주간경제 843호(7.29), LG경제연구원, 2005.
-김순규, 《예술의전당 어떻게 업그레이드 하였나?》,
　예술의전당, 2004.
-동아일보 A29면, 오피니언란 '초대석', 2005년 8월 17일자.
-드리즌 외 지음/이은옥 · 용호성 역, 《예술경영 어떻게
　할 것인가?》, 민음사, 1997.
- 김승현, 《문화, 경영을 만나다》, 김영사, 2009.
-스콧 벤트렐라 지음/이성욱 옮김, 《일하는 사람들의
　적극적 사고방식》, 세종서적, 2003.
-스티븐 코비 지음/김경섭 옮김, 《성공하는 사람들의
　8번째 습관》, 김영사, 2005.
-이승엽, 《극장경영과 공연제작》, 역사넷, 2002.
-이인권, 《공연예술의 무대기획》, 도서출판 한솜, 2003.
-이인권, 《석세스 패러다임 70》, 어드북스, 2004.
-이인권, 《Creative Savvy 경쟁의 지혜》, 어느북스, 2008.
-이인권, 《예술의 공연 매니지먼트》, 어드북스, 2009.
-이인권, 《영어로 만드는 메이저리그 인생》, 지식여행,
　2012.
-이중한 · 정갑영, 《국민창의력을 위한 문화봉사》, 현암사,
　2003.

—제프리 J. 폭스 지음/정준희 옮김,《How to Become to CEO》, 황금가지, 2002.

—조선일보 A2면, 2005년 9월 23일자.

—조선일보 A8면, 2005년 9월 3일자

—조엘 오스틴 지음/정성묵 옮김,《긍정의 힘》, 두란노, 2005.

—코틀러 지음/ 정익준 역,《비영리 조직 마케팅》, 영풍문고, 1999.

—피터 드러커 외 지음/이수영 옮김,《피터 드러커, CEO의 8가지 덕목》, 시대의창, 2005.

—피터 드러커 지음/ 이재규 옮김,《프로페셔널의 조건》, 청림출판, 2004.

—하민회,《이미지 리더십 – 성공하는 CEO의 비밀전략》, 전자신문사, 2004.

—http://www.ciesin.org/decentralization

—http://www.worldbank.org/public sector

—http://www.believerbiz.com/Micromanagement.html

—http://www.projectmagazine.com/nov 01/micro.html

—http://www.knetmap.com/connected–assets.html

—http://www.culture.gov.uk/reference_library/publications

—http://www.en.wikipedia.org/wiki/Micromanagement

—http://www.faculty.rsu.edu

—http://www.ilsu.edu

—http://www.gbom.net

—http://www.policy.hu/siahaan/linking.html

—http://www.brainyencyclopedia.com/encyclopedia.

—http://www.21manage.com/methods_benchmarking.html.

은 **원고**나 **출판 기획**이 있으신 분은 언제든지 **행복에너지**의 문을 두드려 주시기 바랍니다.
bdata@hanmail.net　　www.happybook.or.kr　　단체구입문의 ☎ 010-8287-6277

도서출판 **행복에너지**

하루 5분 나를 바꾸는 긍정훈련
행복에너지

권선복

도서출판 행복에너지·
지에스데이타(주) 대표이사
대통령직속 지역발전위원회
문화복지 전문위원
새마을문고 서울시 강서구 회장
전) 팔팔컴퓨터 전산학원장
전) 강서구의회(도시건설위원장)
아주대학교 공공정책대학원 졸업
충남 논산 출생

'긍정훈련' 당신의 삶을 행복으로 인도할
최고의, 최후의 '멘토'

**'행복에너지 권선복 대표이사'가 전하는
행복과 긍정의 에너지, 그 삶의 이야기!**

국민 한 사람, 한 사람이 모여 큰 뜻을 이루고 그 뜻에 걸맞은 지혜로운 대한민국이 되기 위한 긍정의 위력을 이 책에서 보았습니다. 이 책의 출간이 부디 사회 곳곳 '긍정하는 사람들'을 이끌고 나아가 국민 전체의 앞날에 길잡이가 되어주길 기원합니다.

**** 이원종** 대통령직속 지역발전위원회 위원장

하루 5분 나를 바꾸는 긍정훈련'이라는 부제에서 알 수 있듯 이 책은 귀감이 되는 사례를 전파하여 개인에게만 머무르지 않는, 사회 전체의 시각에 입각한 '새로운 생활에의 초대'입니다. 독자 여러분께서는 긍정으로 무장되어 가는 자신을 발견할 수 있을 것입니다.

**** 최 광** 국민연금공단 이사장

권선복 지음 | 15,000원

**"좋은 책을
만들어드립니다"**

자의 의도 최대한 반영!
로 인력의 축적된 노하우를 통한 제작!
양한 마케팅 및 광고 지원!

최초 기획부터 출간에 이르기까지, 보도 자료 배포부터 판매 유통까지! 확실히 책임져 드리고 있습니다. 좋은 원고나 기획이 있으신 분, 블로그나 카페에 좋은 글이 있는 분들은 언제든지 도서출판 행복에너지의 문을 두드려 주십시오! 좋은 책을 만들어 드리겠습니다.

| 출간도서종류 |
시·수필·소설·자기계발·일반실용서
인문교양서·평전·칼럼·여행기
회고록·교본

도서출판 **행복에너지**
www.happybook.or.kr
☎ 010-8287-6277
e-mail. ksbdata@daum.net

대한민국의 미래를 이끌 '문화예술' 리더를 꿈꾸며

권선복
도서출판 행복에너지 대표이사
대통령직속 지역발전위원회
문화복지 전문위원

문화예술의 저변과 수준은 그 나라의 국력을 가늠하는 척도가 됩니다. 사회가 안정되고 지속적으로 발전한다면 많은 국민들이 자연스레 문화예술을 더 많이, 다양하게 즐기기 때문입니다. 세계를 놀라게 한 경제발전으로 어느덧 선진국 반열에 올라선 대한민국이지만 아직도 문화예술 부문에서는 비슷한 위치의 나라들에 비해 많이 부족한 것이 사실입니다. 국가 차원의 체계적인 지원이나 인프라 구축이 시급하지만 그에 앞에 전문경영인이 턱없이 부족하다는 사실 또한 문제가 되고 있습니다. 이제는 우리 문화예술계 전반을 전문가적인 입장에서 경영하고 이끌어갈 뛰어난 인재의 육성이 필요한 시점입니다.

책 『문화예술 리더를 꿈꿔라』는 다양한 조직, 지역, 영역을 거치면서 특이하게 폭넓은 경험과 이론을 연마하여 글로벌 경쟁마인드를 체득한 이인권 한국소리문화의전당 대표의 '문화예술 경영서'입니다. 2013년 10월 한국기록원으로부터 우수 모범 예술 거버넌스 지식경영을 통한 공공 문화예술기관의 단일 최장 경영자로 대한민국 최초 공식기록을 인증받기도 한 저자의 모든 노하우가 담긴 만큼 이 책은 알찬 정보와 혜안으로 가득합니다. 대한민국 문화예술계를 선도할 경영인의 발굴을 위해 온갖 정성을 쏟은 이인권 대표의 노고에 큰 박수를 보냅니다.

　도서출판 행복에너지는 한국소리문화의전당과 예술-출판 문화협력을 맺어 연중 3,000권의 도서를 제공하고 함께 독서운동을 펼쳐나가고 있습니다. 문화의 양적, 질적 성장이 곧 출판시장의 활성화와 직결되고 이는 우리 국민의 수준 높은 문화생활 향유로 이어진다는 사실에 늘 절감하기 때문입니다. 온 국민이 어느 시점, 어느 위치에서든 자신이 원하는 문화생활을 즐길 수 있게 되는 날이 올 것을 굳게 믿으며, 책『문화예술 리더를 꿈꿔라』의 출간이 그 출발선이 되기를 기원합니다. 또한 이 책이 문화예술 리더를 꿈꾸는 수많은 젊은이와 종사자들에게 한 권의 교과서로 자리매김하기를 기대합니다.

소리(전 8권)

정상래 지음 | 각 권 13,500원

쏟아져 나오는 책은 많지만 읽을거리가 없다고 탄식하는 독자들이 많다. 그렇다면 근대 한국사에 담긴 우리 한(恨)의 정서에 관심이 있다면, 대하소설의 참맛에 대해 잘 알고 있다면, 정말 제대로 된 작품을 읽어볼 요량이라면 이 소설은 독자를 위한 더할 나위 없는 선물이자 생을 관통할 화두가 되어 줄 것이다.

조영탁의 행복한 경영이야기 세트(전 10권)

조영탁 지음 | 각 권 15,000원

행복한 성공을 위한 7가지 가치, 그 모든 이야기를 담은 『조영탁의 행복한 경영이야기』 전집은 자신은 물론 타인의 삶까지 행복으로 이끄는 '행복 CEO'가 되는 길을 제시한다. 다양한 분야에서 칭송을 받아온 인물들의 저서에서 핵심 구절만을 선별하여 담았다. 저자는 이를 '촌철활인寸鐵活人(한 치의 혀로 사람을 살린다)'으로 재해석하여 현대인이 지향해야 할 삶의 태도와 마음에 꼭 새겨야 할 가치를 제시한다.

열정 리더십의 스파크 경영

최유섭 지음 | 280쪽 | 15,000원

책 『열정 리더십의 스파크 경영』은 현재 20년 넘게 전문 전자부품 분야에서 정상의 자리를 지켜오고 있는 '텔콤'의 최유섭 대표이사의 경영론 모음집이다. 백전노장 CEO가 전하는 각종 경영 스킬은 임원이든 직원이든 회사 생활을 하는 사람이라면 그 누구라도 공감할 만한 현실 감각과 통찰력을 내비치며 신뢰감을 더해 준다.

하루 일자리 미학

김한성 지음 | 260쪽 | 15,000원

책 『하루 일자리 미학』은 현재 인력소개업을 하는 저자의 생생한 경험담을 바탕으로 인력소개업계가 앞으로 나아가야 할 올바른 방향은 무엇인지, 기업과 근로자 모두가 상생하는 방안은 무엇인지에 대해 제시한다. '건설인력업계 민간 부문 최초의 책'으로서 더욱 주목받고 있으며, 수많은 일용근로자들에게 삶을 알차게 가꿀 계기를 마련해주는 이정표가 되어 줄 것이다.

잘나가는 공무원은 무엇이 다른가

이보규 지음 | 312쪽 | 15,000원

정신 놓고 있다가 길을 잃으면 그 순간 끝장이다! 9급부터 시작하는 공무원 행동강령. 이제 지옥 같은 직장을 낙원으로 만들고, 적을 아군으로 만드는 마법 같은 처세의 힘으로 더 큰 바다로 나아가보자.

마음이 아름다우니 세상이 아름다워라

이 채 지음 | 224쪽 | 13,500원

저자는 이 시집에서 우리가 늘 살아가고 있는 이 세상을 노래하였다. 우리는 늘 세상을 긍정적으로 바라보고 타인을 존귀하게 대해야 한다고 배우지만 힘겨운 세상살이 속에서 말만큼 쉽게 되는 일은 아니다. 이채 시인은 바로 의미를 깨달을 수 있는 쉬운 문장들을 독자에 마음에 점자처럼 펼침으로써 읽은 이 스스로가 마음을 매만지게 한다.

사랑하는 나의 어머니

정진우 지음 | 344쪽 | 15,000원

101세의 일기로 떠나보낸 어머니와의 평생, 그 눈물겨우면서도 감동적인 여정! 가정의 달 5월을 맞아, 그 이름 부르기만 해도 마음이 편해지고 힘든 이 세상에서 편히 쉬기 하는 삶을 유일한 안식처 '어머니'를 노래하다! 서울대 의과대학을 졸업하고 현재 뉴욕에서 비뇨기과를 운영하고 있는 저자의 첫 에세이로, 독자의 마음에 잔잔하게 퍼지는 온기를 전할 것이다.

공부의 길

김정환 지음 | 400쪽 | 25,000원

『공부의 길』은 1996년 이래 약 20년간 서울 대치동에서 "수학강사"로 시작하여 "공부학습법 교육 연구소" 소장, 나누리 에듀의 원장을 역임하고 있는 김정환 원장이 평생의 공부법 연구를 집대성한 책이다. 학생 본인은 물론 부모, 선생, 강사 등 교육자의 위치에 있다면 누구든지 꼭 한 번쯤은 읽어 봐야 할 '암기 · 오답노트 중심의 학습법, 과목별 학습법' 등을 제시한다.

검사의 락

곽규택 지음 | 304쪽 | 15,000원

책 『검사의 락』은 15년의 검사 생활을 마치며 제2의 인생을 준비하는 곽규택 변호사의 '검사들의 삶, 검찰청 이야기'다. 대중에게 선보이기 위해 검사로서의 지난날을 솔직하고 담백한 필치로 정리해 오롯이 담아내고 있다. BBK 김경준 송환 작전부터 검찰총장 혼외자 의혹 사건까지 대한민국을 떠들썩하게 한 사건들의 뒷이야기를 솔직한 화법으로 풀어내고 있다.

언덕을 넘으며 시대를 생각한다

정문수 지음 | 352쪽 | 15,000원

책 『언덕을 넘으며 시대를 생각한다』는 한국사회의 지난 20년을 면면에서 살피고 그에 따른 성찰과 뒤따르는 시대에 대한 혜안을 담은 책이다. 저자인 인하대 '정문수' 교수는 참여정부 시절 청와대 경제보좌관 자리에 오르는 등 대한민국을 대표하는 경제인이자 법학자이다. 변혁을 거듭했던 최근의 대한민국을 한눈에 들여다보고 '우리 사회의 구성원 모두가 행복하게 잘 살기 위해 무엇이 필요한가'를 제시한다.

음악을 건네다

최철규 지음 | 320쪽 | 15,000원

책 『음악을 건네다』는 20여 년간의 음악 방송인 경력을 십분 발휘하여, 고르고 고른 58곡의 노래에 이야기를 덧입혀 담아낸 음악에세이집이다. 비틀즈, 밥 딜런, 아델 등 시대를 대표하는 팝 스타는 물론 정태춘, 여행스케치, 김광진과 같은 국내 거장들의 노래 가사를 하나씩 소개하면서 그와 걸맞은 이야기를 정감 어린 톤으로 풀어낸다.

명세지재들과 함께한 여정

강 형(康泂) 지음 | 432쪽 | 25,000원

이책은 평생을 교육자로 살아온 강형 교수의 회고록이다. 1부는 오직 교육자의 길만을 걸어온 저자의 지난날의 대한 회상을 중심으로, 제자들과 함께한 그 열정의 여정에 대해 이야기한다. 2부는 저자에게 가르침을 받은 명세지재들의 옥고(玉稿)를 담고 있다. 이 책은 진정한 교육자의 길은 무엇인지 알려주고 대한민국 교육계의 미래를 위해 우리가 해야 할 일은 무엇인지에 대해 명쾌히 전하고 있다.

〈모교 책 보내기 운동〉

대한민국의 뿌리, 대한민국의 미래 **청소년·청년들**에게 **책**을 보내주세요.

많은 학교의 도서관이 가난해지고 있습니다. 그만큼 많은 학생들의 마음 또한 가난해지고 있습니다. 학교 도서관에는 색이 바래고 찢어진 책들이 나뒹굽니다. 더럽고 먼지만 앉은 책을 과연 누가 읽고 싶어 할까요? 게임과 스마트폰에 중독된 초·중고생들. 입시의 문턱 앞에서 문제집에만 매달리는 고등학생들. 험난한 취업 준비에 책 읽을 시간조차 없는 대학생들. 아무런 꿈도 없이 정해진 길을 따라서만 가는 젊은이들이 과연 대한민국을 이끌 수 있을까요?

한 권의 책은 한 사람의 인생을 바꾸는 힘을 가지고 있습니다. 한 사람의 인생이 바뀌면 한 나라의 국운이 바뀝니다. 저희 행복에너지에서는 베스트셀러와 각종 기관에서 우수도서로 선정된 도서를 중심으로 〈모교 책 보내기 운동〉을 펼치고 있습니다. 대한민국의 미래, 젊은이들에게 좋은 책을 보내주십시오. 독자 여러분의 자랑스러운 모교에 보내진 한 권의 책은 더 크게 성장할 대한민국의 밑판이 될 것입니다.

도서출판 행복에너지를 성원해주시는 독자 여러분의 많은 관심과 참여 부탁드리겠습니다.